本书为陕西省2020年思想政治工作研究项目、
陕西省高等教育学会2019年高等教育科学研究项目成果

新时代高校大学生
社会能力提升研究实践

朱芳转 著

科学技术文献出版社

·北京·

图书在版编目（CIP）数据

新时代高校大学生社会能力提升研究实践/ 朱芳转著. —北京：科学技术文献出版社，2020.12（2022.3重印）
ISBN 978-7-5189-7444-3

Ⅰ.①新… Ⅱ.①朱… Ⅲ.①大学生—社会生活—适应能力—能力培养—研究 Ⅳ.① G645.5

中国版本图书馆 CIP 数据核字（2020）第 245999 号

新时代高校大学生社会能力提升研究实践

策划编辑：孙江莉　　责任编辑：宋红梅　　责任校对：张吲哚　　责任出版：张志平

出 版 者	科学技术文献出版社
地　　　址	北京市复兴路15号　　邮编　100038
编 务 部	（010）58882938，58882087（传真）
发 行 部	（010）58882868，58882870（传真）
邮 购 部	（010）58882873
官方网址	www.stdp.com.cn
发 行 者	科学技术文献出版社发行　全国各地新华书店经销
印 刷 者	北京虎彩文化传播有限公司
版　　　次	2020年12月第1版　2022年3月第2次印刷
开　　　本	710×1000　1/16
字　　　数	255千
印　　　张	15.25
书　　　号	ISBN 978-7-5189-7444-3
定　　　价	68.00元

版权所有　违法必究

购买本社图书，凡字迹不清、缺页、倒页、脱页者，本社发行部负责调换

前　言

教育兴则国家兴，教育强则国家强。大学是立德树人、培养人才的地方，更是青年大学生学习知识、增长才干、放飞梦想的地方。青年一代的理想信念、精神状态、综合素质，是一个国家发展活力的重要体现，也是一个国家核心竞争力的重要因素。

新时代高校如何充分发挥思想政治的教育功能，为中国特色社会主义事业培养德智体美劳全面发展的合格建设者和可靠接班人，是目前摆在我国高校思想政治工作者面前一个亟待研究的课题，也是一个不断增强和提升高校思想政治工作实效性的研究课题。

《新时代高校大学生社会能力提升研究实践》一书，基于解决目前我国高校大学生存在的集体意识淡薄和综合素质能力特别是社会能力素质低这两方面的突出问题，为寻求研究和问题解决的突破口，笔者结合多年以来所从事的高校大学生思想政治工作经验和所经历的实践探索，提出以高校校园集体活动的组织和开展为切入点、抓手与有效载体来培养提升大学生的社会能力素质，同样，也以高校校园集体活动的组织和开展为切入点、抓手与有效载体来进一步增强高校大学生思想政治工作的实效性。笔者认为，新时代高校要增强大学生思想政治工作实效性，就要积极在思想政治工作中始终贯彻"以学生为中心"的教育理念，高校思想政治工作的核心不仅要加强大学生的理想信念教育、意识形态教育、思想政治教育、集体意识教育等，更要以在教育中培养提升大学生的能力素质特别是社会能力素质为根本，这也是高校思想政治工作要坚守以立德树人为根本任务的基本遵循。

研究中所指校园集体活动是以我国高校群团组织、班集体、学生社团等为单位或以这些组织中的团体、个人为单位，组织开展的，集体、团体成员或个人参与的，以思想教育、志愿服务、文明养成、文体艺术、科技创新、社会实践、技能培养、就业创业等为主要内容的校园第二课堂活动。网络境域下，关于校园集体活动的界定，不仅包括校园现场集体活动，更应包括校园网络集体活动。

综合分析相关学者有关"人的社会能力"方面的研究，笔者在本书中提出了"人的社会能力"的本质和内涵，即社会能力是在教育过程中发展的；社会能力的核心是适应他人和社会；实现目标是作为个体的人自身社会能力的具体体现和表达；社会能力是情境性的，一个人认识到自己所处环境的规则和标准，然后使用这些规则和标准与他人互动。"新时代高校大学生社会能力提升研究实践"以人的全面发展理论、实践育人理论、协同育人理论为研究理论支撑。笔者认为，高校大学生的社会能力是社会化过程的定性特征，有助于高校大学生有效地发挥社会功能。研究揭示和说明了高校校园集体活动作为一种心理学、教育学现象的本质，能够保证高校大学生适应社会需要，加强与社会的联系及培养提升自身社会能力；研究确定并论证实践了高校大学生社会能力培养提升的保障举措，以确保将高校大学生学习实践的目的集中在社会智能的发展和创造积极的社会活动动机上。同时，在高校校园集体活动中有效培养提升大学生社会能力的保障举措体现在：校园集体活动能为参与成员提供合作的机会；校园集体活动能提供具有探索性的任务，并以共同的创造性成果为目标；校园集体活动能促使参与成员之间发生互动或角色变化；校园集体活动能形成参与成员之间的竞争。

目前我国高校培养提升大学生社会能力的需求与这一过程科学方法论支持准备程度不足之间的矛盾，决定了"新时代高校大学生社会能力提升研究实践"具有理论和现实意义。研究根据提出的问题、研究对象、研究目标，设定和开展了以下研究任务和内容：一是研究明确了高校大学生社会能力的本质和内涵；二是将高校校园集体活动当作心理学、教育学问题予以研究；三是开展了高校大学生社会能力培养提升方面的国外经验研究；四是构建了我国高校大学生社会能力培养提升模型；五是提出了国家、社会、高校、家庭、个人"五位一体"的高校大学生社会能力培养提升实践机制，并论证、实践了我国高校大学生社会能力培养提升的有效保障举措。

"新时代高校大学生社会能力提升研究实践"的实施和开展，能有效指导和引导我国高校大学生积极参与、组织开展校园集体活动，通过在参与和组织开展校园集体活动中不断培养提升自身能力素质特别是社会能力素质，不断增强社会竞争力。此研究也积极推动我国高校大学生思想政治工作依托有形抓手和载体，不断取得工作实效。可以说，校园集体活动中渗透着高校大学生集体意识观念、社会能力素质培养的各种教育元素，特别是能重点培养提升高校大

前 言

学生的道德能力、宏思维能力、组织能力、学习能力、合作能力、适应能力、创新能力、领导能力等基本的社会能力素质。实践也证明，高校组织开展或高校大学生组织开展和参与校园集体活动，对培养大学生集体意识观念、提升大学生社会能力素质和提高我国高校人才培养质量具有积极的推动与良好的促进作用，这也是开展此研究的根本目的和其创新性的具体体现。

近年来，随着我国高校大学生能力素质培养提升工作的不断深入，大批从事高校大学生思想政治工作的研究者积极实践、深入总结、潜心研究并启迪思考，以专著或论文的形式发表了大量有关高校大学生能力素质培养提升方面的学术成果。本书在编写过程中，参阅了国内外有关学者在此方面的研究文献资料。对此，深表谢意。

"新时代高校大学生社会能力提升研究实践"现有开展的只是基础性的研究工作，今后还要从做好高校大学生社会能力培养提升顶层设计；进一步推进校园集体活动的基地化建设；培育品牌，打造校园集体活动精品化模式；创新载体，推动校园集体活动新媒体建设等方面继续深入开展相关研究，也诚邀有兴趣的同人与笔者携手开展研究。

本书在编写和出版过程中，得到了科学技术文献出版社的大力支持，在此表示衷心的感谢。

目 录

第一章 绪 论 ·· 1
 第一节 研究背景与选题意义 ································ 2
 第二节 研究认识与理解分析 ································ 5
 第三节 研究内容与研究设计 ································ 7
 第四节 研究目的、结果与创新点 ···························· 8
 第五节 研究任务与实施举措 ································ 9

第二章 理论概述 ·· 11
 第一节 核心概念界定 ······································ 11
 第二节 人才培养与国家发展 ································ 12
 第三节 研究文献综述 ······································ 14
 第四节 社会能力理论研究 ·································· 22
 第五节 研究理论来源 ······································ 33
 第六节 网络境域下大学生全面发展解析 ······················ 37
 第七节 校园集体活动中大学生社会能力提升辨析 ·············· 41
 第八节 本章小结 ·· 46

第三章 研究实践 ·· 48
 第一节 研究方法 ·· 48
 第二节 调查研究开展 ······································ 49
 第三节 研究假设 ·· 64
 第四节 中外高校大学生社会能力提升实践比较 ················ 65
 第五节 高校校园集体活动特征及组织原则 ···················· 103
 第六节 高校大学生社会能力提升制度建设 ···················· 108
 第七节 高校大学生社会能力提升考核评价机制构建 ············ 125

第八节　高校大学生社会能力提升条件保障与合力举措 …………130
第九节　本章小结 ………………………………………………………169

第四章　研究结论与展望……………………………………………174
第一节　研究主要结论 …………………………………………………174
第二节　研究局限性 ……………………………………………………178
第三节　未来研究方向 …………………………………………………178

附　录………………………………………………………………………180
附录一：高校大学生社会能力提升模型构建 …………………………180
附录二：校园集体活动中大学生社会能力提升调查问卷
　　　　（在校生问卷）…………………………………………………184
附录三：校园集体活动中大学生社会能力提升调查问卷
　　　　（毕业生问卷）…………………………………………………197
附录四：渭南师范学院教育科学学院大学生素质拓展
　　　　积分制度相关表格 ……………………………………………210
附录五：渭南师范学院教育科学学院辅导员工作管理规定 …………216
附录六：渭南师范学院教育科学学院中国梦理论大学生
　　　　学习研究会章程 ………………………………………………221
附录七：渭南师范学院教育科学学院学生党员目标
　　　　管理制度实施意见 ……………………………………………224
附录八：渭南师范学院教育科学学院学生党员目标管理责任书 ………226

参考文献………………………………………………………………………228

第一章 绪 论

马丁·路德·金说："一个国家的繁荣，不取决于它的国库之殷实，不取决于它的城堡之坚固，也不取决于它的公共设施之华丽；而在于它的公民的文明素养，即在于人们所受的教育，人们远见卓识和品格的高下，这才是真正的利害所在，真正的力量所在。"教育发展得好，则能为一个国家的经济和社会的平稳健康发展提供一个强大的平台；反之，则会阻碍一个国家的发展。尤其是在当今这样一个知识经济的时代，人才资本已成为大多数国家最为重要的资本。

教育兴则国家兴，教育强则国家强。教育是人类社会的重要活动，担负着传承创新社会知识和实践经验、为社会培养人才的任务。高等教育是一个国家发展水平和发展潜力的重要标志。今天，我们国家事业发展对高等教育的需要，对科学知识和优秀人才的需要，比以往任何时候都更为迫切。大学是立德树人、培养人才的地方，更是青年人学习知识、增长才干、放飞梦想的地方。[①] "青年一代的理想信念、精神状态、综合素质，是一个国家发展活力的重要体现，也是一个国家核心竞争力的重要因素。"习近平总书记在北京大学师生座谈会上的重要讲话中，对青年提出了希望和要求：忠于祖国、忠于人民；立鸿鹄志、做奋斗者；求真学问、练真本领；知行合一、做实干家。并希望广大青年要成为实现中华民族伟大复兴的生力军，肩负起国家和民族的希望。[②]

社会能力对一个人的一生发展至关重要，是一个人在社会上立足、生存和发展所应具备的基本能力。然而，目前我国高校大学生中存在两个方面的突出问题，必须引起我们国家和高校的重视，亟须研究制定出切实可行的解决方案和实施举措。这两个方面的突出问题表现为：一是高校大学生集体意识和集体观念薄弱，担当责任意识有待加强；二是高校大学生社会能力有待提升，特别

---

① 习近平：《在北京大学师生座谈会上的讲话》，引自《新华网》，2018年5月3日。
② 人民日报评论员：《广大青年生逢其时 也重任在肩》，引自《人民日报》，2018年5月3日。

是组织能力、学习能力、合作能力、适应能力、创新能力等这些重要社会能力需要加强和提升。受网络媒介的影响,当前我国高校大学生表现出普遍不愿意和不喜欢参与校园集体活动,集体意识和集体观念淡漠,综合能力素质特别是社会能力有下降趋势,同时这一点也导致当前我国高校普遍班级概念和功能弱化,不能跟上和适应新时代国际化人才培养步伐的实际状况,对此研究者思考开展"新时代高校大学生社会能力提升研究实践"课题,课题研究的重心是通过组织开展校园集体活动提升大学生社会能力,进而增强大学生的集体意识和集体观念,进一步加强和推动高校班级建设。

高校校园集体活动承载着传播精神思想、渗透文化价值、促进对话交流、提升品质能力的价值功能。高校校园集体活动是高校校园文化建设的重要组成部分,高校校园文化以校园集体活动为载体对大学生产生影响和教育作用,可以说,每一个大学生的成长,每一个校园集体、团体的建设都是在校园集体活动中进行和完成的。高校校园集体活动对于打造优秀、先进集体,增强大学生的集体意识、道德观念、使命感、责任感和提升大学生综合能力素质特别是社会能力、积极推动高校校园文化建设有着重要的作用和意义。课题研究执行和体现的核心理念就是以鼓励和促使大学生积极组织和参与校园集体活动,以"积极在做中实践和在实践中培养、提升能力"的思路,增强大学生的集体意识、集体观念和提升大学生的社会能力。

第一节 研究背景与选题意义

一、研究背景

习近平总书记在全国高校思想政治工作会议上强调指出:"要运用新媒体新技术使工作活起来,推动思想政治工作传统优势同信息技术高度融合,增强时代感和吸引力。""开展形式多样、健康向上、格调高雅的校园文化活动,广泛开展各类社会实践。""不断提高学生思想水平、政治觉悟、道德品质、文化素养,让学生成为德才兼备、全面发展的人才。"[①]同样,在全国教育大会上,习近平总书记指出:"要在加强品德修养上下功夫,教育引导学生培育和践行社会主义核心价值观;要在增长知识见识上下功夫,教育引导学生珍惜学习时光,心无旁骛求知问学,增长知识,丰富学识;要在培养奋斗精神上下功夫,

---

① 习近平:《在全国高校思想政治工作会议上的讲话》,引自《人民日报》,2016年12月9日。

教育引导学生树立高远志向，历练敢于担当、不懈奋斗的精神；要在增强综合素质上下功夫，教育引导学生培养综合能力，培养创新思维。"① 这是当前形势下，党中央、国务院对我国高校适应形势发展需要，做好新时代高校人才培养工作和提高高校人才培养质量的殷切希望和要求，也是高校发挥思想政治教育功能，为国家培养全面发展的合格人才的奋斗目标。培养担当民族复兴大任的时代新人，如何实现大学生需要的不断满足、能力的不断发展、社会关系的全面丰富和个性的充分自由发展，是目前摆在我国高校教育工作者面前的一个亟待研究的时代课题。

二、研究问题提出

目前，我国高校在人才培养方面，有两个方面的突出问题没有做好或没有做到位：一是当前我国高校有意识地发挥校园文化育人功能、在大学生中组织开展有实践锻炼和教育意义的校园集体活动没有做好。由于受网络媒介的影响，目前高校校园中的"低头族"和"封闭族"越来越多，绝大多数大学生把自身能力素质的提升认为是个人的事情，不能站在国家和民族发展的角度去认识个人发展，不能深刻地认识到个人发展对国家和民族发展的重要性，思想意识狭隘。由于绝大多数学生不愿意参加校园集体活动，而是喜欢将自己封闭在网络环境下的所谓个人世界里，具体表现为我国大学生中普遍"宅"宿舍现象严重，不愿意与人交往和合作，不愿意成为校园"抬头族"和"开放族"，这也影响和导致目前我国高校在大学生中组织开展校园集体活动的数量和质量均有下滑趋势，这一点也导致目前我国高校大学生普遍集体意识和集体观念淡漠，大学生缺乏团队意识、责任意识、担当意识和竞争意识，社会能力下降，以及班级功能弱化。二是高校对大学生的专业和学科理论学习实践锻炼活动组织开展得不到位。目前，我国绝大多数高校培养人才的着力点，仍旧过多重视和强调的是教师的"教"和学生的"学"，还是固有的传统教育教学模式，将学生囿于课堂，而教育教学中的实践锻炼体验教育开展得不到位或很不好。这一现状导致的结果是学生虽然接受了大学四年的高等教育，掌握了一定的专业和学科理论知识，但大学生理论联系实际、发现问题、分析问题和解决问题、创新创造的能力仍旧比较低，也就是社会能力素质比较低，学生大学四年没有得到应有的锻炼、

---

① 习近平：《在全国教育大会上的讲话》，引自《新华网》，2018年9月10日。

成长和发展。目前我国高校在人才培养中存在的这两个方面的突出问题，制约和影响着我国高等教育质量和人才培养质量的提高，也使得我国高等教育培养的人才在国际大环境中缺乏核心竞争力和抗衡较量实力。

认识到提升高校大学生社会能力的重要性，以及基于解决目前我国高校大学生集体意识淡薄和社会能力薄弱欠缺这两方面的突出问题，为寻求研究和问题解决的突破口，研究者以高校校园集体活动的组织开展为切入点和抓手，以有效载体为途径来提升高校大学生的社会能力，思考选择开展"新时代高校大学生社会能力提升研究实践"课题，以此积极解决我国高校人才培养中存在的瓶颈和短板问题。应该说，此课题是一项具有实际意义和作用重大的研究课题，在国内外前人学者少有研究的现状下，研究者将勇于挑战，以研究者所在的渭南师范学院校团委、学生会、学生社团及二级学院的团总支、学生分会、班委会（团支部）、学生兴趣小组、学生骨干等组织和个人为研究实践对象，努力做此方面的研究探索与实践工作。

三、选题意义

人离不开社会，社会也离不开人。社会是最大的集体。高校要将大学生培养成为集体观念强、具有远大抱负、社会能力强、对国家发展和社会进步有用的人才，就要积极做到在集体中培养人才。中共中央、国务院《关于进一步加强和改进大学生思想政治教育的意见》明确指出："大学生活动是大学生思想政治教育的重要环节，对于促进大学生了解社会、了解国情，增长才干、奉献社会，锻炼能力、培养品质，增强社会责任感具有不可替代的作用。"① 高校组织开展校园集体活动，不仅丰富大学生的校园文化生活和学习成长经历，而且拓展大学生知识、增强大学生的实践能力，使大学生的综合能力素质特别是社会能力在参与校园集体活动的过程中得到锻炼和提升。校园集体活动以集体意识、进取精神、交流互动、展示表现、学习提高、服务奉献为价值取向，是一种渗透式和渐进式的教育方式，能够产生潜移默化、慢慢浸入和感化润泽的教育力量。在校园集体活动中大学生可以获得积极的思想、广博的知识、过硬的本领、康健的体魄、健全的人格。可以说，校园集体活动中渗透着大学生社会能力培养的各种教育元素。高校组织开展校园集体活动，对提升大学生社会

---

① 中共中央、国务院《关于进一步加强和改进大学生思想政治教育的意见》，引自《人民网》，2004年10月14日。

能力和提高高校人才培养质量具有积极的推动和良好的促进作用。

高等教育的目的就是要积极促使大学生通过在大学阶段的学习、实践和锻炼，不断增长知识，提高综合素质，增强社会适应性，最终顺利地在社会上立足就业，发展事业，实现个人价值，积极为国家和社会发展贡献智慧和力量。大学阶段，是大学生从校园人走向社会人的预备、演习阶段，也是大学生锻炼提升自身社会能力的实践阶段。高校校园集体活动可以弥补第一课堂实践教学活动的不足，它可以促使大学生积极地把课堂所学知识运用于实践，在参与实践活动中增强大学生的参与意识、集体意识，增强大学生的理想信念和责任担当、合作竞争意识，达到实践体验教育的目的。可以说，高校大学生每组织或参与一次校园集体活动，就是一次社会能力锻炼提升的模拟和实践，这一过程对大学生的道德能力、宏思维能力、组织能力、学习能力、合作能力、适应能力、创新能力、领导能力等一个人所应具有的这些基本社会能力都是很好的锻炼和提升。大学生接受高等教育的最终目的就是要成为一个具有道德思想、鲜明个性、具有社会能力的社会人。应该说，高校通过在校园集体活动中提升大学生社会能力是最有效的实践举措。

第二节 研究认识与理解分析

一、能力、社会能力内涵

（一）能力

《心理学大词典》中说："能力是成功地完成某种活动所必需的个性心理特征。"《现代汉语词典》中说："能力就是能胜任某项任务的主观条件。"《现代汉语规范词典》中说："能力就是做事的本领。"阎建平等认为，能力主要指人类能够完成某种活动所具有的本领，也就是人所具有的顺利完成某项活动所必须具备的功能与力量。孙显元认为，人的能力是人与外部世界的关系中表现出来的，能够引起外部世界及人与外部世界关系的变化的精神力量和物质力量的总和。И.А.济姆尼亚亚将能力定义为：个体基于价值自觉从事积极、重要的生活活动的能力，积极与世界互动并在互动过程中理解、改变自己和世界的能力。Т.Е.伊萨耶瓦认为，能力的特征是个人在不断自我提升过程中使用所获得的知识、技能，创造新意义、信息、有效对象的能力。А.В.胡托尔斯基强调，能力是相对特定的一系列对象和过程给予的、高质量生产活动所必需的相互联系的个人品质，如知识、技能和习惯、活动方式等。Anthony D. Ong 指出，青少年能力与社会适应已经成为一个重要的科学研究领域，研究者已经认识到研究青少年能力个体差异机制的重要性。Michael Eraut 指出，能力决定你的工作风格与工作态度，同样也决定你在团队中的地位。

(二) 社会能力

Ford (1982) 认为，社会能力是个体在特定的社会情境中，通过恰当的方式，实现适宜社会目标，并产生对个体发展有积极意义的结果的能力。Sroufe (1983) 认为，社会能力是个体灵活有效地综合运用环境及自身内部资源，实现积极发展结果的能力。郭变红认为，社会能力是一个人有效地处理日常生活中的各种需要和挑战的能力，是一个人保持良好的心理状态，并且在与他人、社会和环境的相互关系中，表现出适当的、正确的行为的能力。Е.И.弗拉索瓦将社会能力定义为，与其他人建立交流关系的能力，这需要一个人能够在社会情境中定位并管理能力。Е.Б.科布良斯卡尼亚认为，可以将社会能力理解为：我与社会的关系、选择正确的社会定位的能力、按照该定位组织活动的能力。В.М.巴索瓦亚认为，社会能力是个人内在化的社会经验，适应特定的社会关系系统，为人们提供在这个系统中自我实现的机会。Zou Yuan 等认为，办大学应体现"能力本位"的教育理念。以能力为先，特别是要以社会能力的培养为出发点，促进大学生自我发展能力的培养。Durlak 等提出，自我意识、自我管理、社会意识、关系技能和负责任的决策等是有助于儿童和青少年成长为青年的五类社会情感能力。

二、社会能力培养理念和途径

中外学者对于"能力"的概念内涵界定，主要集中在心理学、人才学和教育学等专业学科领域。关于人的能力的培养和提升的核心手段与途径均认为应体现在实践活动中。能力和人完成一定的实践联系在一起。人的能力是在素质的基础上，在后天的学习、生活和社会实践中形成和发展起来的。离开了具体实践既不能表现人的能力，也不能发展人的能力。

中外学者对于"社会能力"概念内涵的认识，大多都认为，社会能力指个人在社会中为适应社会发展、生活、生存所必需的一些能力和技能的统称，并将社会能力看作个体有效且恰当应对各类社会情境，并实现自身良好发展的能力。社会能力的特定范围是一个人在社会中生存、工作、学习等一切活动所必须具备的最基本、最基础的能力。

第三节 研究内容与研究设计

一、研究的关键问题

研究要解决的关键问题体现在5个方面：一是网络境域下我国高校大学生集体意识、集体观念淡漠问题；二是网络境域下我国高校大学生自我封闭、缺乏积极进取精神问题；三是网络境域下我国高校校园集体活动数量、质量下滑问题；四是网络境域下我国高校大学生能力素质特别是社会能力薄弱、有待提升问题；五是网络境域下我国高校班级概念模糊、功能弱化问题。在研究要解决的关键问题中，研究需解决和突破的难点问题主要体现在5个方面：一是高校如何教育引导大学生科学合理地利用互联网、电脑和手机等网络媒介；二是高校如何调动大学生组织和参与校园集体活动的积极性和主动性；三是高校如何提高校园集体活动组织的数量和质量；四是高校如何在校园集体活动中提升大学生的社会能力；五是高校如何解决当前形势下班级凝聚力不够、功能弱化问题。除解决和突破以上5个方面的关键问题和难点问题外，同时研究还要重点解决和突破高校教师指导校园集体活动的积极性、主动性问题，高校师生参与校园集体活动的科学考核、评价问题，以及高校大学生社会能力提升情况科学认证及评价问题等。

二、研究的主要内容

此研究着手从"围绕一个目标，抓住两个重点，坚持三项制度，突出六项活动和八项能力"开展研究。一个目标：大学生成长与发展；两个重点：大学生集体意识培养与社会能力提升；三项制度：全员参与、积分考评、证书认证；六项活动：开展以思想教育、文化艺术、学术科技、社会实践、学生社团、就业创业等为主要内容的校园集体活动；八项能力：重点培养大学生的道德能力、宏思维能力、组织能力、学习能力、合作能力、适应能力、创新能力、领导能力等方面的社会能力素质。研究在校园集体活动的组织和高校大学生社会能力提升方面将形成4个方面的工作机制：一是形成高校校园集体活动的有效组织体制；二是形成高校大学生社会能力提升的模型构建；三是形成高校师生校园集体活动的参与激励机制；四是形成高校大学生社会能力提升的科学评价制度。

第四节 研究目的、结果与创新点

一、研究目的

研究目的体现在两个方面：一方面，倡导高校结合当前大学生实际，积极组织开展校园集体活动，注重活动的质量和效果，努力在校园集体活动中培养大学生的集体意识、集体观念和责任担当、合作竞争意识，同时加强新时代高校班级建设；另一方面，倡导高校本着"学生发展才是硬道理"的办学理念，积极发挥校园文化活动实践育人的功能，在组织开展的校园集体活动中努力培养提升大学生社会能力，增强高校大学生的社会适应性和促使大学生的职业发展。研究通过调查了解我国高校校园集体活动与大学生社会能力提升的实际现状，经过研究实践提出在校园集体活动中提升大学生社会能力的有效机制，构建高校大学生社会能力培养提升模型，并积极探索实践有效实现路径，同时，进一步对校园集体活动与大学生社会能力提升二者的相关性进行分析研究。

二、研究结果

"新时代高校大学生社会能力提升研究实践"课题本着学习借鉴的目的，在总结国内外一些高校在大学生社会能力提升方面有效的工作经验和做法的基础上，结合调研和研究实践，提出我国高校在校园集体活动中培养大学生集体意识观念、强化班级建设和提升大学生社会能力的有效机制、条件保障和实施举措。积极落实和践行"在做中实践和在实践中培养、提升能力"的研究思路，着力提升高校大学生的社会能力。通过此课题研究的开展，解决新时代我国高校人才培养中的弱项、不足和短板。同时，研究者将积极总结研究成果，通过参与研究成果申报、发表学术论文、出版学术专著等途径和形式推广课题研究成果应用，加强国际交流，努力为提高我国高校人才培养工作开拓研究思路和探索实践有效举措。

三、研究创新点

目前，我国高校和世界各国高校都面临着大众化、市场化和国际化的竞争形势，各高校在提高教育教学质量和人才培养质量中都积极努力实践着"以学生为中心"的办学理念，各高校都积极通过在大学生中组织开展校园文化活动、专业实践活动、社区服务活动等，培养应用型、创新型人才，促使高校大学生在大学阶段很好地锻炼、成长和发展。"新时代高校大学生社会能力提升研究实践"属于应用研究，研究结合当前我国高校人才培养要求，以大学生社会能力提升为研究切入点，研究视角新颖，着力点准确，思路清晰。"新时代高校大学生社会能力提升研究实践"课题研究的实施和开展，能有效指导和引导我国高校大学生积极参与校园集体活动，在参与校园集体活动中不断提升自身社会能力，增强社会适应性、社会竞争力和创新创造能力。此课题研究对于提高我国高校人才培养质量和培养德智体美劳全面发展的新时代中国特色社会主义事业合格建设者和接班人具有重要的意义和作用。

第五节 研究任务与实施举措

一、研究任务

本课题的研究任务主要体现在 4 个方面：一是根据课题研究需要制定"校园集体活动中大学生社会能力提升调查问卷"；选取访谈、个案跟踪对象，并制定访谈提纲；阅读分析课题研究参考文献；对实证研究案例进行分析。二是通过调查、访谈、个案跟踪等途径，了解我国高校校园集体活动组织和大学生社会能力提升方面存在的主要问题，结合存在的问题研究、思考并提出解决问题的有效措施、制度和机制，并积极用于研究实践。三是重点解决高校大学生组织和参与校园集体活动的积极性问题、高校教师指导校园集体活动的积极性问题及师生参与校园集体活动的科学评价问题。四是最终形成的成果：建立校园集体活动中高校大学生社会能力提升的模式模型和条件保障、制度机制构建；大学生社会能力提升国家、社会、高校、家庭、个人共同参与及"五位一体"合力行动举措。

二、实施举措

新时代如何在校园集体活动中提升高校大学生社会能力，为我们国家和社会培养高素质、高水平、高质量、高层次的人才，需要国家、社会、高校、家庭、个人共同参与，同向同行。

国家层面：结合当前全球高层次人才竞争的激烈趋势，形势要求我们国家在教育中更应该把高等教育放在优先发展和重点发展的地位，积极发挥高等教育为国家培养一流、重点和高层次人才的重要作用和战略意义。从理念方面，国家要高度重视高校大学生的社会能力培养和提升；从制度方面，国家应出台相关的高校大学生社会能力考核标准和评价机制；从经费方面，国家应给高等教育投入和提供充足的教育经费；从保障方面，国家应建立充足的高校大学生能力培训和实践基地。

社会层面：社会是个大熔炉，国家、高校和家庭培养的大学生人才的能力素质，最终要到社会上去充分展示、发挥作用和得到检验。社会能否为高层次人才提供一个公平合理和人尽其才的良好氛围与环境，这事关高层次人才发展的积极性问题。社会应营造重视人才、重视能力的良好氛围；社会选拔和任用人才，应坚持科学公平和能者至上的标准，坚持"能力本位论"；社会应给高校大学生展示社会能力提供机会和舞台；社会应给高校大学生锻炼和提升社会能力提供相应的条件保障。

高校层面：高校应坚持"以学生为中心"的办学理念，把培养和提升大学生的能力素质特别是社会能力放在办学首要的位置；在教学课程设置中，多开设有利于培养和提升大学生社会能力的课程；积极加强教学实践环节，提供和增加大学生实习、实训和与社会接触的时间和机会；积极利用寒暑假和课余时间，开展大学生社会实践活动；积极为大学生锻炼和提升社会能力提供和创建平台；丰富校园文化活动，坚持在校园集体活动中提升大学生社会能力。

家庭层面：家庭同样在大学生人才培养中具有重要的作用和地位。可以说，高校大学生人才培养的前期和基础是在家庭教育中奠定的。家长要认识到社会能力对孩子一生发展的重要性，要有注重培养和提升孩子社会能力的意识；家长要注重从小到大，分阶段关注和培养、提升孩子的社会能力；家长要鼓励和督促孩子有意识地锻炼和提升自身的社会能力；家长要给孩子锻炼和提升社会能力提供机会和机遇；家长要给孩子锻炼和提升社会能力提供条件和必要的物质保障。

个人层面：高校大学生要有注重培养和提升自身社会能力的积极性和主动性；应多学习有关社会能力提升的知识和理论，博学多才；应积极参与社会能力锻炼和提升的相关课程学习、技能培训和拓展训练；应正确对待网络和使用电脑、手机，充分利用课余时间，参与社会实践活动，了解和适应社会；应积极组织和参与校园集体活动，要有意识地在校园集体活动中锻炼和提升个人社会能力；要积极吸收、培养和提升社会能力的科学思想和成果，为自身所用。

第二章 理论概述

第一节 核心概念界定

一、网络境域

随着互联网的普及和发展及网络社会的形成,网络已经成为人们在现代条件下认识世界、改造世界的新武器、新手段。网络对人们的学习、工作和生活的影响越来越大,作用也越来越突出。网络境域就是指在当前网络社会中人人不能离开网络、人人不能没有网络和人人都被"网"在了其中的这种现状和境况。

二、集体主义

集体主义的概念是斯大林在1934年7月,同英国作家威尔斯的谈话中明确提出来的,他指出:"集体主义、社会主义并不否认个人利益,而是把个人利益和集体利益有机结合起来……"集体主义是一种道德原则,是特定集体中成员与集体之间应共同遵守和共同实践的道德规范和价值原则。集体主义的根本原则,就是正确处理个人与集体、集体与个人之间的利益关系,主张它们的辩证统一和不可分性。

三、校园集体活动

课题研究中的校园集体活动是指以我国高校群团组织、班委会(团支部)、学生社团等为单位或以这些组织中的团体、个人为单位,组织开展的集体、团体成员或个人参与的以思想教育、志愿服务、文明养成、文体艺术、科技创新、社会实践、技能培养、就业创业等为主要内容的校园第二课堂活动。网络境域下,关于校园集体活动的界定,不仅包括校园现场集体活动,更应包括校园网络集体活动。

四、大学生社会能力

社会能力包括社会适应性行为和社会技能，是人的各项能力的综合体，是人的综合能力素质在社会中的具体展示和体现。社会能力结构内容多样，与社会要求相统一。一个人要适应社会，社会对其有多少方面的能力素质要求，人就应该具有多少方面的社会能力。道德能力、宏思维能力、组织能力、学习能力、合作能力、适应能力、创新能力、领导能力等方面的能力素质，是大学生适应社会、生存发展所应具备的最基本的社会能力。大学生只有具备这些基本的社会能力，才能在社会上立足发展，为国家、为社会、为集体、为家庭贡献智慧和力量。

第二节 人才培养与国家发展

一、立德树人与人才培养

把立德树人作为教育的根本任务，具有鲜明的时代特征。我国各级各类教育必须坚持立德树人。中华人民共和国成立以来，在党的教育方针的表述中，始终强调受教育者德智体美劳全面发展。

毛泽东同志在1957年指出："我们的教育方针，应该使受教育者在德育、智育、体育几方面都得到发展，成为有社会主义觉悟的有文化的劳动者。"[1]

在改革开放历史新时期，邓小平是从我国社会主义现代化建设的全局出发来指导教育发展的。他重申毛泽东关于教育方针的论述，要求以此作为培养人才的质量标准。他要求"把毛泽东同志提出的培养德智体全面发展、有社会主义觉悟的有文化的劳动者的方针贯彻到底，贯彻到整个社会的各个方面"[2]。

1982年，《中华人民共和国宪法》第四十六条规定："国家培养青年、少年、儿童在品德、智力、体质等方面全面发展。"1995年，《中华人民共和国教育法》第五条规定："教育必须为社会主义现代化建设服务，必须与生产劳动相结合，培养德、智、体等方面全面发展的社会主义事业的建设者和接班人。"

2002年，党的十六大报告指出："坚持教育为社会主义现代化建设服务，为人民服务，与生产劳动和社会实践相结合，培养德智体美全面发展的社会主

---

[1] 田心铭：《教育的"首要问题"和我国教育的"根本任务"》，引自《人民网》，2018年10月15日。
[2] 同[1]。

义建设者和接班人。"① 党的十七大报告指出:"坚持育人为本、德育为先,实施素质教育,提高教育现代化水平,培养德智体美全面发展的社会主义建设者和接班人,办好人民满意的教育。"② 首次提出了"育人为本、德育为先"的要求。党的十八大报告则进一步强调,提出把立德树人作为教育的根本任务,培养德智体美全面发展的社会主义建设者和接班人。③ 党的十九大报告要求"落实立德树人根本任务"④。在全国教育大会上,习近平总书记将长期以来坚持的"德智体美全面发展"发展为"德智体美劳全面发展",并提出要努力构建德智体美劳全面培养的教育体系,培养学生的核心价值观、必备品格和关键能力,使我国社会主义教育的培养目标更为完整。⑤ 将"立德树人"的定位置于"全面发展"之上,这是以习近平同志为核心的党中央继承、丰富和发展党的教育方针的集中体现,是对党的全面发展的教育方针的重大发展,是党的教育理论创新的最新成果。

二、立德树人与国家发展

千秋基业,人才为先。改革开放以来,特别是党的十八大以来,我国先后提出了人才强国、科技强国、制造强国、文化强国等一系列强国建设的战略目标和任务。而无论什么强国,都需要强大的人才资本、强有力的人才队伍来支撑,都需要教育强国来支撑。所以,强国必先强教育。

优先发展教育事业是实现中华民族伟大复兴,提升国家核心竞争力,提高国民素质的必然选择。一个国家的政治文明、物质文明、精神文明、社会文明、生态文明,归根结底都是建立在国民素质基础上的,国民素质是一个国家的核心竞争力。教育是提高国民素质、增强国家竞争力的有效途径。社会主义现代化强国需要数亿计的人才来建设,需要强大的人才队伍来支持。社会主义现代

---

① 江泽民:《全面建设小康社会 开创中国特色社会主义事业新局面——在中国共产党第十六次全国代表大会上的报告》,引自《人民日报》,2002年11月18日。
② 胡锦涛:《高举中国特色社会主义伟大旗帜 为夺取全面建设小康社会新胜利而奋斗——在中国共产党第十七次全国代表大会上的报告》,引自《人民日报》,2007年10月25日。
③ 胡锦涛:《坚定不移沿着中国特色社会主义道路前进 为全面建成小康社会而奋斗——在中国共产党第十八次全国代表大会上的报告》,引自《人民日报》,2012年11月18日。
④ 习近平:《决胜全面建成小康社会 夺取新时代中国特色社会主义伟大胜利——在中国共产党第十九次全国代表大会上的报告》,引自《人民日报》,2017年10月28日。
⑤ 习近平:《在全国教育大会上的讲话》,引自《新华网》,2018年9月10日。

化强国必须有现代化的教育来支撑,要实现国家现代化,必须率先实现教育现代化。习近平总书记在同北京师范大学师生代表座谈时指出:"人才越来越成为推动经济社会发展的战略性资源,教育的基础性、先导性、全局性地位和作用更加突显。"⑥实现中华民族伟大复兴,教育的地位和作用不可忽视。我们国家对高等教育的需要比以往任何时候都更加迫切,对科学知识和卓越人才的渴求比以往任何时候都更加强烈。⑦

"两个一百年"奋斗目标的实现、中华民族伟大复兴中国梦的实现,归根到底靠人才、靠教育。源源不断的人才资源是我国在激烈的国际竞争中的重要潜在力量和后发优势。⑧中国是发展中的人口大国,要把我国从人力资源大国建设成为人力资源强国,关键在教育。我国是一个人力资源大国,也是一个智力资源大国,我国14多亿人大脑中蕴藏的智慧资源是最可宝贵的。知识就是力量,人才就是未来。⑨

第三节 研究文献综述

一、人的能力研究

(一)人的能力的概念界定研究

恩格斯在谈到全面发展的人的能力时,说这是"各方面都有能力的人"。说明人的能力是一个人内在本质力量的表现和展示。《苏联大百科全书》指出,能力是一种个人特征,这种特征是成功地完成某种活动的主观条件。能力并不表现于知识技能、技巧、技术,而是体现在掌握一种活动的方法和过程的速度、深度和熟练程度上。奥热戈夫(S. I. Ojogov)主编的《俄语解释词典》中,"有能力者"是指在某领域有知识、有学识、有权威的人士。"能力"是指某人对某问题的了解范围;是指权力、权利的范围。乌沙科夫(D. I. Ushakov)主编的《解

---

⑥ 习近平:《做党和人民满意的好老师——同北京师范大学师生代表座谈时的讲话》,引自《人民日报》,2014年9月10日。

⑦ 习近平:《在全国高校思想政治工作会议上强调 把思想政治工作贯穿教育教学全过程 开创我国高等教育事业发展新局面》,引自《人民日报》,2016年12月9日。

⑧ 同①。

⑨ 习近平:《为建设世界科技强国而奋斗——在全国科技创新大会、两院院士大会、中国科协第九次全国代表大会上的讲话》,引自《人民日报》,2016年6月10日。

释词典》中,"能力"与"职权"概念的区别为:能力——知识、权威;职权——在某系列问题、现象中某人拥有的权威、认知、经验和一定权能范围。奥加列夫(E. I. Ogarev)认为,能力是一个评价性概念;它把一个人描述为特殊活动的主体,在此种活动中,此人的能力发展使他/她能够从事符合资质的工作,对待遇到的问题能做出负责性决定,规划、执行并合理和成功地实现既定目标。李荣新认为,能力就是人改造客体的主体条件即主体能动性,人的能力主要体现为主体能动性的主动程度。郭志伟认为,能力是对知识和经验的驾驭本领和力量;能力是实现目的的可能性力量;能力表现为知识和经验的综合运用体系;能力是人对社会发展趋势的一种适应和引领程度;成就是能力的一种反证。杨荫环认为,人的能力有狭义和广义两个方面的含意。狭义的能力,是指一个人的基本能力和应用能力。广义的能力,就是指除一个人的基本能力、应用能力和劳动态度之外,还包括他的工作成绩。安鸿章指出,能力是个性心理特征之一,是指人顺利地完成某种心理活动所必需的个性心理条件和心理特征。潘尔春等认为,人的能力是人的本质力量的体现,是人从事各种创造性活动的全部才能和力量。

(二)人的能力的结构内容研究

塞列夫科(G. K. Selevko)认为,能力是指主体能有效地组织内部和外部资源来设定和实现目标的力量。内在资源可以理解为知识、能力、技能、活动方式、心理特征、价值观等。雅利金(O. N. Yarygin)认为,能力是能力实现的领域、执行标准和使用资源的统一,是一个人的知识、能力和主观属性在一定能力范围内为实现目标而相互作用的过程。登尼(N. W. Denney)把人的能力分为两种:一种是未经训练不作练习的能力,这是一个正常健康的人不经任何特殊训练或练习就表现出来的能力;另一种是经过充分训练和练习的能力,这种能力反映的是一个正常健康的人在充分训练或练习的条件下所能达到的最佳能力水平。薇薇恩·斯图尔特认为,那些被称为"21世纪的核心能力",其中包括批判性的思维能力、解决问题的能力、创造性能力、自我引导能力及学习如何学习的能力。于咏华认为,能力的构成是一个整体系统,在这个整体中既包含基本的或一般的能力,又包含具体的或特殊的能力。张康之认为,在社会的视角中,人的能力是可以加以分类的,诸如学习能力、模仿能力、创造能力、竞争能力、合作能力、表达能力等。总之,人的活动有多少领域或参与事项,就可以识别出人具有多少种能力。陈蕃认为,能力按照它的倾向与不同专业而区分出不同种类，即一般能力、专门能力、实践活动能力3种。并且还指出人应具有应对信息革命的能力。孙显元认为，人的能力包括认知能力、实践能力和价值评价能力，并强调，人的每一种能力，并不是单项素质的表现，而是综合素质的反映。阎建平等认为，人的能力是由一个与生俱来的自然基本能力与基础能力、专业能力与创造能力等社会性能力有机结合而成的"金字塔"式结构系统。

（三）人的能力的培养途径研究

布鲁姆等认为，教学应当强调教学生解决问题的方法，培养学生把知识应用于新情境的能力，应当强调培养学生的分析力、理解力、判断力和运用知识的能力等。李荣新认为，既有知识又善于思考，善于实践，知识才是主体能动性，才是能力。张康之认为，工业社会中的人应把学习科学和参与实践看作提升能力的途径。科学给予人知识，而实践则让人获取和积累经验，这两个方面都是知识能力提升的基本路径。王忠武认为，各种实践活动能否积极有效地促进人的能力的发展，主要取决于该种实践活动的质量。陈蕃认为，未来教育的重点在培养人的能力上，能力是可以训练和培养的，能力来自实践。任平安认为，生理素质是人的能力形成和发展的自然物质基础。社会实践是能力形成发展的决定因素，教育在人的能力形成和发展中起重要作用。安鸿章认为，人的能力是在人的心理素质的基础上，经过后天的教育和培养，并在实践活动中逐步形成和发展起来的。大学期间所接受的教育或者一定时期的社会实践活动，影响到人专业能力的养成和提高。而大学以后的教育或长期的社会实践活动的锻炼和培养，直接影响到人的创新能力的形成和发展。

二、人的社会能力研究

（一）人的社会能力的概念界定研究

早在20世纪初，弗洛伊德就曾指出，社会群体对个体的发展具有重要的影响。在始于20世纪30年代的一系列有关同伴关系的实证研究当中，对社会行为与社交地位关系的考察可算是最早的有关社会能力的探索。研究指出，社会能力应当是具有情境和对象年龄适宜性，基于一定社会标准对于特定社会行为做出的主观评判。1920年，桑代克（E. L. Thorndike）首次提出了"社会能力"的概念并进行界定，引起了心理学界对社会能力的关注和研究。While（1959）认为，社会能力是指有机体与其环境有效地进行交互作用的能力。Godge（1986）认为，社会能力是个体生活中的重要他人对该个体在何种程度上成功完成重要社会任务的评定。Rubin 等（1992）认为，社会能力是指在不同时间、不同情境中进行社会交互作用时，既能达到个人发展的目的，又能维持与他人积极关系的能力。马尔科娃（A. K. Markova）认为，社会能力通常是由专家的专业活动内容而决定，也是其成功的关键因素。贝利兹斯卡亚（G. E. Belitskaya）强调，社会能力是指个人社会活动的最高活度，即在活动、行为、交流、沉思的过程中，实现的对社会现实的掌握和发展，是社会问题、价值取向和意识的相互结合。根据维谢尔科瓦（N. V. Veselokova）和普利亚米科娃（E. V. Pryamikova）的观点，个人的社会能力应该被理解为：某具体个人在与社会互动中获得和学习到的知识、技能和能力，以及他对社会环境的驾驭能力。库尼金（V. N. Kunitsyna）将社会能力定义为：是社会现实和自我知识体系的有效结合，对典型的社会情境能够迅速、适当地适应，并以最佳的方式原则行事和做出决定，获得最大的收益。卢奇亚诺娃（M. I. Lukyanova）认为，社会能力是一种人格的自觉表现，表现为对某种行为的信念、观点、关系、动机、态度，在形成促进建设性互动的个人素质时的有意识表现。巴赫捷耶娃（S. S. Bakhteyeva）认为，社会能力是指一个人在具体生活领域的知识和经验实际化的基础上，有效解决与社会交往问题的能力。阿斯莫洛夫（A. G. Asmolov）认为，社会能力是社会情境的产物，是环境与主体之间关系特殊系统的发展，体现在他的社会经验中，并在与他人的共同活动中实施。根据日洛娃（I. P. Zhirova）和米赫诺（O. S. Mikhno）的观点，社会能力是指在创造性地解决社会任务和完成社会角色的过程中，确保积极融入社会的个人素质、社会知识和技能的集合。波切布特（D. A. Pochebut）认为，社会能力是指在社会关系系统中，建设性地运用社会知识、技能和能力，为成功地建立正式和非正式的社会关系系统提供适应和自我实现的能力。刘敏等认为，自20世纪70年代开始，社会能力的概念就被西方学者广为接受，我国对于社会能力的研究始于20世纪90年代，社会能力研究尚处于起步发展阶段。从现有研究成果来看，还没有形成一个权威定义。他们将社会能力理解为：个体有效而恰当地应对各类社会情境，并实现自身最优化发展的能力。秦淑平认为，"社会能力"一词最初是在儿童心理学中用于评价异常儿童的心理和行为问题，后来逐渐发展到研究正常个体在一定社会情境中解决问题时需要的除智力与专业知识之外的综合能力。

（二）人的社会能力的结构内容研究

马尔萨诺夫（G. I. Marsanov）和罗托塔耶娃（N. A. Rototaeva）确定了社

会能力发展的两个主要因素：社会状况和文化历史背景。通过对这些因素的考虑，研究者建立起了其对社会能力的影响程度的层次结构。佩尔吴津斯基（V. G. Pervutinsky）认为，社会能力结构内容应包括社会智力、精神状态、职业能力与社会道德等。加里宁娜（N. V. Kalinina）提出了社会能力的两个结构性成分，称其为形成性成分。一是认知行为成分，包括社会智能、社会技能、社会行为技能，其中社会技能包括进行有意义的社会活动的有效方法、有效互动的技能和在困难的生活情境中的建设性行为；二是个人动机成分，包括社会中自我实现的动机和价值观，以及保证自我实现的个人属性。卢奇亚诺娃（M. I. Lukyanova）提出，社会能力应包括两个部分的结构内容。一是动机价值部分，包括社会活动的动机、动机形成度、争取成就、对社会交往的态度、对道德规范的态度、对社会和个人发展的价值观；二是操作价值部分，包括知识、能力、技能、对自己和他人的行动进行批判性分析、预测交往的结果、进行沟通、影响他人、设定目标和目的。Caplan 和 Weissberg（1989）进一步归纳了社会能力培养性研究所应关注的 3 个基本问题：一是应该致力于发展个体的哪些行为方式或心理品质；二是养方案应该从哪些关键性的发展任务或挑战入手；三是应该创设什么样的环境以保证获得的行为方式能够得到强化、维持与迁移，使其真正成为个体的一种"能力"。Kostelnik 认为，社会能力包括 6 个方面：采纳社会价值观、自我认知能力、人际交往能力、社会适应能力、计划与决策能力、发展文化能力。黄天元认为，社会行为技能、社会认知技能和社会情绪（感）共同构成社会能力。高举学认为，社会能力可概化为两种成分：一是适应性行为；二是社会技能。

（三）人的社会能力的培养途径研究

倪邦文认为，社会交往是人社会化的必然途径，而良好的社会交往能力不是与生俱来的，需要经过教育、学习、实践、内化而得以不断提升。高举学认为，学生通过在社会活动的广泛参与过程中逐步完成自己对社会、对人生、对他人、对工作等内容的全部认知。因为社会和学校两种人生阶段的隔阂还是很大的，需要一个适应和衔接的过渡，社会能力的提升对自己人生阶段的修复是比较好的方法。黄天元指出，社会能力的概念框架应该把原来社会技能框架扩展到包括生物、生理和社会特点的更大的社会系统框架下。针对社会能力干预缺乏长时效应问题，社会能力培养研究出现了一些新的特点：一是注重社会能力研究的概念框架的重新建构与教育培养技术的整合；二是出现了从以干预训练为主向常规课堂中社会能力培养转化的趋势;三是重视社会能力培养的社会生态化效应取向;四是强调社会能力培养要与学生类型、特点相匹配。同时,一些研究者认为,社会能力的培养和不良的社会能力的改善是一个长期的过程。社会能力的培养应该把特殊能力与常规教育结合起来,把社会能力的培养整合到常规课堂的教学中。许多研究者也认为,即使是一般的学生,也会面临各种各样的社会问题,在常规课堂中进行社会能力的培养,有助于个体的发展。

三、大学生社会能力研究

(一)大学生社会能力的概念内涵研究

倪邦文认为,大学生的社会能力是指大学生在校期间适应现实和参与社会建设及未来推进社会发展的所需能力的总和。刘晓莘认为,加强对大学生社会能力的培养,可为学生提高综合素质,推进学习效率,提高个体心理、行为适应性,正确认识自我,发展人际关系打下坚实基础。社会能力的培养也有效弥补了课堂知识理论强于实践,所学知识、技能滞后于社会发展需要的弊端,经过学习阶段,大学生都要走向社会,成为社会的一员,良好的社会能力对于学生顺利实现就业及就业后尽快地适应社会具有重要意义。牛浩认为,大学是教育的殿堂,同时也是培养社会所需人才的机构,大学生社会能力的培养是高等教育的应有之义。大学生具有良好的社会能力能够使职业发展更为顺利,更重要的是社会能力强的高素质人才是社会发展的需要,能够有力地促进社会的可持续发展。徐坤英指出,现代社会要求大学生不但需要掌握大量的书本知识,还需要具备一定的社会能力。只有具备良好的社会能力才能保证学生顺利择业及就业后尽快适应社会,实现自身价值和对社会做出贡献。面对竞争如此激烈的社会,大学生在思想意识领域、学习认知领域、社会实践能力方面都受到了社会各界的不少质疑。

(二)大学生社会能力的结构内容研究

马斯列尼科娃(V. Sh. Maslennikova)认为,社会能力是指个人在人类活动的主要领域中实施社会技术的能力;是对社会现实的价值理解,能将分类的具体社会知识作为自我决定的指导。为此建议将控制力的培养放在社会能力培养过程的中心位置,并让年轻人了解社会现实的所有问题。同时,他还建议将社会能力的个性个人学、社会学与生命未来学3个组成部分单列出来。Michael Eraut认为,大学生应具有的基本能力是指知识综合能力、实践能力、理性思维能力、基本审美能力、语言或口头表达能力、沟通和人际交往能力、搜索或咨询信息能力等。刘艳等从分析大学阶段的关键性发展任务出发,将我国大学生的社会能力分为事务处理能力、一般人际交往能力和建立与发展友谊的能力等3个方面。秦淑平认为,大学生社会能力的发展是在一定的社会环境下个体与社会互动过程中逐渐形成的,应当从对社会的认知能力、良好的适应环境和社会能力、人际协调能力、情感调控能力、学习发展与创造能力、心理健康调适能力等6个方面培养。李培根认为,一个合格的毕业生在离校时,一是应具备正确思考问题的方法和解决实际问题的能力;二是应具备自主学习的能力。自主学习的能力应包括对事物的质疑力和解决问题的构想力两个方面。协同力也是他们应具备的一个素质。牛浩认为,促进大学生职业良性发展,需要培养大学生的人际交往、协调组织、实践创新及分享协作等社会能力。高举学在研究中强调,调查显示,超过一半的用人单位要求大学生具备各种社会能力,其中87.9%的用人单位要求大学生具备沟通协调能力,其他的几种能力分别是人际交往能力(42.2%)、动手能力(30.7%)、表达能力(28.6%)、组织管理能力(22.5%)。另外,有25%~40%的大学生对各项实践能力都感到很欠缺,欠缺度最高的是组织管理能力(38%),其后依次为人际交往能力(35.5%)、表达能力(34.4%)、沟通协调能力(28.1%)、动手能力(27.6%)、获取知识能力(18.3%)。

(三)大学生社会能力的培养途径研究

Aymoldanovna A. A. 等提出,要积极在实践活动中培养大学生解决问题的能力,促进大学生领导素质和协调能力的培养。Li Zhiyu认为,提高学生的科技创新能力,首先要提供良好的制度环境和文化氛围,激发学生主动创新的兴趣。然后进行教学改革,培养学生的创新能力。只有这些因素共同作用,才能充分发挥大学生的科技创新能力。Velichko Elena Vladimirovna 在研究中通过对大学生社会能力的个体成分分析,提出了职业教育的概念。在研究过程中认为,一年级和四年级学生的社会心理适应水平、自我发展和自我教育的能力和意愿、社会能力存在差异。Zhang Wenliu 认为,创新教育是在建设创新型社会教育新形势下教育改革的探索,与传统教育模式相比,创新教育能够激发学生的创新欲望,培养学生的创新意识和实践能力,有助于学生个性的发展。Prom C. J. 等认为,职业技术教育的特点是为学生提供机会。领导力发展、品格教育、社区服务和实践职业都是通过与项目相关的特定学生活动来实现的。杨兴林认为,大学生的创新意识与能力培养应将相关教育教学理念与要求有机融入培养方案及教育教学全过程。特别是要有机融入各门课程教育教学的全过程。严把课程教育教学关是其核心路径。牛浩认为，利用校园多元素培养大学生社会能力。强化教学环节对大学生社会能力的培养，大学生社会能力的培养和提升需要走出去，让学生直接接触社会，从而获得真实的感受，取得直接的经验。刘敏等认为，社区实践作为社会实践的一种重要的实践形式，对于帮助大学生加强与社会的联系，认识社会，认识他人，认识自我，主动适应社会需要，促进大学生社会能力养成具有积极的作用。刘晓萃认为，应把学生社会能力的培养纳入学校的教育目标之中，发挥第二课堂的社会化功能，通过课堂渗透和教师引导，培养社会能力，注重学生的参与性、创设人际交往与互动的教育情境。秦淑平认为，大学生社会能力提升与培养途径应包括开展素质拓展训练、提升大学生人际沟通和团队合作能力、增开大学生社会能力训练课程等方面。

四、大学生社会适应性发展研究

伊戈尔·康（I. S. Kon）指出，社会化一词最笼统的定义就是环境的影响，它使个人参与公共生活，教会他了解文化、集体行为、自我主张和履行各种社会角色。T. 帕森斯（T. Parsons）将社会化定义为：一个人对其所处的社会文化的内化，即掌握了在社会角色中令人满意的表现和行动方式，从而在社会角色中发挥满意的作用。杜尔克海姆（E. Durkheim）在考虑社会化的过程中，认为其中的主动开端属于社会，它是社会化的主体。他在研究中肯定了社会在个人社会化过程中的重要地位。库里（Ch. H. Cooley）在"镜像自我"理论和小团体理论中认为，个体自我在交往中获得了一种社会性的品质，在主要群体（家庭、同伴群体、邻居）内部的人际交往中，即在个体主体与群体主体的互动过程中获得了一种社会性的品质，即社会适应性。丁晖认为，大学生社会适应能力是指大学生在与社会环境相互作用的过程中主动调节自身，使之与社会保持和谐平衡关系的能力，不但包括大学生毕业后走向社会适应环境、得以生存的能力，还包括大学生在校期间的种种适应能力，如学习适应能力、生活适应能力、人际交往适应能力、职业发展适应能力。杨光平指出，大学生社会适应能力是指大学生在与社会环境的交互作用中主动改变自己以顺应时代潮流和环境的变化，并利用环境、创造条件从而达到自己较高目标的能力。并分析了当代大学生社会适应能力所包括的主要内容：学习适应能力、社会工作适应能力、社会交往适应能力和社会生活适应能力。米德（D. G. MId）在研究中提出，个体间互动是社会心理学的核心概念，互动过程的整体性构成了社会和社会个体。并特别指出，特定的"自我"所能得到的反应和行动方式的丰富性和独创性，取决于"自我"所参与的互动系统的多样性和广泛性。笪学军在研究中指出，大学生在社会适应能力方面存在诸多不足，例如，认知能力较差，不能正确评价自我和他人，缺乏有效的学习方法和自主学习的能力，人际交往存在障碍，实践能力弱等。孙杰远认为，学生社会性发展应体现在3个层面：一是获得对社会规范的理解和社会技能的习用；二是形成关于社会的价值观念；三是具备社会认知、社会判断和有效参与社会的能力。这是学生社会性发展的高层形态。并指出，促成学生社会性发展的关键在于确定和实施有效的教育教学策略。其一是确定积极发展学生社会性的教育价值取向；其二是建构综合、现实、可操作的社会课程体系；其三是重视发挥社会、学校的社会化功能；其四是塑造以学生体验和实践活动为中心的学习过程。

第四节　社会能力理论研究

一、人的社会能力的本质

综合分析有关人的能力、人的社会能力的研究论述，可以归纳出人的社会能力的本质主要体现在3个方面：一是人际交往和互动能力；二是确定和实现目标能力；三是适应和融入社会能力。

（一）人际交往和互动能力

把社会能力看作个体的人在社会生活中处理与他人关系的能力，并能与他人良好互动和交往的能力。如桑代克（E. L. Thorndike）认为，社会能力是理解和应对他人，在人类的关系中明智行动的能力。莫斯（Moss）等认为，社会能力是与人相处的能力。温斯泰恩（Wein-stein）认为，社会能力是完成人际任务的能力，操纵他人反应的能力。

（二）确定和实现目标能力

认为社会能力是个体在社会中能够选择和确定发展目标，并根据情境要求积极实现发展目标的能力。如坎特（N. Cantor）认为，社会能力是指人们在面对不同的人生阶段任务时所需要的专门应对技能，并指出人的社会能力应包括3个方面的内容，即人生目标的选择、社会互助的知识、完成目标的策略。

（三）适应和融入社会能力

认为社会能力是个体能很好地适应社会大环境并能积极融入社会大环境的能力。怀特（R. E. White）指出，社会能力是有机体与其周围环境有效地进行交互作用的能力，是通过有机体在应对周围环境的过程中知识与技能的累积而发展起来的。杜克（Duck）认为，社会能力是在不同的社会情境中达到自己的目的，表达出适应社会情境的能力。

二、人的社会能力的内涵

从人的社会能力所具有的3个方面的本质内容，我们可以看出人的社会能力具有以下4个方面的基本内涵。

（一）通过后天学习而获得的

社会能力的获得虽以一般的能力作为基础，但它主要是个体在后天的学习中，通过和自身周边小环境和社会大环境的互动作用而获得的各种能力。例如，处理人际关系的能力，就必须是在出生后的人际关系环境中不断积累和获得。

（二）核心是适应他人和社会

这里的适应包括良好的自我认知，与自然、他人和社会和谐相处。许多心理学家都认为社会能力至少应包括洞察别人心理的能力、与人建立良好人际关系的能力、积极参与社会活动的能力、言行举止合乎时宜的能力、适应周围新环境的能力、适应社会的生存能力及自我认识与自我反省的能力等。

（三）效能是实现自身发展目标

一个人社会能力强与弱的最根本的体现就是自身发展目标的实现程度，这也是作为一个个体的人适应社会良好的具体表现。许多人主张从社会能力的角度来重新探讨智力的结构，因为只有这样，才能看出个体的人在实际的社会生活中的真实能力和成就的取得，才是一个人真正聪明与否的表现。

（四）具有情境性和能影响他人

它是指个体的人认识到自己所处情境的规则和标准，再用这些规则和标准来影响情境中的其他人。斯滕伯格（Sternberg）认为，社会能力是个体试图解决其面临的自然和社会中的实际问题的知识技能。坎特（N. Cantor）等认为，社会能力特别适合解决社会生活问题，尤其是处理生活中的一些任务和具体事务，自己选择或他人外在给予的目标等。

三、社会能力的结构

（一）心理学对社会能力结构的分析

1. 因素分析说

即把社会能力分解为一个个具体的因素。如斯滕伯格（Sternberg）等研究指出，社会能力包括接受自我、对世界表现出极大的兴趣、有社会良知等因素。玛洛维（Marlowe）用因素分析的方法研究出社会能力包括5种因素：①对他人感兴趣和关心他人；②社会执行技能；③心理共情的能力；④情感表达和敏锐感知他人情感的能力；⑤社会焦虑、自我效能感和自尊的缺乏。

2. 维度理论

福特（M. E. Ford）和缪拉（I. Miura）在对大学生的研究中得到社会能力的4个维度，具体为：①亲社会技能。包括对他人的需要做出反应，真正对他人感兴趣，情感上有支持等特征。②领导技能。包括具有领导力，知道如何处理某些事情，处理果断的决策能力，喜欢设定某些目标等。③社会适应力。包括容易适应环境，对人真诚坦白，与人相处，与人分享，喜欢并积极参加社会活动等特征。④自我效能感。包括有良好的自我概念，拥有自信，具有自己的个性和价值观，对生活充满希望等特征。

3. 内隐研究理论

考斯米奇（Kosmitzki）等在前人研究的基础上，用构成人们社会能力的内隐概念搜集了18种有关社会能力的特征，然后对对象进行调查，询问哪些是他们需要和理解的社会能力，最后归结出最核心的成分：①较好地理解人们的思想、情感和意图；②善于与人相处；③在人类关系中具有广泛的规则和形式的知识；④在社会情境中适应良好；⑤善于知觉他人；⑥是温暖和关爱的；⑦对新经验、新观念和价值观是开放的。

4. 操作性研究理论

操作性研究主要从心理测量的角度对社会能力的结构进行分析，斯奈德（Schneider）等要求被调查者描述一般的社会能力行为，然后对这些描述进行整理、归纳而组成社会能力量表，再通过访谈归结出哪种条目频度高，便可作为典型的社会能力行为。通过因素分析，他们揭示出了7个维度的社会能力结构，具体是：①外倾性；②热情；③社会影响力；④社会洞察力；⑤社会开放性；⑥社会适宜性；⑦社会适应不良。

（二）社会能力的具体结构分析

总结中外学者有关人的社会能力的结构分析，可以归纳概括出人的社会能力结构主要应包含社会适应与目标实现能力、自我认知与自我评价能力、认知他人与认知社会能力、和人相处与建立关系能力、参与活动与影响他人能力、社会情感发展与调控能力、终身学习与自我发展能力、问题解决与创新实践能力、心理健康与心理调控能力等方面的具体内容结构。

1. 社会适应与目标实现能力

社会适应能力是人的社会能力的核心。适应是个人与环境的互动过程，环境会影响个人，个人也影响着环境的改变。在个人的社会发展中，会出现各种环境障碍、社会的限制等。良好的社会适应能力是个人应对困境、获取成功、实现目标的重要能力。

2. 自我认知与自我评价能力

自我认知是人的最重要的社会能力素质。认清楚自身的一切，优点与缺点、能力与不足，才知道如何发展自己，这是一种重要的内在素质。有了对自身的清醒认知和评价，悦纳自我，才会充满自信地面对他人与社会，实现对他人和社会的良好适应。

3. 认知他人与认知社会能力

在和社会及他人的互动中，人们产生了各种行为能力，而人的社会认知能力则构成了人的社会能力的基础。通过社会认知能力的发展和提高，对他人印象的推测和判断的信息加工能力就会增强，在社会认知能力不断提高中实现自我发展和完善。

4. 和人相处与建立关系能力

人是社会性动物，不能脱离种种交往关系，必须生活在"交往行为"的联系之中。人是"社会交往"及其生活形式中的人。一个人的人际交往能力有强弱之分。人的人际交往能力是社会发展、个体成长、达到目标的关键所在。

5. 参与活动与影响他人能力

个人通过参与社会活动在一定程度上也影响着他人和社会，引起他人态度和行为的变化及与其社会地位相联系的各种条件的变化，从而产生一定的社会影响。人的社会影响能力包括劝说能力与暗示能力、个人的品格影响力、领导能力和权威影响力等。

6. 社会情感发展与调控能力

人的社会情感能力是通过后天的教育，并经过社会生活实践的洗礼和磨炼不断形成的，具有可塑性。社会情感能力的高低直接关系到个体情绪的稳定和身心的健康，关系到个体能力的充分发挥及潜能的开发，也关系到个体人际关系的状态及社会适应力的强弱。

7. 终身学习与自我发展能力

终身学习已成为每个人不断实现自身价值、获取人生幸福的重要途径。学习能力是个人不断获取最新知识信息，不断发展社会能力的主要途径。而要在社会中更好地发展自己，就必须发展自己真正的学习能力，即方法的学习、策略的科学应用和学习潜能最大限度的发挥。

8. 问题解决与创新实践能力

每个人都有创新能力，它表现在平凡的社会生活中，也表现在问题解决中。人的问题解决能力和创新能力是联系紧密的人的思维能力的重要组成部分，也是个人在实际社会中处理问题及高效学习、工作和生活必不可少的能力。

9. 心理健康与心理调控能力

当代社会的重要特征是日趋复杂，快速的物质文明进步和多变的精神文化冲撞，使得现代人生活的精神压力不断加大，导致心理问题较为突出。掌握并不断学习心理调控的技能，主动将自我危机转为契机，促进心理健康，也是现代人所应具备的基本生存能力。

四、大学生应具有的社会能力

高校到底要培养大学生哪些方面的社会能力，至今尚无定论。由于社会能力表现的多样性、人们对社会能力认识的选择性、不同层次高校培养目标的差异性等因素，导致人们在大学生社会能力培养目标和内容结构认识上的多样性。"新时代高校大学生社会能力提升研究实践"课题研究在总结国内外学者所开展的相关研究的基础上，以及在此课题研究前期的调研、问卷调查、访谈中，综合分析提出了新时代我国高校大学生应具有的最主要的8个方面的社会能力，即道德能力、宏思维能力、组织能力、学习能力、合作能力、适应能力、创新能力、领导能力，这8个方面的大学生社会能力的提出，也进一步明确了我国高校大学生社会能力的具体培养目标和内容结构。

（一）道德能力

道德能力是社会发展中不可忽视的能力资源。何为道德能力？道德能力是主体的"内德"和"外施"能力。在中国古代哲学中，"道"一般是指事物运动、变化、发展的规律，后被引申为人们必须遵循的社会行为准则、规矩或规范；"德"即得，也就是人们认识"道"、遵循"道"，"内得于己，外施于人"。道德即外在要求的"道"和内在修养的"德"的统一。道德修养力、道德实践力、道德影响力、道德选择力、道德创造力，对个体的人的自身发展具有重要的价值和作用。余仰涛提出，思想品德能力是指一个人为完成培养和发展自己的优良思想品德活动所必须具备的能力。它包括思想品德认识能力、决策能力、实践能力等。于咏华提出，把人应具有的调节人与自身、人与人之间、人与社会之间、人与自然之间关系的一种能力称为道德能力。并指出，在社会生活中，主体道德能力的大小、开发如何及起作用的程度，直接影响着群体凝聚力及整体能力。道德能力是主体活动不可缺少的一种基本能力，人的基本能力应该是体力、智力和道德能力的有机统一。国无德不兴，人无德不立。社会的现代化带来了价值观念的冲突：一方面，科学技术高速发展，日新月异，社会物质越来越丰富；另一方面，社会变革风云莫测，特别是文化多元，各种思想交相融合和冲突，高校大学生正面临这种复杂环境的挑战。新时代高校要落实立德树人根本任务，培育和践行社会主义核心价值观，就需要加强大学生的道德教育，不断增强和提升大学生的道德能力，教育和引导大学生树立正确的世界观、人生观、价值观。

（二）宏思维能力

"宏思维能力"的概念首次由中国科学院院士李培根提出。所谓宏思维能力是指对一些宏观问题、重大问题、事物整体联系的观察、感觉和思辨能力。宏思维能力需要对社会问题的关注，需要哲学素养，需要人文情怀。宏思维体现宇宙观。一个人的宏思维其实体现其宇宙观、世界观。宏思维包括对宇宙事物、人类社会发展的宏观认识。宏思维体现方法论。宏思维体现从整体中认识事物和把握事物的能力，体现从纷纭复杂的事物联系中寻找正确的解决方案的能力。宏思维体现责任感。宏思维包括对社会、对人类面临的若干重大问题的认识，如人类环境、人类健康、资源消耗等。宏思维体现情商。一个人的情商主要体现在与他人的联系之中，每一个人的社会活动都会与其他人有联系。我国高等教育经过多年的改革，在加强基础和通识教育方面有很大改善，在专业教育方面，专业的面也有所拓宽。但是，多年来我国高校大学生宏思维培养在高等教育中基本上没有明显改善。宏思维能力培养，需要大学生有更多的机会接触社会或业界。最近10年来，国外越来越多的学校，包括一些世界著名大学推行"服务学习"的理念，这种理论强调学生在服务于社会的过程中进行学习。这样的学习显然使学生更容易了解社会的重大问题和需求，并且能和他们的专业学习紧密结合。这种学习方式不仅引导学生关注一些宏观的、重大的问题，同时也让学生养成主动学习的习惯，当然也是培养大学生宏思维能力的很好方式。

（三）组织能力

组织能力是指开展组织工作的能力。以企业为例，组织能力体现在建立一种能使员工为实现企业集体目标而在一起最佳工作并履行职责的正式体制，即组织结构，是实现目标的重要保证。组织能力的成效结果最终体现在如何建立组织体系，并规定体系中每个人的活动和相应的责任及各项活动的关联规则，它将直接影响企业集体的行动效率和效果。针对具体活动、项目组织而言，组织能力也指活动或项目的策划实施或组织管理能力。策划实施能力是一种从活动或项目谋划构思到实施完成整个过程中表现出来的综合能力，其中包括策划能力、说服能力、展示能力、组织能力、协调能力、实施能力、管理能力等。策划能力是指为了实现某种特定目标，借助一定的科学方法和艺术手段，通过计划、构思、设计、拟定、制作出完善的活动或项目方案的能力；说服能力和展示能力，是让策划活动、项目或作品得到组织方或他人认可的能力；组织能力和协调能力，是组织人员共同参与活动或项目，并在活动或项目实施中统筹各方力量的能力；实施能力是排除各种困难推动活动或项目落实的能力，是一个人的执行能力和实践能力的具体体现；管理能力是一种为了既定目标把不确定人群组织起来，经过协调、管理而达到预期效果的社会活动能力。未来社会的发展，一要依赖于科学技术的发展，二要依靠科学的组织和管理。但是我国高校在人才培养方面对大学生的组织能力培养重视不够。事实上，这是一种重要的而且涉及领域十分广阔的能力。大学毕业生在未来的社会中扮演着各种各样的角色，在任何一个领域都要经常性地启动新的工作，新工作的启动，往往就是从策划组织开始到实施完成结束。高校大学生的组织能力，在高校校园集体活动或第二课堂活动中能得到直接或间接的培养和锻炼。

（四）学习能力

学习能力也称为学习思考能力。联合国教科文组织的埃德加·富尔在《学会生存》中指出:"未来的文盲,不再是不识字的人,而是没有学会怎样学习的人。现代人才学中有一个理论叫作'蓄电池理论',认为人的一生只充一次电的时代已经过去,只有成为一块高效蓄电池,进行不间断的、持续的充电,才能不间断地、持续地释放能量。"在农耕时代,一个人读几年书,就可以用一辈子;在工业经济时代,一个人读十几年书,才够用一辈子;到了知识经济时代,一个人必须学习一辈子,才能跟上时代前进的脚步。学习能力是指以快捷、简便、有效的方式获取知识和信息,并将其融入已有的知识,从而改变已有知识结构的能力。思考能力也称思维能力,它是通过分析、综合、概括、抽象、比较、具体化和系统化等一系列过程,对感性材料进行加工,并转化为理性认识的能力。学习与思考密不可分,相辅相成。学习思考能力是大学生最基本的能力,因为大学生的基本任务就是学习知识,思考问题,在学习与思考中提升自己认识问题、思考问题、判断问题、解决问题的能力。我国高校大学生学习思考能力培养方面存在的主要问题是:自学能力较弱,学习的主动性不够强,在学习中思考和在思考中学习的训练缺乏,特别是缺少批判性和逻辑思维能力,也由此导致我国许多大学生通过学习提出新问题、新观点及创造性解决问题的能力不足。大学生自学能力的培养,必须具有4种个性品质:一要有恒性;二要有理性;三要有悟性;四要有自律性。世界在变化,知识在增长,我们每个人的智慧要增长,所以要不停地学习思考,要主动学习,把"要我学"变成"我要学"。

（五）合作能力

合作能力也可称为合作、协作能力。马克思在强调人的存在和社会属性的同时,又强调了"社会并非是同个人对立起来的抽象物,而是由单个人(或个体)构成的群体"。"个人是社会存在物",强调了人的社会存在和群体性存在。马克思在分析人的本质过程中明确指出:"人的本质并不是单个人所固有的抽象物,在其现实性上,它是一切社会关系的总和。"就现实的人的实践活动(包括单个人的实践活动)来看,任何一项实践无不打上社会的历史的烙印,就是说,主体的任何一项实践活动可以说都是社会性的活动。主体的社会性活动(或群体性活动)的完成,不仅需要单个人的体力和智力,而且必须具备由社会成员以一定方式组织起来和凝聚而成的社会群体的能力,这种群体能力主要表现为群体成员的相互合作和协作。合作、协作能力是一种更高的能力,既无法归结为理性能力,也无法归结为感性能力,而是理性能力与感性能力结合在一起而形成的一种具有实践理性属性的能力。善于与别人合作、协作的能力。合作、协作能力更直接体现在团队协作中，团队协作能力是建立在团队的基础之上，发挥团队精神、互补互助以达到团队最大工作效率的能力。对于团队的成员来说，不仅要有个人能力，更需要有在不同的位置上各尽所能、与其他成员协调合作的能力。自有人类社会开始，人们之间就有合作，未来社会是一个分工更细，人与人之间更需合作、协作的时代。不会与别人合作、协作的人，是一个没有成功希望的人。大学生之间的合作能力，在高校校园集体活动或第二课堂活动中能得到很好的培养和实践体现。

（六）适应能力

心理学用适应来表示对环境变化做出反应。著名瑞士心理学家让·皮亚杰（Jean Piaget）认为，适应是智慧的本质，是有机体与环境间的平衡运动，个体的每一个心理反应，无论是指向于外部的动作，还是内化了的思维动作，都是一种适应。适应的本质在于取得有机体与环境的平衡，最先把适应概念引入社会学领域的是英国社会学家赫伯特·斯宾塞（Herbert Spencer）。他最早使用了"社会适应"这个名词，他认为，社会的进化过程跟生物进化过程一样，也是优胜劣汰，适者生存，包括人类在内的每一种有机体总是在既间接又直接地使自己适应于所生存的环境。对社会适应行为最先展开研究的是美国心理学家利兰·布雷德福（Leland P. Bradford）在1973年的研究和科恩（Cone）在1987年的研究，他们认为社会适应能力是个体与社会生存环境中交互作用中的心理适应，即对社会文化、价值观念和生活方式的适应。大学生社会适应能力，就是大学生在社会组织中，积极参与社会组织互动，并实现个人与组织协调发展的能力。在这种交互作用中，不仅是个体对环境的"顺应"，也是改变环境、推动社会组织变革的过程。在这种交互作用中，可以是单纯的个体改变，可以是个体促进环境的改变，也可以是个体与环境同时发生改变，并最终实现个体与社会组织的协调发展。大学生社会适应能力包含多方面的内容，主要有学习适应能力、环境适应能力、交往适应能力、角色适应能力、活动适应能力等。大学生社会适应能力的培养，主要在课外进行，通过各种校园集体活动或第二课堂活动的交往、学习、实践，不断提高适应能力。大学生的社会适应能力不仅是个人应具备的基本素质水平，更是个人应该具备的基本生存技能。

（七）创新能力

教育的本质特征是创新，创新同时也是人的本质力量发展的最高表现，因此每个人都有天生的、潜在的创新思维的特质。苏霍姆林斯基认为："人都有一种天生的需要,即希望感到自己是一个发现者、研究者、探索者。"美国心理学家罗杰斯(C. R. Rogers)也认为,教育应该促进学生的发展,并且最大限度地满足学生的求知欲和创造欲。满足创新需要不仅要有扎实的基础知识做储备,还必须要有创新意识与思维。爱因斯坦说过:"想象力比知识更重要,因为知识是有限的,而想象力概括着世界上的一切,推动着进步,并且是知识进化的源泉。"康奈尔大学前校长弗兰克·罗德斯在《创造未来:美国大学的作用》一书中提到,"最好的预测未来的方式,就是将它创造出来"。麻省理工学院(MIT)前校长查尔斯·维斯特就探讨"未知世界",提醒人们要注意那些受人类认识深层需求激发的科学"要点",要回答"大问题"——我们未知的比我们已知的更重要。个性是创新的前提,没有个性的发展就没有所谓的创新发展,而提高创新思维与能力的过程同样也是发展个性的过程。行动者的自主性是创新的必要前提,或者说,只有在人有了更大的自主性空间的时候,才会使创新能力得到适宜于展现的土壤。大学生创新能力的培养就是以提高学生创新意识、创新精神、创新思维和创新能力为主的新型培养方式。而高校通过各种校园集体活动或第二课堂活动的组织开展,正好能发挥和增强大学生的这种自主性,在活动中促进大学生个性充分发展,进而增强大学生的创新能力。

(八)领导能力

领导能力其实是一种影响力。中国古代经典《大学》里提到了"修身齐家治国平天下",这是影响力修炼很好的总结,"修身"是谈管理自我,"齐家"是管理他人,"治国"是管理团队,最后"平天下"是如何管理整个组织文化。这反映一个基本现实,领导能力培养要注意一个逻辑训练,你想影响别人,第一步要做的不是学习技巧,而是如何打造自己内在的人格魅力。20世纪80年代以来,以美国为代表的一些西方国家悄然兴起"大学生领导力教育"并且日趋活跃,逐渐形成了21世纪高等教育发展中一个值得关注的新兴领域。Astin(1984)指出,学生领导能力开发就是这样一个过程,在这个过程里面,学生置身于变化当中,通过不断地接受挑战获得更复杂的行为能力。当前西方学界大多把领导理解为个体或者群体影响某个群体实现共同目标的过程,是实现有效的、积极的社会变革的合作过程。知识经济、学习经济呼唤人才的领导能力。大学生领导能力培养是未来人才培养新的主题。作为新时代的要求,大学生领导能力培养是我国高等教育的一个重要目标,从这个意义上来说,高校扮演的是一个推动者的角色,协助并培养大学生成为完善的领导者。随着对学生领导能力关键作用认识的提高,当前我国许多高校开展了领导基础课程与实践教育。一方面,将领导课程教育整合到通识教育中去;另一方面,开展了一些实践的课外活动,特别是开始重视发挥学生社团活动在大学生领导能力培养中的作用。

五、大学生社会能力的发展特点

大学生社会能力与其他能力相比,具有融合性、辅助性、不可或缺性、广泛性、稳定性、发展性、实践性等特点。

(一)融合性

大学生社会能力作为应用不是单独发挥作用,而是要融入其他能力之中才能发挥作用,具有融合性。大学生的任何一种社会能力,如组织能力、领导能力和创新能力等,都是伴随其他能力的展示而展示、体现而体现、发展而发展的。

(二)辅助性

大学生社会能力对专业能力等其他能力的发挥起到推介、助长、增效和催化的作用。例如,组织开展一项文化活动,组织者不仅需要懂得活动的技术性知识,而且出色的组织能力也可以使活动组织程序合理,时间紧凑,效果增加。

(三)不可或缺性

社会能力是个体对社会环境的适应能力,与其他社会成员之间进行交往和协调的能力,调整、控制和改变社会成员之间关系的能力,以及从事各种社会活动的能力的总和。大学生社会能力是个体生存发展所必需的能力,具有不可或缺性。

(四)广泛性

只要是社会成员,就需要在不同程度上具备相应的社会能力。社会能力无论什么专业的大学生都需要具备,无论什么时候都需要具备,如道德能力、学习能力、适应能力等。大学生社会能力不仅可以作用于自己,而且能够用来改变和激励他人。

(五)稳定性

有研究显示,作为能力的主体能动性,是由主体所拥有的知识决定的。人的社会能力也一样,主体能动性在作为社会能力显示出来之前,是人的头脑中知识的累积,是长时间学习、实践、观察、体验的结果。大学生的社会能力一旦形成,便具有相对的稳定性。

（六）发展性

有研究显示，个体社会能力的绝对水平是随着年龄的增长而不断提高的。即从总体上看，个体应对社会环境的能力也是随年龄的增长而不断增强的。同样，大学生的社会能力也是随着在校学习年级的增加而不断增强的，具有发展性。

（七）实践性

大学生社会能力是在具体的校园学习、生活、工作中面对具体的问题和情境而表现出来的处理与自我、与他人、与集体、与社会的关系的能力，也是大学生实际动手、操作和处理现实问题的一种能力表现，它具有实践性的特点。

第五节 研究理论来源

一、人的全面发展理论

（一）人的需要的全面发展

马克思认为，人的发展就是"人以一种全面的方式，就是说，作为一个总体的人，占有自己全面的本质"。同时，他又指出"你自己的本质即你的需要"。人的需要包括物质生活需要和精神生活需要，它体现出人的社会属性和人的本质。一个人想要得到丰富的、全面的、完善的个人需要，就需要个人在改造客观世界的活动中不断努力，以满足自身的各种需要。人的需要是不断发展的，从一定意义上说，人的需要是推进人类社会不断向前发展的不竭动力，也是提升人类社会文明程度的内在影响力。人的需要影响着人类的生产和生活。人的需要的发展是一个从低级到高级，从单一性向多样性趋势发展的过程，在这一过程中，社会不断地进步，同时人类也得到不断地发展。

（二）人的能力的全面发展

马克思说："任何人的职责、使命、任务就是全面地发展自己的一切能力。"人的能力本身就是人的本质的核心组成。人的能力的发展是人的内在本质的充分发挥。人的能力包括显性能力、潜在能力、个人能力、集体能力及自然能力和社会能力等。人的能力的全面发展，意味着"全面地发展自己的一切能力"。人的能力形成于社会实践，在社会实践中得到充分锻炼、展示和体现，它是人作为主体，为满足本身的社会需求，在特定的社会关系中开展目标行动的内在可能性。人的能力体现在人改造客观世界本领的高低和大小之中，同时，它也集中体现了人的综合素质。人的能力越得到充分发展，人就越趋向全面发展，同样，全面发展的人也必定集各种能力于一身。

（三）人的社会关系的全面发展

马克思曾说："人是一切社会关系的总和。""社会关系实际上决定着一个人能够发展到什么程度。"人是生活在社会中的人，任何个人都离不开一定的群体，人必须在一定的社会关系中获得生存和发展。人的各种实践活动是在广泛的社会关系中进行的。"一个人的发展还取决于他直接和间接进行交往的其他一切人的发展。"可见社会关系的丰富和发展是人的本质的重要内容，人的全面发展离不开人的社会关系的全面发展。人的社会关系越全面、越丰富，并且人在社会关系中享有的自主性和自由性越高，人的社会属性也将体现得更为真实和具体。人要对社会关系具有支配权，人的全面发展才能成为现实，同样，全面发展的人也必然占有丰富的社会关系。

（四）人的个性的全面发展

在马克思和恩格斯看来，人的个性的全面发展，是人的全面发展的最高体现，真正的人的"全面发展"追求的就是人的个性的全面发展。人的能力的发展和社会关系的丰富都要以人的个性自由发展为前提和基础。人的个性的全面发展，主要是指人主体性的发展，包括人的自觉能动性、自主性和创造性的发展，也就是每个人才能的充分发挥和展示。人的个性的发展程度如何，是衡量社会进步与人的全面发展的重要尺度。社会发展激励着人的个性发展，人的个性发展反过来也影响着社会的发展。人的发展一方面是社会化的过程；另一方面又是个性化的过程。人在一定的社会环境中，自由自主又独一无二，人的个性就日益获得全面发展。同样，全面发展的人也必然具备极强的自主性和独特性。

二、实践育人理论

（一）高校实践育人理论的概念界定

加强高校实践育人工作，是全面落实党的教育方针，把社会主义核心价值体系贯穿于高校大学生教育全过程，深入实施素质教育，大力提高高等教育质量的必然要求。高校实践育人是基于马克思主义实践观和中国传统文化的知行合一观，以育人为根本出发点，以立德树人为根本任务，遵循大学生成长成才规律和教育活动规律，坚持教育与社会实践相结合，基于实践并向实践开放，根据社会需要培养全面发展人才的一种新型育人方式。加强高校实践育人工作，对于不断增强高校大学生服务国家、服务人民的社会责任感、勇于探索的创新精神、善于解决问题的实践能力，具有不可替代的重要作用；对于深化高校教育教学改革、提高人才培养质量，服务于加快转变经济发展方式、建设创新型国家和人力资源强国，具有重要而深远的意义。

（二）高校实践育人理论的科学内涵

中共中央、国务院在《关于进一步加强和改进大学生思想政治教育的意见》中指出："社会实践是大学生思想政治教育的重要环节，对于促进大学生了解社会，了解国情，增长才干，奉献社会，锻炼毅力，培养品格，增强社会责任感具有不可替代的作用。"教育部等七部门共同颁发的《关于进一步加强高校实践育人工作的若干意见》，更是把高校实践育人工作推向了一个新的高度。学校是社会的一部分，教育是师生共同参与的一种社会实践活动，实践属性是教育的内在属性，重视实践教学是现代教学的基本要求。当然，实践育人理念不是不要理论教育、片面强调实践教育，也不是忽视学校教育、片面强调社会教育，而是要兼顾理论教育和实践教育，兼顾校内的实践教育和校外的实践教育。高校实践育人的主要内容就是要让大学生坚持理论学习、创新思维与社会实践相统一，坚持向实践学习、向人民群众学习，以不断增强学生服务国家、服务人民的社会责任感、勇于探索的创新精神、善于解决问题的实践能力，最终服务于建设创新型国家和人力资源强国。

（三）实践育人是高校人才培养的有效途径

高校实践育人以学生课堂上获得的理论知识和间接经验为基础，以激发学生课外自我教育和相互教育的热情与兴趣为手段，以开展与学生全面发展密切相关的各种导向性、应用性、综合性的教学活动和实践活动为途径，旨在提高高校大学生的综合素质能力，特别是重在提高大学生的社会能力，积极推动大学生的社会适应和职业良好发展。高校实践育人具有实践性、主动性、整合性、开放性等特征。可分为引领型实践、教学型实践、服务型实践、认知型实践、创新型实践、职业型实践、自治型实践等7种主要类型。进入21世纪以来，高校实践育人工作得到进一步重视，内容不断丰富，形式不断拓展，取得了很大成绩，积累了宝贵经验，但是实践育人特别是实践教学依然是高校人才培养中的薄弱环节，与国家、社会对高校人才培养的期望要求还有一定的差距。形势和现状要求高校要切实转变观念，不断加强和深化教育教学改革，改变重理论轻实践、重知识传授轻能力培养的观念，注重学思结合，注重知行统一，注重因材施教，以强化实践教学有关要求为重点，以创新实践育人方法途径为基础，以加强实践育人基地建设为依托，以加大实践育人经费投入为保障，积极调动整合社会各方面资源，形成实践育人合力，着力构建高校实践育人工作长效机制。

三、协同育人理论

（一）高校协同育人理论的概念界定

20世纪60年代，德国Hermann Haken提出了协同学的基本理论和观念，并把协同学的理念随后向认知科学等领域延展。苏霍姆林斯基在《我们的家长学校》一文中提出协同理论基本观点，指出："只有在这样的条件下才能实现和谐的全面的发展，就是两个教育者——学校和家庭，不仅要一致行动，而且要志同道合，抱着一致的信念，始终从同一的原则出发。"在这种协同理论的指导下，他创办了家长学校并取得了成功。美国霍普金斯大学"家庭-学校-社区合作"研究专家艾普斯坦（Joycl. Epstein）则将家校合作的含义扩展为"学校、家庭、社区合作"，并强调了学校、家庭和社区对学生的教育和发展负有共同的责任，论述了学校、家庭、社区三者对学生的教育和发展的相互影响。王宝祥等认为，协同教育是具有时代特征和现实意义的新的教育理念，主要是指学校、家庭、社会等多方面教育资源、教育力量的整合与集聚，通过主动协调、积极合作，实施同步教育，从而形成合力，推进学生的全面发展。

（二）高校协同育人理论的科学内涵

南国农认为："协同教育是一种新的教育方式，它是联合对学生有影响的各社会机构的力量，对学生进行教育，以提高教育的效果、效率和效益"。高校协同育人应坚持理论联系实际的原则，在协同育人工作体系中要立足实际，紧扣时代主题开展教育活动，要注重活动的内容、形式和意义。例如，当前脱贫攻坚高校的精准扶贫项目，就可以组织学校广大师生联合精准扶贫单位共同开展扶贫项目实践活动，在这一过程中使参与的学生受到教育和锻炼。高校协同育人应坚持以学生为本的原则，协同育人工作体系服务于高校人才培养目标，目的是做到与理论教育实现对接，使高校大学生在广泛参与社会实践中，能做到理论学习与实践紧密结合。在社会实践中积极了解社会，并在参与社会实践中不断提升自身社会能力，为走出校门步入社会，能尽快融入社会打下良好基础。高校协同育人应坚持协同发展的原则，协同育人工作体系是一项涉及课堂内外、校园内外、线上线下的一项系统工程，需要政府、社会、企业、学校、家庭等多主体的支持。当然在协同育人工作体系中,受益者不仅是高校或高校大学生,还应是这一工作体系中的多元主体的协同发展、共同发展和整体发展。从这一点来说,高校要积极牵头设立协同育人专项项目,通过高校、政府、企业等主体联合申请,引导多元主体积极开展深层次、全过程的协同育人合作。

(三)协同育人是高校人才培养的途径拓展

当前全球范围内各个国家都面临着人才竞争的问题,人才的竞争说到底就是人才素质能力的竞争,很简单的道理,拥有高素质人才多的国家理所当然在国际社会中就具有较强的竞争实力。新形势下我国高校要培养提升大学生的能力素质特别是社会能力素质,就必须加强素质教育。高校素质教育是以促进大学生人格的健全、知识的渊博、能力的提升为培养目标的一项复杂的系统工程。高校协同育人工作体系是学校教育由封闭办学逐步走向合作办学、开放式办学的过程,是具有鲜明时代特点的素质教育观的现实反映。协同育人是当前形势下高校主动适应经济发展新常态,以推进素质教育为主题,以提高人才培养质量为核心,以创新人才培养机制为重点,以完善条件和政策保障为支撑,促进高等教育与科技、经济、社会紧密结合的重要举措,是高校人才培养的途径拓展。素质教育的实施参与主体牵扯方方面面,不仅仅是高校一家的事情,也不仅仅是高校一家单打独斗就能完成的事情。高校协同育人工作体系实现需要学校与社会的协同,需要各种优质教育资源的整合协同,需要实现组织系统各机构及各要素之间的协同,需要高校内部组织和教育者的通力合作,需要第一、第二两大课堂的协同育人。

第六节 网络境域下大学生全面发展解析

一、网络境域下的大学生全面发展

培养个性全面和谐发展的人,是苏联著名教育家苏霍姆林斯基的重要教育信念。他认为:"学校的使命就是要培养和谐统一(全面和谐发展)的人——公民和劳动者。"培养真正的个性全面和谐发展的人,就是要培养和造就无数精神丰富、体质健全、才智出众、心地纯正、心灵手巧和有个性、有特长、有头脑、有干劲的新人。苏联杰出教育家克鲁普斯卡娅也认为,正确的教育可以把每一个少年儿童培养教育成生气勃勃、积极向上的孩子。苏联教育家马卡连柯的创新教育实践也证明,正确合理的教育不仅可以把正常孩子教育好,更可以把由于各种原因使身心受到一定创伤的孩子教育和再教育过来，使之成为新人。从广义上讲，教育是培养人的个性、个性的社会化及培养人在社会上生活和活动能力的活动。网络境域下如何促使大学生全面发展，如何提升大学生的社会能力，是摆在我国高校和高等教育工作者面前一个严峻和亟待解决的现实问题。

二、网络境域下大学生的发展需求

2020年4月，中国互联网络信息中心（CNNIC）在北京发布第45次《中国互联网络发展状况统计报告》（以下简称为《报告》）。《报告》显示，截至2020年3月，中国网民规模达到9.04亿，互联网普及率达64.5%；中国手机网民规模达8.97亿，网民使用手机上网的比例达99.3%。中国网民中高校大学生是主体，网络对当代大学生的影响是巨大的。大学生对网络的需要主要体现在5个方面。

（一）认知的需要

即大学生通过网络获取知识、传递信息和参与网络活动的需要。目前，网络成为大学生获取知识、信息交流和参与社会活动的主要方式和渠道。大学生追求知识和信息具有求新、求快、求奇的特点，他们可以超越时空和经济的制约，利用网络这个巨大的资料库和信息服务中心，便捷地查找学习资料、浏览信息、发送邮件和参与网络社会活动，以此丰富自己的知识和提高社会认知。

（二）情感的需要

情感是人类交往中的重要方面，人们在网络中寻求友情、爱情，实现人与人之间的情感交流，扩充、丰富自己的社会关系。目前我国高校大学生中独生子女占绝大多数，他们每个人都有自己相对独立的生活空间。网络的隐蔽性常常符合现代大学生的交往心理，用一个代号或网名，利用"虚拟社区"广交朋友，交流思想，可以推心置腹，也可以恣意调侃，"结交"各式各样的朋友。

（三）娱乐的需要

网络提供了大量的文学、艺术、休闲、娱乐等方面的内容，在丰富大学生日常生活的同时，也陶冶了大学生的性情，增长了大学生的见识，满足了大学生的精神需要，使得大学生成为网络中自由的畅游者，同时，也积极推进大学生的个性自由发展。网络游戏也是大学生活的一部分，它往往与大学生实现自我愿望相吻合，自然成为大学生身份认同及心理满足的一种存在和情境。

（四）释放压力的需要

现代社会对大学生来说，在学业完成、升学就业、工作生活等方面的确存在不小的压力，还有现实生活中的人际关系处理和冲突等。大学生可以通过上网，排解心中的压力与不快，愉悦心情。在聊天室里向网友尽情倾诉，宣泄自己的情绪和不满，排解压力和冲突；或是在网上听听音乐、看看影视作品，缓冲心理压力和焦虑；或是在对抗性游戏中拼搏一番，以释放心中的压抑与郁闷。

（五）社会参与的需要

互联网以其高效、直接、透明等特点及时报道和评论社会生活中发生的重大事件，具有舆论导向作用，对于维护社会公平正义，促进社会健康发展具有重要作用。而大学生作为一名社会公民，往往社会参与意识比较强，具有公平正义的感性认识、社会责任担当意识和参与精神，对一些社会问题和现象总是喜欢参与发表意见，并希望试图通过舆论力量影响社会问题和现象的解决。

三、网络对大学生全面发展的影响

（一）积极影响

1. 增强大学生的创新创造能力

在网络社会中，人的社会实践活动将从现实社会延伸到虚拟空间。虚拟空间为人的创新创造能力的发展提供了广阔的空间和契机，使人的创新创造能力得到不断发展。网络所提供的大量知识和信息，激发人的创新创造意识，为人的创新创造能力的发挥提供了动力源泉和理论素材。

2. 改变大学生的社会交往方式

在现实社会中，大学生受到国家、区域、民族、身份等条件的限制，交往的范围相应受到一定的影响。而在网络社会里则不同，大学生有更多的交往机会和更广阔的交往空间，而且可以不受任何条件限制，自由地选择交往对象和交往的内容，在交往中形成崭新而丰富的社会关系。

3. 促使大学生的个性自由发展

网络社会增强了大学生的创新创造能力，同时，它也改变了大学生的社会交往方式，这为大学生在网络社会中个性的充分自由发展创造了良好的条件。

综合素质高、社会关系良好的大学生，可以充分利用网络，在网络中学习、交友、创业、实践、发展，运筹帷幄、自由驰骋、展示才华、突显个性。

（二）消极影响

1. 影响大学生的价值观和意识

网络是一个没有国界和地域的全新媒体，具有全球性和开放性的特点。网络语言、信息及价值判断等方面的负面东西，对大学生树立正确的世界观、人生观和价值观的影响不可低估。不良信息泛滥、灰色信息冲击大学生的道德观和价值观，容易导致大学生思想迷失；垃圾信息、色情信息会对大学生的思想和行为产生误导，致使个别大学生精神空虚、行为失范；网络诈骗、网络犯罪等不良行为导致有些大学生走上了违法犯罪的道路。

2. 导致大学生综合素质和能力下降

网络社会中，高校校园中"低头族""封闭族""宅宿舍"现象越来越多，影响和导致大学生不愿意亲身参与校园集体性的实践活动，不愿意在实践活动中积极动脑思考和亲自动手实践，而是将自己"网"在所谓的个人网络空间里，"自由"发展，凡事依赖网络搜索，参考现成经验和做法。这便导致大学生综合能力素质特别是社会能力的下降，表现为发现问题、分析问题和解决问题的能力素质的下降，也就是创新创造能力素质的下降。

3. 冲击大学生的社会认知和责任感

社会认知就是人对人和人对社会的了解。网络社会容易导致大学生沉迷网络，脱离现实社会，而最终不愿意面对现实社会，它冲击大学生的社会认知和责任感，使大学生缺乏责任意识、担当意识和竞争意识。一些大学生把网络游戏作为最主要的大学校园休闲活动，有些人甚至为此放弃学业，一头扎入这个虚拟世界之中，不能自拔。网络游戏成瘾对大学生的学习、日常生活、心理状态及人际交往、社会化的影响力之大，不可低估。

四、"宅文化"下校园集体活动开展的困境

（一）大学生学习需求与参与活动的矛盾

在高校一部分大学生不能在学习需求和参与校园集体活动两者中找到最佳的平衡点，一部分学生认为参加校园集体活动占用了学习的时间，影响了他们在学业上取得"高分"，他们宁愿选择天天宅在宿舍、图书馆、教室，也不愿意参加校园集体活动。

（二）大学生个性需求与参与活动的矛盾

当前，社会追捧个性化发展的潮流对"90后""00后"大学生产生了极大的影响，很多大学生一味地追求特立独行，不愿意与别人配合，乐于以自我为中心，只愿意独自做自己喜欢的事情，认为个性在校园集体活动中会被扼杀，这样就是在追求个性。

（三）大学生能力层次与参与活动的矛盾

在高校有不少大学生缺乏自信，认为自己不能胜任校园集体活动，因此他们不能真正融入集体，或经常以旁观者的身份观看校园集体活动，或在各大网络媒体、论坛上对校园集体活动进行品评，更有甚至混迹于各类网络游戏中寻求存在感。

（四）大学生喜欢程度与参与活动的矛盾

在高校普遍存在这么一种现象：校园集体活动参加者永远都是那些积极、乐于参加活动的大学生，喜欢宅在宿舍、独来独往的大学生在校园集体活动中出现的次数屈指可数。校园集体活动的教育意义仅能在那些乐于参加活动的大学生身上体现。

第七节 校园集体活动中大学生社会能力提升辨析

高等教育的目的就是要积极促使大学生通过在大学阶段的学习、实践和锻炼，不断增长知识，提高综合素质，增强社会适应性，获得各项社会发展能力，最终顺利地在社会上立足就业、发展事业，实现个人价值，积极为国家振兴、民族发展、社会进步做出个人应有的贡献。校园集体活动对增强大学生的集体意识、集体观念、竞争意识、道德感、使命感、责任感和提升大学生的社会能力有着重要的作用和意义。

一、在集体中培养人才

人具有社会属性，人只有将自己全身置于社会中，才能成为真正的"人"。高校要将大学生培养成为新时代中国特色社会主义事业合格建设者和可靠接班人，就要积极做到在集体中培养人才、在社会中培养人才。

（一）集体是人才培养的保育园

一个人从生下到老去，一生都离不开集体和社会。在家里离不开家庭集体、在学校离不开学校集体、在单位离不开单位集体、在社会离不开社会集体。也就是说，集体在时间和空间上占据了一个人一生成长、学习、工作、生活的全部。集体是人才培养的土壤，也是人才培养的保育园。先进的集体培养人、教育人、陶冶人。在先进集体中人才个体可以获得积极的思想、广博的知识、过硬的本领、康健的体魄、健全的人格。

（二）集体是人才社会化的载体

当人才个体从出生到成长到成人时，便基本完成了社会化的过程。虽然此时人才个体已具备了成为社会集体成员的基本能力，但其社会化水平还有待于在社会实践中提高和完善。同样，社会在不断发展和变化，集体对人才个体社会化水平的要求也在不断地提高。社会和人才个体的发展，要求人才个体要将自己的社会化当作一辈子和一生的事情去完成。从这个意义上说，集体是人才个体不断完善社会化的载体，是社会作用于人才个体的"中介"。

（三）集体是人才发展的助推器

集体在人才培养和发展方面具有双重功能：一是集体提供条件，按照集体的发展目标，负责培养对集体发展有用的人才；二是集体又要照顾到人才个体的发展，在集体中为人才个性的全面发展创造条件。克鲁普斯卡娅曾说："只有在集体中，人的个性才能得到最充分、最全面的发展。"在集体目标实现和人才个性发展两者之间，集体发挥着组织协调的功能。集体助推人才、人才回报集体。

二、校园集体活动的育人功能

（一）文化传承功能

"未来学校的竞争，归根结底是学校文化的竞争，特别是精神文化的竞争。学校应善于在教育实践中把校园文化逐步积淀下来，成为一种教育影响力，一种孕育巨大潜力的教育资源"。而校园集体活动承载着释放思想自由、渗透主流价值、促进对话交往、提升精神品质的价值功能，是培育和传承校园优秀文化的有效载体。大学生通过参加校园集体活动，可以将活动中所渗透的校园文化和所倡导的核心价值精神内化为自己的思想意识和行动。

（二）感化润泽功能

校园集体活动的育人功能，最终目的是帮助青年大学生实现社会化，习得一定的社会行为方式，获得社会所倡导和主张的核心价值观念。而校园集体活动能够产生潜移默化、慢慢浸入和感化润泽的教育力量和教育功能。以集体意识、进取精神、交流互动、展示表现、学习提高、服务奉献为基本价值取向的校园集体活动，可以增强和培养青年大学生的集体意识、优良品质，陶冶学生情操，增强学生理想信念和责任担当意识。

（三）实践体验功能

校园集体活动既有学校统一组织开展的活动，又有各级班团组织、各级学生组织、各类学生社团组织开展的活动。校园集体活动可以弥补第一课堂实践教学活动的不足，在这些集体活动中，由于活动内容以学生需求和实际为基础，有利于学生把参与活动与所学专业知识和自身素质能力特别是社会能力培养提升结合起来，积极把课堂所学知识运用于实践，在参与实践中增强青年大学生的参与意识和主动性，达到实践体验教育的目的。

（四）创新创造功能

创新创造是一个民族和国家发展的不竭动力。校园集体活动启迪青年大学生的智慧，主题鲜明、教育意义深远的校园集体活动中充溢着智慧的灵性和文化的光芒，睿智的活动指导教师和求知欲旺盛、具有青春活力和创新创造思维的青年大学生，在参与和组织校园集体活动中相互学习、相互竞争、相互激励，这一过程激发师生的实践创造热情，促使和增强师生产生新思想、新知识、新方法、新成果的能力。

三、在校园集体活动中提升大学生社会能力

（一）高校大学生集体主义观念、意识的教育培养

人是在处理自己与他人、自己与集体的关系中体现着集体主义精神。目前，在全球化、网络化和市场化的严峻挑战下，大学生集体主义教育面临着一定的困难，个人主义、拜金主义和享乐主义等思想渗入大学生的头脑中，阻碍了大学生集体主义价值观的形成，从而也增加了大学生集体主义教育的难度。同时，大学生集体主义教育也存在内在矛盾，就是社会、国家或特定集体所要求的集体主义道德规范和价值原则与大学生集体主义的思想观念和行为表现之间的矛盾。严峻的形势、教育的难度、内在的矛盾要求和促使高校要高度重视、刻不容缓地做好大学生集体主义观念、意识教育培养工作。

（二）校园集体活动与大学生社会能力提升相关性

人的本质属性是社会性。"个人不可能超越现实的社会在虚无中奋斗，个人的发展离不开集体和社会的支持；脱离集体的事业、社会的需求，个人的发

展只能是无本之木、无源之水。"大学阶段,是大学生从校园人走向社会人的预备、演习阶段,大学生接受高等教育的最终目的就是要成为具有鲜明个性、社会能力素质强、有创造力的社会人。高校积极组织开展校园集体活动,给学生搭建了培养集体主义思想观念、锻炼提升社会能力素质的平台,它将大学生的知识世界与生活世界紧密联系了起来,不仅是大学生接受知识教育的资源,也是大学生接受社会化的资源。

实践证明,高校校园集体活动对促进大学生能力素质特别是社会能力提升具有积极的作用,这一点在高校学生干部身上表现得尤为突出和明显。高校学生干部因为在校园集体活动的前期策划、中期组织及后期总结中思考和参与实践比较多,相应地受到的锻炼就比较多,社会能力提升也就比较快,表现出综合素质明显优于其他学生。

(三)校园集体活动对大学生社会能力的培养体现

课题研究者总结多年的高校学生工作经验体会,特别是对所培养学生干部、学生骨干的观察、跟踪和调查,发现高校校园集体活动对大学生社会能力提升主要表现在审时明辨能力、策划组织能力、逻辑思维能力、沟通对话能力、协作应变能力、选择判断能力、批判创新能力、学习实践能力、语言表达能力、文书写作能力、参与动手能力、展示表现能力、自治自律能力、生存发展能力等14种能力方面,具体体现在:

审时明辨能力。对校园集体活动主题、活动内容及活动时间、组织形式等的选择和确定需要组织学生开动智慧思维,做到:紧密结合形势、科学辨别分析、合理判断思考,校园集体活动组织得合乎时势、合乎需求,学生喜欢参与,对组织学生的审时明辨能力是一大锻炼和检验。

策划组织能力。对校园集体活动的策划设计、形式创意等需要组织学生进行缜密、科学、创新的思考。实践证明,校园集体活动成功与否,策划组织是关键。同样主题、内容和形式的校园集体活动,别样的、富有创意的策划组织将会产生不一样的活动效果,这一点是对组织学生策划组织能力的锻炼和展现。

逻辑思维能力。校园集体活动要顺利开展和进行,达到活动预期效果,要求做到:科学掌握活动规律,合理设置活动流程和环节,使活动开始、进行和结束过程流畅顺利,环环相扣,符合逻辑,体现科学思维。做好这一点,将可以很好地锻炼和提高组织学生的逻辑思维能力。

沟通对话能力。做好校园集体活动开展前的宣传动员工作,对促使活动的顺利开展意义重大。组织学生要善于与参与学生沟通对话,向学生清晰阐述活动的意义、目的及活动的组织开展情况,积极动员和鼓励学生参与活动,这一过程对组织学生的沟通对话能力将是很好的锻炼和提高。

协作应变能力。校园集体活动的成功组织,不仅需要组织学生之间的团结协作、积极努力,同样需要活动参与小组或活动团体中学生之间的团结一心、协作应变。校园集体活动中只有组织者与参与者齐心协力、共同努力,才会促使活动取得良好效果,这其中培养和提高了所有学生的协作应变能力。

选择判断能力。每个学生都有不同的兴趣爱好,同样每个学生都有结合自己的兴趣爱好选择参与校园集体活动的自主权。校园文化活动丰富多彩,其中哪些活动适合自己参与,参与哪些活动能进一步发挥自己的特长和兴趣爱好,在这一过程中将提高和增强参与学生的选择判断能力。

批判创新能力。即使组织质量和效果很好的校园集体活动,也会有不完善和不完美的地方。学生在参与活动后,结合参与活动的认识和体会,可以对活动的组织和效果给出评价,指出活动组织的不足之处,提出见解、意见和建议,表达创新观点,这一点将很好地锻炼和提高参与学生的批判创新能力。

学习实践能力。校园集体活动组织学生总结前人的工作经验,善于学习,积极思考,努力创新,不断提高校园集体活动的组织质量和水平;参与学生在参与活动的过程中,学习知识,锻炼能力,提高素质。可以说,校园集体活动使参与其中的所有学生的学习实践能力都能得到锻炼和提高。

语言表达能力。校园集体活动中,组织学生需要主持活动或与活动参与学生沟通交流;而参与学生在参与活动中,根据活动要求和内容设置,需要发表演讲、辩论或表达自己的想法、观点,这其中离不开语言表达。校园集体活动的组织和开展对锻炼和提高学生的语言表达能力具有重要的作用。

文书写作能力。校园集体活动组织中,需要撰写活动策划书、主持词,起草活动通知、倡议书,制定活动流程、竞赛规则,总结活动经验、体会,发布活动新闻报道等,这些都离不开扎实严谨的文字功底。校园集体活动组织过程中对组织学生的文书写作能力是一大锻炼和提高。

参与动手能力。校园集体活动可以增强学生的参与意识、主体意识、集体意识和大局意识;活动过程中资料的准备、会场的布置、物品的购置、道具的制作、应急事项的处理等,这些环节和过程对参与其中的学生的动手能力、应变能力、吃苦精神都是很好的锻炼和培养。

展示表现能力。校园集体活动给学生提供了一个能力素质展示表现的舞台。校园集体活动不仅使活动组织学生的智慧和才能得到了充分展示和表现，同样也给活动参与学生提供了参与活动和展示个人才华的机会与平台。校园集体活动使参与其中学生的能力特长和兴趣爱好都能得到展示和表现。

自治自律能力。校园集体活动的顺利进行和成功举办，离不开纪律要求和行为规范的约束保障。活动中的注意事项、制度纪律要求和行为规范、文明素养约束，对培养学生的安全意识、责任意识，加强学生纪律观念、道德素养，以及增强学生的自我管理、自我教育、自我约束能力具有重要的作用和意义。

生存发展能力。校园集体活动可以促使学生学会认知、学会实践、学会生活、学会做人。学生在参与校园集体活动中所培养的坚强的意志品质、进取的生活态度、文明的行为习惯及创新创造的思维意识，可以增强学生的生存力、竞争力和发展力。可以说，这些能力品质将对学生的社会生存与发展终生有用。

第八节　本章小结

本章主要是"新时代高校大学生社会能力提升研究实践"课题研究的理论概述。主要包括"核心概念界定""人才培养与国家发展""研究文献综述""社会能力理论研究""研究理论来源""网络境域下大学生全面发展解析""校园集体活动中大学生社会能力提升辨析"等7个方面的研究内容。

在第一节"核心概念界定"中，因课题研究需要，对"网络境域""集体主义""校园集体活动""大学生社会能力"等4个研究核心概念进行了界定。

在第二节"人才培养与国家发展"部分，着重对立德树人与人才培养和立德树人与国家发展的关系进行了阐释。

在第三节"研究文献综述"部分，从人的能力研究、人的社会能力研究、大学生社会能力研究、大学生社会适应性发展研究等4个方面分类，分别对课题研究查阅到的相关文献进行了整理和归纳，从查阅到的国内外相关研究文献来看，各类文献均大多是从研究问题概念内涵界定、研究问题所包括的结构内容、对研究问题的解决途径和举措等方面着手开展相关研究。对课题研究所查阅的有关人的能力、社会能力、大学生社会能力、大学生社会适应性发展研究文献整体分析发现：有关以上研究内容均从理论层面研究的居多，而从实践层面所提出的研究问题解决途径和举措缺乏有效性、系统性、全面性和指导性。这也是课题研究者选择开展"新时代高校大学生社会能力提升研究实践"课题研究的主要用意和主要切入点，希望通过本课题研究的开展对我国高校大学生社会能力提升的实践研究从制度确定、条件保障、考核评价、举措实施等方面有新的推动和突破。

在第四节"社会能力理论研究"部分，主要从"人的社会能力的本质""人的社会能力的内涵""社会能力的结构""大学生应具有的社会能力""大学生社会能力的发展特点"等5个方面进行了研究问题内容解析，在此部分着重分析了课题研究所提出的大学生社会能力所应包括的"道德能力""宏思维能力""组织能力""学习能力""合作能力""适应能力""创新能力""领导能力"等8种能力的重要意义和内涵作用。

在第五节"研究理论来源"部分，因大学生社会能力提升课题研究是实践研究，有关大学生的能力素质提升和全面发展，研究从"人的全面发展理论""实践育人理论""协同育人理论"等3个方面阐释了本课题研究的理论来源及所能支撑研究的理论。

在第六节"网络境域下大学生全面发展解析"部分，主要从"网络境域下的大学生全面发展""网络境域下大学生的发展需求""网络对大学生全面发展的影响""'宅文化'下校园集体活动开展的困境"等4个方面分析了当前我国高校大学生不愿意参与校园集体活动、社会能力欠缺的主要原因和影响因素。

在第七节"校园集体活动中大学生社会能力提升辨析"部分，主要从"在集体中培养人才""校园集体活动的育人功能""在校园集体活动中提升大学生社会能力"等3个方面辨析了在校园集体活动中提升大学生社会能力的研究理念、意义、作用和相关性，并着重分析了校园集体活动对高校大学生审时明辨能力、策划组织能力、逻辑思维能力、沟通对话能力、协作应变能力、选择判断能力、批判创新能力、学习实践能力、语言表达能力、文书写作能力、参与动手能力、展示表现能力、自治自律能力、生存发展能力等14种社会能力培养提升的具体体现方式、要素、内容和培养提升着力点。

第三章 研究实践

第一节 研究方法

"新时代高校大学生社会能力提升研究实践"采用了文献研究、问卷调查、访谈、观察、案例分析和跨学科研究等方法开展课题研究。

一、文献研究法

查阅检索国内外已有的有关高校大学生社会能力提升文献资料,掌握已有的研究成果,借鉴相关先进的理论与方法,综合分析各种学术观点,对相关概念进行诠释,使研究在相关理论上处于先进,并力求具有一定的学术前瞻性和创新性。

二、问卷调查法

设计课题研究调查问卷,用于了解我国高校校园集体活动中大学生社会能力提升的现状。问卷主要从校园集体活动开展情况、师生参与程度、大学生集体意识观念、社会能力表现及影响因素等方面做调查分析,将问卷调查作为检验研究结果的依据,进一步保障了研究结果的信度和效度。

三、访谈法

访谈法指的是调查者通过与访谈对象系统地谈话,对于与访谈对象相关的情况进行的调查。本课题研究中,研究者共与 75 名研究对象进行了调研式访谈,收集到了大量的高校校园集体活动与大学生能力提升方面的研究资料。这些材料的获得,对本课题研究结论的信度与效度有了进一步的保障。

四、观察法

观察法指的是研究者在自然条件下,有目的、有计划地观察客观对象,收集、分析事物感性资料的一种方法。观察法分为两种：一是参与性观察，即观察者作为一个参与者参与到现场的活动之中，身临其中进行观察；二是非参与性观察，即观察者只是作为一个旁观者，冷静地观察现场所发生的各种情况。本课题研究主要采用的是参与性观察，在调研的过程中研究者亲自参与到校园集体活动的组织当中去，观察、分析、感受活动中学生干部、大学生骨干的社会能力表现出的变化。

五、案例分析法

本研究主要选取研究者所在的渭南师范学院教育科学学院实施"大学生素质拓展积分制度"和我国有关高校对大学生活动实施项目管理的典型案例。通过对我国高校大学生第二课堂活动策划组织、资源管理及评估过程的分析，系统而简洁地展示了高校校园集体活动项目管理的关键路径，为构建高校校园集体活动项目管理模式提供现实依据。

六、跨学科研究法

对高校大学生社会能力提升问题进行研究，必然涉及诸多学科，包括心理学、社会学、教育学、管理学等学科。研究必须重视多学科研究相结合的方法，进行综合性跨学科研究，不同学科的研究成果既为本课题的研究开阔视野，也为本课题的研究提供相关的理论依据，促使本课题研究更趋于深入全面。

第二节 调查研究开展

一、调查问卷设计

"校园集体活动中大学生社会能力提升调查问卷（在校生问卷）"（以下简称"在校生问卷"）和"校园集体活动中大学生社会能力提升调查问卷（毕业生问卷）"（以下简称"毕业生问卷"）分别设计调查问题90项。问卷所调查内容主要体现在8个方面：一是被调查者的个人基本情况；二是被调查者所在学校的校园集体活动开展情况；三是被调查者及其身边同学组织和参与校园集体活动的情况；四是被调查者及其身边同学课余时间的学习和生活状况；五是被调查者及其身边同学的集体意识、观念表现现状及影响因素；六是被调查者及其身边同学的社会能力表现现状及影响因素；七是被调查者及其身边同学

新时代高校大学生社会能力提升研究实践

对校园集体活动与大学生社会能力提升相关性的认识;八是对如何在校园集体活动中提升大学生社会能力的问策。

"在校生问卷"和"毕业生问卷"所调查内容基本相同,两份问卷只是个别调查问题设计因调查需要有所不同。"毕业生问卷"主要想调查毕业大学生当时在大学期间其所在高校校园集体活动组织情况和当时大学生的集体意识、观念认识状况及当时大学生的社会能力素质状况等。为深入开展课题调查研究活动,课题研究还开展了访谈活动,访谈提纲设计涉及10项问题,提纲内容主要还是针对高校校园集体活动的组织、开展和大学生社会能力提升情况进行访谈。通过访谈活动,深入、真实、客观地了解了课题研究相关问题的实际状况。

二、研究对象选取

以校团委、学生会、学生社团及二级学院的团总支、学生分会、班委会(团支部)、学生兴趣小组等组织的骨干学生为研究对象。为了深入了解我国高校校园集体活动的开展及大学生社会能力提升的实际情况,更好地发挥高校校园集体活动对促进大学生社会能力提升的积极作用,课题研究深入、有效地开展了"校园集体活动中大学生社会能力提升调查问卷"、访谈和个案跟踪等活动。通过调查、访谈、个案跟踪等途径,了解我国高校大学生社会能力培养方面存在的主要问题,本着发现问题、思考问题、解决问题的目的,研究者通过采取有效的措施、制度和机制在校团委、学生会、学生社团及二级学院的团总支、学生分会、班委会(团支部)、学生兴趣小组等组织中积极组织开展校园集体活动,以及研究者本人通过亲身参与校园集体活动和对研究个案在组织和参与校园集体活动中社会能力的变化提升的观察分析,研究总结实践,提出行之有效、值得推广的校园集体活动中大学生社会能力提升的有效做法、机制模式。研究中为了深入了解和分析我国高校校园集体活动的开展情况及大学生社会能力素质的实际状况,课题研究在问卷调查、访谈和个案跟踪活动中分别开展了在校大学生和毕业大学生问卷调查、访谈和个案跟踪活动,针对相关需要深入了解和分析研究的问题,从在校大学生和毕业大学生的角度做了对比分析研究。

三、调查访谈开展

课题研究调查采取的方法是通过研究者所在的渭南师范学院的在校大学生和毕业大学生向其在全国其他高校上学的同学和曾上大学的同学发放调查问

卷。研究者随机抽取了渭南师范学院的在校大学生和毕业大学生各150名,组成300名问卷调查者和问卷发放者团队,在在校大学生和毕业大学生所在学院的支持和帮助下,问卷调查者和问卷发放者团队分别填写和负责发放、回收了调查问卷。采取这样的方式发放和回收调查问卷,可以保证问卷填写的真实性、完整性和有效性,也能提高问卷的回收率。课题研究共发放"校园集体活动中大学生社会能力提升调查问卷"3000份,其中向在校大学生发放"在校生问卷"1500份,回收问卷1298份,有效问卷1270份,问卷有效率97.8%;向毕业大学生发放"毕业生问卷"1500份,回收问卷1287份,有效问卷1256份,问卷有效率97.6%。

课题研究访谈活动对象分两类:一类是高校教师;一类是高校大学生。访谈对象高校大学生的选取也是采取以上类似方法,从渭南师范学院的在校大学生和毕业大学生中各随机选取5名学生,组成访谈者和访谈者名单提供者团队,其中每人参与访谈并负责提供其在全国其他高校上学的同学和曾上大学的同学的名单,这样课题研究共找到高校大学生访谈对象50人(其中在校大学生25人,毕业大学生25人)。课题研究访谈对象高校教师的选取,采取在全国范围内的各类高校中,重点选取与课题研究领域相关的专家、学者、教师进行访谈,课题研究共访谈高校学者、专家、教师25人。研究者通过当面访谈和打电话、发邮件等形式,结合访谈提纲对75名访谈者进行了课题研究专题访谈活动。课题研究个案跟踪活动,重点选取了10名具有代表性的学生干部作为研究对象,由于课题研究者在渭南师范学院负责大学生教育管理工作多年,培养了大批的骨干学生干部,课题研究重点选取了5名校学生会主席、二级学院学生分会主席和5名班长、团支部书记等骨干学生干部,通过跟踪观察这10名骨干学生干部在校期间组织和参与校园集体活动及社会能力素质的锻炼提高情况,并跟踪其毕业参与工作后,其工作情况、生活状态、职业发展、社会能力表现等方面的表现,来进一步证实"新时代高校大学生社会能力提升研究实践"研究课题,提出的通过组织开展校园集体活动提升大学生社会能力的研究观点。

由于研究者所在学校——渭南师范学院,现已面向全国31个省(区、市)招生,课题研究调查和访谈采取由渭南师范学院的在校大学生和毕业大学生向其在全国其他高校上学的同学和曾上大学的同学发放调查问卷和提供访谈名单的方式,保证了课题研究所调查和访谈的对象几乎涉及全国绝大多数省份的各类高校及各类大学生,并且调查和访谈对象均为随机抽取样本,应该说此课题研究调查和访谈结果具有一定的代表性。

四、样本基本信息

调查问卷具体情况如表1至表4所示。

表1 调查问卷发放和回收情况统计

问卷类别	发放问卷（份）	回收问卷（份）	有效问卷（份）	问卷有效率（%）
在校生问卷	1500	1298	1270	97.8
毕业生问卷	1500	1287	1256	97.6

表2 在校大学生调查对象情况统计

单位：人

调查人数	1270				
性别	男（647）		女（623）		
政治面貌	中共党员（249）		共青团员（983）		群众（38）
职务	学生会干部（236）		班团干部（247）		普通学生（787）
就读学校	985、211院校（287）	"双一流"院校（334）	普通本科院校（448）		高等职业院校（201）
就读年级	一年级（356）	二年级（378）	三年级（289）	四年级（168）	五年级（79）
专业所属学科	文史哲（362）	理工农医（483）	艺体（203）	经管（155）	其他（67）

表3 毕业大学生调查对象情况统计

单位：人

调查人数	1256			
性别	男（603）		女（653）	
政治面貌	中共党员（436）	共青团员（358）	群众（462）	
已经毕业的时间	1～3年（537）	4～6年（442）	7～9年（226）	10年以上（51）
曾在大学的职务	学生会干部（208）	班团干部（243）	普通学生（805）	
曾就读学校	985、211院校（257）	"双一流"院校（324）	普通本科院校（478）	高等职业院校（197）
现在的学历	博士研究生（87）	硕士研究生（213）	本科生（673）	专科生（283）
曾就读专业所属学科	文史哲（304）	理工农医（453）	艺体（261）	经管（179）	其他（59）

表4 访谈对象情况统计

单位：人

对象类别		在校大学生（25）	毕业大学生（25）	高校教师（25）
所在学校	985、211院校	5	6	8
	"双一流"院校	6	7	7
	普通本科院校	8	6	5
	高等职业院校	6	6	5

五、调查结果分析

（一）总体状况

综合分析调查问卷和访谈情况，调查和访谈结果显示：目前，我们国家和高校总体上比较重视大学生能力素质特别是社会能力的培养和提升（表5）。国家层面能够做到高度重视，高校层面能够做到积极培养，包括大学生个人对自身能力素质特别是社会能力的培养和提升也有比较正确的认识。国家、高校、个人等各个层面均能认识到加强大学生能力素质特别是社会能力的培养和提升，对于提高我国高等教育水平和人才培养质量，增强高层次人才核心竞争力，增强我们国家的综合实力和国际竞争力，为新时代中国特色社会主义事业培养合格建设者和可靠接班人，实现中华民族伟大复兴的中国梦具有重要的意义和作用。

表5　对大学生社会能力培养和提升重视程度的调查

对象类别	调查内容	选择项目	频数	比例（%）
在校大学生	国家对大学生社会能力培养和提升的重视程度	重视	927	73.0
毕业大学生			904	72.0
在校大学生	社会对大学生社会能力培养和提升的重视程度	重视	907	71.4
毕业大学生			892	71.0
在校大学生	高校对大学生社会能力培养和提升的重视程度	重视	931	73.3
毕业大学生			911	72.5
在校大学生	家庭对大学生社会能力培养和提升的重视程度	重视	886	69.8
毕业大学生			853	67.9

对比分析调查数据，从在校大学生每一个选择项目的选择比例均高于毕业大学生的选择比例中，也可以进一步说明，我们国家、社会、高校、家庭越来越重视大学生能力素质特别是社会能力的培养和提升。这一点在访谈中也得到了专家、学者和访谈学生的认可。

另外，调查和访谈情况显示：目前，我们国家大学生对自身集体意识和观念、社会能力的提升在思想认识方面是良好的,能积极认识到增强集体意识和观念、提升社会能力对促进自身发展的重要作用和意义(表6)。

表6 大学生对集体意识和社会能力认识的调查

对象类别	调查内容	选择项目	频数	比例(%)
在校大学生	你觉得集体意识和集体观念淡漠对自己影响大不	影响大	1198	94.3
毕业大学生			1186	94.4
在校大学生	你认为社会能力对自己一生的发展重要不	重要	1207	95.0
毕业大学生			1196	95.2

对比分析调查数据,毕业大学生和在校大学生两个选择项目的选择比例差异不大,说明毕业大学生和在校大学生对集体意识、观念和自身社会能力均有比较正确的认识。这一点,在访谈专家、学者和访谈学生那里也得到了印证。

同时,令人欣慰的是,问卷调查提出的"高校通过组织和开展校园集体活动增强大学生的集体意识和集体观念"和"高校通过组织和开展校园集体活动提升大学生的社会能力"的核心、主要观点及课题研究提出核心、主要观点的原因均得到了被调查者的高度认可(表7和表8)。

表7 对课题研究提出的核心、主要观点认可度调查

对象类别	调查内容	选择项目	频数	比例(%)
在校大学生	高校通过组织和开展校园集体活动增强大学生的集体意识和集体观念,你认可这个观点不	认可	1158	91.2
毕业大学生			1189	94.7
在校大学生	高校通过组织和开展校园集体活动提升大学生的社会能力,你认可这个观点不	认可	1173	92.4
毕业大学生			1192	94.9
在校大学生	你觉得校园集体活动与大学生社会能力提升相关性高不	相关性高	1176	92.6
毕业大学生			1192	94.9

续表

对象类别	调查内容	选择项目	频数	比例（%）
在校大学生	你认为校园集体活动对提升大学生社会能力作用大不	作用大	1177	92.7
毕业大学生			1197	95.3

对比分析调查数据，从毕业大学生4个问题选择项目的选择比例均高于在校大学生的选择比例中，也进一步说明，毕业大学生经过在社会上的实践和体验，更加认识到了课题研究提出的核心、主要观点的正确性、现实性及重要作用和意义。课题研究提出的核心、主要观点在访谈中也得到了专家、学者和访谈学生的高度认可。

表8 校园集体活动能够提升大学生社会能力的原因调查

对象类别	调查内容	选择项目（综合排名前六）
在校大学生	你认为在校园集体活动中能够提升大学生社会能力的主要原因是什么	校园集体活动承载着提升大学生品质能力的价值功能；校园集体活动是大学生锻炼和实践社会能力的有效载体；社会是最大的集体，而校园集体活动则可视为社会大集体的浓缩；每一项校园集体活动的组织和开展，则可视为一个社会小环境的运作和体现；大学阶段是大学生社会能力的实习、演习和模拟实践的重要阶段；大学生在参与每一次的校园集体活动中，可以模拟、锻炼和提升社会能力
毕业大学生		

以上6个选项是对在校大学生和毕业大学生对这一问题选项比率较高的调查结果的综合。关于课题研究提出的"校园集体活动能够提升大学生社会能力"这一观点的原因调查，以上这6个选项在访谈中也得到了专家、学者和访谈学生的认可和支持。这也是课题研究把"高校通过组织和开展校园集体活动提升大学生的社会能力"作为研究核心观点的主要原因和理论依据。

（二）存在问题

综合分析调查问卷和访谈情况，调查和访谈结果显示：目前，我国高校大学生思想意识、精神状态、能力素质特别是社会能力方面的确存在问题，现状不容乐观,有些问题甚至令人担忧,应该引起国家、社会、高校、家庭和大学生个人的高度重视。

1. 大学生集体意识观念淡漠

对大学生集体意识和集体观念方面的情况调查显示,我国高校大学生集体意识、集体观念淡漠(表9)。

表9 对大学生集体意识和集体观念的调查

对象类别	调查内容	选择项目	频数	比例(%)
在校大学生	你喜欢参加校园集体活动吗	有时喜欢和不喜欢	831	65.4
毕业大学生			623	49.6
在校大学生	你身边的同学喜欢参加校园集体活动吗	有时喜欢和不喜欢	843	66.4
毕业大学生			638	50.8
在校大学生	你参加校园集体活动的次数如何	很少和没有	849	66.9
毕业大学生			587	46.7
在校大学生	你身边的同学参加校园集体活动的次数如何	很少和没有	861	67.8
毕业大学生			592	47.1
在校大学生	你们学校学生参加校园集体活动的积极性如何	一般和很差	852	67.1
毕业大学生			551	43.9
在校大学生	你们班级同学能齐心协力参加校园集体活动吗	有时能和不能	846	66.6
毕业大学生			572	45.5
在校大学生	你觉得大学生的集体意识和集体观念怎么样	一般和很差	987	77.7
毕业大学生			821	65.4

从各个调查选择项目的选择比例可以看出,目前,我国高校大学生普遍不喜欢和不愿意参与校园集体活动,参与活动的积极性、主动性不高。对比分析调查数据,在校大学生每个选择项目的选择比例均高于毕业大学生的选择比例,说明目前我国高校大学生的集体意识和集体观念呈下降趋势。在访谈中,专家、学者和访谈学生也谈到了当前我国高校大学生集体意识、观念淡漠这一问题。

大家一致认为,当前,我国高校大学生自我封闭、集体意识淡漠这一问题和现状需引起我们国家和高校的高度重视。

2. 大学生缺乏积极进取精神

对大学生精神状态、学习积极性方面的情况调查显示,我国高校大学生自我封闭、缺乏积极进取精神(表10)。

表10 对大学生精神状态、学习积极性的调查

对象类别	调查内容	选择项目（排名前三）	选择项目（排名后三）
在校大学生	你在课余时间主要做些什么	玩手机、刷微信 上网、打游戏 逛街、购物	社会实践 考证、考研 读书、学习
毕业大学生		追剧、看小说 运动健身 打工做兼职	社会实践 考证、考研 读书、学习
在校大学生	你身边的同学在课余时间主要做些什么	玩手机、刷微信 上网、打游戏 逛街、购物	社会实践 考证、考研 读书、学习
毕业大学生		追剧、看小说 娱乐、游玩 打工做兼职	社会实践 考证、考研 读书、学习
在校大学生	你上大学期间用手机上网主要干什么	打游戏 刷朋友圈 看视频	网络学习 查阅资料 关注新闻
毕业大学生		淘宝 娱乐 做兼职	网络学习 查阅资料 关注新闻

从调查结果可以看出,目前,我国高校大学生普遍缺乏奋斗目标和积极进取精神,课余时间自主学习的积极性和主动性不高。大学生的课余时间,多半被"玩手机""刷微信""上网""打游戏""追剧""娱乐""游玩""淘宝"等事项占用,而从事"读书""学习""社会实践""参与第二课堂活动"

这些事项的学生却很少。这也印证了我国学者提出的目前我国教育中存在的"拼命的高中、悠闲的大学"的畸形现状。对比分析在校大学生和毕业大学生对同一问题的选项可以看出，我国高校大学生沉迷网络和离不开手机的现象越来越严重。在访谈中，专家、学者和访谈学生对这一现状也有深刻的认识，并表示出了担忧。当前，我国高校大学生课余时间沉迷网络和离不开手机，自我封闭，缺乏积极进取精神，这一问题和现状亟须引起我们国家、高校和大学生个人的高度重视。

3. 校园集体活动质量有待提升

对高校校园集体活动的组织和开展方面的情况调查显示，我国高校校园集体活动组织数量和质量下滑、效果不好（表11）。

表11 对高校校园集体活动的组织和开展情况的调查

对象类别	调查内容	选择项目	频数	比例（%）
在校大学生	你们学校经常组织校园集体活动吗	偶尔组织和不组织	823	64.8
毕业大学生			683	54.4
在校大学生	所在的班级经常组织校园集体活动吗	偶尔组织和不组织	867	68.3
毕业大学生			657	52.3
在校大学生	你们学校的校园集体活动内容丰富吗	一般，仅限于按照有关要求开展和内容单一、无新意	859	67.6
毕业大学生			651	51.8
在校大学生	你们学校的校园集体活动形式多样吗	一般和形式单调、不新颖	849	66.9
毕业大学生			652	51.9
在校大学生	你们学校的校园集体活动能满足学生的需求吗	有时能和不能	897	70.6
毕业大学生			672	53.5
在校大学生	你们学校的校园集体活动创新性高吗	一般和无创新性	907	71.4
毕业大学生			683	54.4
在校大学生	你们学校的校园集体活动能突显学生的个性吗	有时能和不能	939	73.9
毕业大学生			688	54.8

续表

对象类别	调查内容	选择项目	频数	比例（%）
在校大学生	你们学校的校园集体活动的质量和效果如何	一般和很差	957	75.4
毕业大学生			712	56.7

从各个调查选择项目的选择比例可以看出，目前，我国高校校园集体活动的组织和开展情况不容乐观，总体表现为：数量下降、质量下滑、效果一般。对比分析调查数据，在校大学生每个问题选择项目的选择比例均高于毕业大学生的选择比例，说明目前我国高校由学校和班级组织的校园集体活动数量和质量均呈下滑趋势。在访谈中，专家、学者和访谈学生也谈到了这一问题现状，目前由于大学生参与校园集体活动的积极性和主动性越来越差，校园集体活动的组织难度不断增大，这也导致了高校组织校园集体活动的积极性和主动性有所降低和减弱。

4. 大学生社会能力素质薄弱

对高校人才培养质量方面的情况调查显示，我国高校大学生能力素质特别是社会能力薄弱、有待提升（表12和表13）。

表12 对大学生社会能力素质情况的调查

对象类别	调查内容	选择项目	频数	比例（%）
在校大学生	你关注"社会能力"这个词不	没多关注，了解比较少和没有关注	857	67.5
毕业大学生			693	55.2
在校大学生	你清楚社会能力不足会导致什么样的结果吗	清楚，但不在意和不清楚	871	68.6
毕业大学生			663	52.8
在校大学生	你认为你的社会能力怎么样	一般和比较差	896	70.6
毕业大学生			692	55.1
在校大学生	你认为你身边同学的社会能力怎么样	一般和比较差	903	71.1
毕业大学生			687	54.7

续表

对象类别	调查内容	选择项目	频数	比例（%）
在校大学生	你平时注重锻炼和提升自己的社会能力吗	一般和不注重	899	70.8
毕业大学生			695	55.3
在校大学生	你身边的同学平时注重锻炼和提升自己的社会能力吗	一般和不注重	907	71.4
毕业大学生			708	56.4

表13 大学生对社会能力认识的调查

对象类别	调查内容	选择项目（综合排名前八）
在校大学生	你认为社会能力最应该包括哪些能力	学习能力；适应能力；创新能力；组织能力；领导能力；道德能力；宏思维能力；合作能力
毕业大学生		
在校大学生	你最希望锻炼和提升自己哪些方面的社会能力	适应能力；学习能力；领导能力；组织能力；合作能力；创新能力；宏思维能力；发展能力
毕业大学生		
在校大学生	你认为现代大学生最缺乏哪些方面的社会能力	创新能力；学习能力；适应能力；领导能力；道德能力；宏思维能力；组织能力；合作能力
毕业大学生		

从各个调查选择项目的选择比例可以看出，目前，我国高校大学生的社会能力比较薄弱、有待提升。调查显示，目前我国高校大学生对社会能力认识比较到位，但却停留在了"仅有想法、没有行动"的状态。对比分析调查数据，在校大学生每个问题选择项目的选择比例均高于毕业大学生的选择比例，说明目前我国高校大学生的社会能力呈下降趋势。在访谈中，专家、学者和访谈学生对这一问题和现状也均有同感，大家普遍认为现在高校大学生的综合素质和能力是一届不如一届。目前，我国高校大学生表现出的社会能力下降趋势这一现状，应该引起我们国家、高校和大学生个人的高度重视，已经到了必须采取措施和行动，尽快增强和提升大学生社会能力的紧要地步了。

"大学生对社会能力认识的调查"结果显示，"学习能力""适应能力""创新能力""组织能力""领导能力""道德能力""宏思维能力""合作能力"等这8种能力是大学生最应该具有的社会能力,课题研究因此也选择将这8种能力作为大学生社会能力的结构内容加以重点研究。

六、影响原因分析

针对目前我国高校存在的大学生集体意识淡漠、缺乏积极进取精神、校园集体活动质量和效果不好、大学生社会能力薄弱欠缺的实际状况和问题,课题研究同时开展了存在问题的原因调查,因为只有调查清楚了存在问题的主要原因,才能使课题研究提出的问题解决举措具有针对性。

从调查分析中,发现主要存在个人自身原因、活动条件原因、网络媒介原因等3个方面的影响因素(表14至表17)。

(一)个人自身原因

表14 大学生社会能力薄弱欠缺的原因调查

对象类别	调查内容	选择项目 (综合排名前三)
在校大学生	你认为一个人社会能力的培养和提升主要的影响因素是什么	个人的努力;国家的重视;学校的培养
毕业大学生		
在校大学生	你认为目前阻碍大学生社会能力提升的主要原因是什么	个人没有主动努力;国家没有高度重视;高校没有积极培养
毕业大学生		

(二)活动条件原因

表15 校园集体活动质量和效果不好的原因调查

对象类别	调查内容	选择项目 (综合排名前三)
在校大学生	高校校园集体活动质量和效果不好,你认为造成这一结果主要的人为因素是什么	大学生个人参与活动积极性不高;学校没有积极组织;活动缺乏专业教师指导
毕业大学生		

续表

对象类别	调查内容	选择项目（综合排名前三）
在校大学生	高校校园集体活动质量和效果不好，你认为造成这一结果主要的物质因素是什么	缺乏有效的活动激励机制；缺乏科学的活动评价机制；活动场地、设施设备等没有保障到位
毕业大学生		

（三）网络媒介原因

表16 大学生集体意识、集体观念淡漠的原因调查

对象类别	调查内容	选择项目（综合排名前三）
在校大学生	目前，大学生集体意识和集体观念淡漠，你认为主要原因是什么	大学生喜欢沉迷于个人的网络空间；国家和高校对大学生集体意识和观念教育没有足够重视；大学生没有认识到集体对个人发展的重要性
毕业大学生		

表17 大学生参与校园集体活动积极性不高的原因调查

对象类别	调查内容	选择项目（综合排名前三）
在校大学生	大学生参与校园集体活动的积极性不高，你认为造成这一结果的主要原因是什么	受网络影响，大学生以自我为中心，一人一网一天下；大学生缺乏实践能力和人际交往能力；活动不能很好地锻炼和提升大学生的能力素质
毕业大学生		

综合分析调查结果，目前造成我国高校大学生集体意识淡漠、社会能力薄弱欠缺这一现状和问题的主要原因是大学生自身的思想意识不到位和个人主观努力不够，更加深层次的分析原因，应该说网络媒介是"罪魁祸首"。目前，我国高校大学生普遍不能做到合理、科学、正确使用网络、电脑和手机，大学生"两耳不闻窗外事，一心只在网络中"，"一人一网一天下"，大学生普遍喜欢将自己"网"在所谓的个人网络世界中，"自由"发展。如果我国高校大学生中存在的这一普遍现象得不到尽快改变，这将最终导致大学生脱离社会、

脱离集体、脱离现实,大学生的能力素质特别是社会能力还将继续下降。

第三节 研究假设

一、研究假设提出

高校大学生社会能力的提升与哪些影响因素有关,谁应该在高校大学生社会能力提升中发挥主体或重要的作用?这也是本课题研究需要解答和分析清楚的一个研究问题。课题研究提出了以下5个方面的研究假设:

假设一:国家因素影响大学生社会能力提升。
假设二:社会因素影响大学生社会能力提升。
假设三:高校因素影响大学生社会能力提升。
假设四:家庭因素影响大学生社会能力提升。
假设五:个人因素影响大学生社会能力提升。

二、研究假设验证

为了验证课题研究所提出的高校大学生社会能力提升与国家、社会、高校、家庭、个人5个方面的影响因素有关系,课题研究进行了问卷调查和访谈论证,结果如表18所示。

表18 对人的社会能力培养和提升影响因素的调查

对象类别	调查内容	频数	比例(%)
在校大学生	国家的重视	1078	84.9
毕业大学生		1093	87.0
在校大学生	社会的支持	1054	83.0
毕业大学生		1067	85.0
在校大学生	高校的培养	1118	88.0
毕业大学生		1093	87.0
在校大学生	家庭的保障	1017	80.1
毕业大学生		979	77.9

续表

对象类别	调查内容	频数	比例（%）
在校大学生	个人的努力	1092	86.0
毕业大学生		1105	88.0
在校大学生	其他	13	1.0
毕业大学生		11	0.9

在研究调查问卷中，此研究选题调查题目为"你认为一个人社会能力的培养和提升最主要的影响因素是什么？"回答选项分别为："国家的重视""社会的支持""高校的培养""家庭的保障""个人的努力""其他"，本选题本应是单选题，但调查结果显示，被调查者绝大多数将此研究选题进行了多选项作答。从这一点也说明，高校大学生社会能力的培养和提升影响因素是多方面的，不是单一方面的作用影响，也不存在哪个影响因素将发挥主体或重要作用，而应是国家、社会、高校、家庭、个人的教育培养合力共同作用的结果。这一点在访谈中也得到了访谈对象的认可。在查阅课题研究文献时，有关人的社会能力培养提升影响因素的研究中，国内外一些研究者也持相同的观点。因此，可以验证研究所提出的"高校大学生社会能力提升与国家、社会、高校、家庭、个人等5个方面的影响因素均有关系"这一研究假设是成立的。

第四节　中外高校大学生社会能力提升实践比较

一、外国高校大学生社会能力提升实践

为进一步学习和借鉴国外高校在大学生社会能力提升工作中一些好的做法、可借鉴的制度及形成的有效举措机制，课题研究特别选取了美国、英国、法国、俄罗斯、德国、日本等国家在课外培养、第二课堂活动中大学生能力培养工作的开展情况，以期从中得到学习和启示。

（一）美国高校大学生能力培养情况

自20世纪90年代以来，美国不断进行教育教学改革，通过构建一个"中心"、三个"结合"：以大学生为中心，实现课内与课外相结合、自然与人文相结合、教学与科研相结合，逐步形成了独具特色的课外工作培养模式。哈佛大学在课

外培养中就采用了多种方法，如小组讨论、群体辅导、案例分析、模拟情境、角色扮演、独立学习等。哈佛大学明确规定，所有本科生要像学习人文社会科学那样，接受一定深度和广度的自然科学教育，并用最新设置的"哈佛学院课程"取代"核心课程"。"哈佛学院课程"不再是单一学科的入门介绍，而是整合各门学科的知识，每门课程可能由几位不同学科的教授共同负责。加州大学实施的学生课外科技活动计划（SURF）为期10周，到项目结束时，大学生需要提交一份技术报告。SURF计划提供大量的、丰富的活动，从而使大学生拓宽多个领域的知识面，使他们能够参与科学研究工作的各个环节，并能通过文化和社交活动来丰富他们的学习经历。因此，美国大学在课外培养中特别重视大学生的独立思考、分析归纳问题、解决问题的能力，既注重学术目标的实现，又注重应用目标的实现。

（二）英国高校大学生能力培养情况

英国于20世纪90年代更新教育观念，实行宽口径综合课程教学，强调课外培养工作的作用，提高核心竞争力，使高等教育更好地为本国经济与社会服务。例如，牛津大学在800多年的发展历程中，形成了独特的"学院制"和"导师制"，对大学生创新思维能力的培养发挥了重要的作用，而且牛津大学的学院不是按专业划分的，每个学院中都有来自多个不同学科专业的大学生。牛津大学还有200多个俱乐部和社团组织，为大学生的课外培养提供了广阔空间。剑桥大学课外培养的特色体现在：师生广泛交流，密切彼此联系；师生积极沟通，促进教学相长；实施个体教学，益于因材施教；注重启发诱导，培养思维能力；教学育人并重，协调德智均衡发展。尤其是剑桥大学卡文迪什实验室共培养出25位诺贝尔奖获得者。卡文迪什实验室的人才培养理念是：尊重和相信助手与学生的志趣和内在潜力，让他们提出自己的想法和做法，创造条件使他们的积极性充分发挥，从而做出成绩来。总体来看，英国大学在课外培养上将强化大学生的独立思考能力和开放性思维能力作为重点；强调教育的实践目的，注重训练大学生的思辨能力、实践能力和问题解决能力。

（三）法国高校大学生能力培养情况

法国大学的课外培养是在全方位、全过程中，它不仅注重大学生实践能力的培养，还关注大学生综合素质，并创设了与之相应的学习环境，使大学生能够在一个充满动力竞争机制的基础上成长。以巴黎中央理工学院为例，大学生入学的一、二年级不分专业，学习广泛的理工科基础课程。在培养方式上，注重理论与实践相结合，以"多科性"和"综合性"为特色。巴黎中央理工学院非常注重学生在各个领域的实践能力和创新素质的培养与训练，其实验室条件一流，现代化的计算机中心24小时面向学生开放。要求大学生到企业实习，注重与企业长期保持密切合作的关系。法国尼斯大学课外培养注重实践与企业实习。大学生可以从事来自企业的课题，大学的后3年有30%左右的时间在企业实习，从而保障他们一毕业就能成为了解企业运作、具备一定工作经验的工程师，完全胜任企业的要求，使得毕业生备受企业青睐。尼斯大学负责课外培养的教师主要由职业人士、一流企业参与的学术委员会委员、与教学相结合的小型企业及跨国企业的管理者组成。尼斯大学也将科学探索作为课外培养的重要手段之一，大学与各个领域最顶尖实验室等机构合作，拥有最精良的实验设备，能够促使大学生去探索、去发现、去写作。

（四）俄罗斯高校大学生能力培养情况

21世纪以来，俄罗斯政府相继出台了多项关于促进科技发展、培养人才和支持创新的政策。莫斯科罗蒙诺索夫国立大学（以下简称"莫大"）有着250多年的辉煌历史，俄罗斯18位诺贝尔奖获得者中有11位是莫大的毕业生或教授。莫大把"科学是对真理的清楚认识和心灵的启示"作为校训，彰显了追求科学精神的办学理念。2006年，莫大集中不同院系资源，成立了创新商学院，聘请莫大的知名教授、科研院所的专家和企事业单位的成功人士任教。同年，还成立了管理和创新学院（企业大学），以培养高水平有竞争力的专家、适应全球化时代的挑战为己任，培养学生在活动中利用创新知识的能力。2012年，莫大增设了跨学科讲座课，要求全日制大学生必选。并与企业合作开发现代管理课程、组织国际会议等。俄罗斯国立师范大学是师范类创新型大学办学的典范，是以能力为本的人才培养模式理论与实践的探索者，提出了要培养能够解决社会重大任务的新一代人才，创新活动的目的在于建立不同体系之间的合作。俄罗斯国立师范大学培养大学生创新能力的主要举措为：开设教育创新课程、多元化的人才培养途径、学生有权选择基于个人能力的学习任务和活动、鼓励学生参加奥林匹克竞赛、积极开展社会合作项目、组织国际学术交流活动等。

（五）德国高校大学生能力培养情况

德国的教育与科学、研究和发展被赋予了核心地位。德国大学一向奉行"师徒制""教研结合"的精英人才培养模式，在课程设置、学位授予等方面形成了统一标准，严谨的学术和职业训练是德国大学人才培养的重要经验。慕尼黑工业大学与众多欧洲知名企业有着紧密的科研、生产、教育和经济联系，为科研成果尽快应用于教学实践提供了外部保障。慕尼黑工业大学注重通过实践实习提升大学生的综合素质，全方位提高其社会竞争力，努力将科技智慧、专业独立自主、文化敏锐性、社会能力整合到课外培养中，竭尽全力营造一个最有利于教师与大学生思索、实践和创新的学术氛围，它的课外培养活动，大多设置有相近专业的企业或者合作科研机构的实习内容。亚琛工业大学高度重视实践教学对学生的培养，实践教学贯穿整个教学过程。亚琛工业大学将课程教学分为授课和练习，其中授课中经常融入具体案例的分析与讲解，而练习课需要的是工程实际中基本技能的训练，并且与企业联系紧密，非常关注工业界的实际动向，使得学校和企业相互沟通与支持，培养人才的目的性更强。在课外培养的项目中，亚琛工业大学常采取"大学生+工程师"的团队工作方式；在从事科研开发时，强调"高校+科研院所+企业"的研究方式。

（六）日本高校大学生能力培养情况

日本大学高度重视课外培养工作，很早就引入市场机制、竞争机制，让大学通过与企业签订培养合同等方式与生产科研内部单位直接联系。日本发展了独具特色的以"工业实验室"为主的培养模式。工业实验室培养模式是指工业、企业为大学生参与课外培养、社会实践活动等提供资金、研究课题和条件保障，并为大学生提供就业创业机会的培养方式。此外，日本各大学均积极开展课外培养活动，旨在发挥大学生自主性学习，如有的大学制定了"创造性开发科目"的认定标准，有的则开设"创造自习科目"。例如，东京大学"教学自由"的人才培养模式表现为演习课和研究讲座课，这种授课形式极大地调动了学生学习积极性、主动性和创造性，锻炼了学生的语言能力，使学生的综合素质得到了培养和提高。日本的关西学院在课外培养中激励大学生个人之间的竞争，注重健康人格的培养形成。在社团活动中，大学生面对各种矛盾、冲突、问题，需要通过自己的努力，克服困难，解决问题。每个人都要经历对"情""理""义"的内心的斗争与取舍选择。关西学院有200多个学生社团，每个社团都有自己的专用房间。每年入学典礼后的几天，校园里到处都是各社团招募新生的广告、宣传，非常热闹。近年来，日本的大学还积极寻求各类合作研究和师生交流，不断增强与西方大学在课外培养方面的交流。

二、中国高校大学生社会能力提升实践

随着社会主义市场经济体制的建立和各项事业改革的深化，我国高等教育体制改革成为高等教育各项改革的关键。人才培养是大学的本质职能，本科教育是大学的根和本，在我国高等教育体制改革中是具有战略地位的教育，是纲举目张的教育。新时代全国高等学校本科教育工作会议强调，要坚持"以本为本"，推进"四个回归"，把本科教育放在人才培养的核心地位、教育教学的基础地位、新时代教育发展的前沿地位。加快建设高水平本科教育、全面提高人才培养能力，把人才培养的质量和效果作为检验一切工作的根本标准，积极造就堪当民族复兴大任的时代新人。近年来，我国各高校直面国际竞争、大胆改革、融合创新，积极建立一流本科教育体系，高等教育改革步伐越来越强劲，改革成效、人才培养质量提升越来越明显。"新时代高校大学生社会能力提升研究实践"课题研究重点选取了在全国本科人才培养方面具有代表性的北京大学、西北工业大学、兰州大学等38所高校为课题研究典型案例研究对象，总结和梳理了这38所高校近年来在本科人才培养、大学生能力素质提升方面的改革行动和创新举措，以期达到课题研究学习借鉴、交流推广的目的。

北京大学：深入开展学术创新、创业创新、科技创新等方面的工作，精心打造出一套学术科创工作体系，该体系涵盖青年理论研究、"挑战杯"系列赛事、《北大讲座》系列丛书、五四学术文化节、各色科普活动等一批校园文化品牌项目，旨在推动学术和科技创新。该体系着力于整合创业大赛、"一对一"创业导师计划、创业培训、创业孵化等创业扶持类工作，以构建一套完整有效的创新创业教育体系。多年来，北京大学大力拓展学术科创工作，为繁荣校园学术科创文化，积极培养勤于学习、敏于求知、敢于创新的新型社会人才。至今，学校学术科创部已成功举办多届"挑战杯"竞赛、创业计划大赛、"江泽涵杯"数学建模竞赛、计算机应用设计大赛和百科知识竞赛等诸多课外学术性创新创意赛事，并承办过上百场以人文、社科和创业等为主题的讲座，丰富和活跃校园学术科创氛围，积极培养"口径宽、基础厚、能力强、素质高"的创新型、实用性优秀人才。

北京大学（以下简称"北大"）长期以来将学生社会实践作为第二课堂教育的品牌项目和立德树人工作的有力抓手，认真把握青年成长规律、创新活动开展模式，不断调动时代资源深化育人成效。伴随时代的进步和无数实践人的努力，北京大学社会实践走过了30多年蓬勃发展的风雨历程。从1982年的"百

村调查"到现如今年平均团队数量逾300支,参与人次超过4000人,实践地横向辐射全国各个省级行政区、纵向跨越市、县、乡多级行政区划的学生暑期社会实践活动,北京大学学生社会实践的规模不断扩大、影响力显著提升,日益丰富的活动内容与形式深受同学们喜爱。在社会实践中,爱国主义教育参访,让青年学子铭记历史教诲、缅怀先哲事迹、传承革命精神;深入社会实证调研,在启发同学们发现和解决社会问题的同时,帮助大家夯实学业基础、加强知识运用。在就业见习时,通过与地方用人单位对接,建立就业见习基地,每年在全校范围内选拔专业对口的学生赴工作一线参与见习活动,让学生提前了解行业工作需求,提升自身技能水平。

百花齐放、百家争鸣的北大社团是"思想自由,兼容并包"的北大所成就的硕果,它的兴盛始于1916年。从1986年起,北大杯足球赛开赛。随后"新生杯""硕士杯"足球赛、篮球赛、排球赛也先后崛起。北大的"十佳"比赛内容丰富,有校园十佳歌手大赛、十佳主持人大赛、十佳演讲比赛、十佳教师评选、十佳社团评选、十佳菜肴评选等。十佳主持人大赛不仅精彩,引起校内外广泛关注,更向央视、凤凰卫视等全国性重要媒体输送了许多人才。十佳歌手比赛已经是北大一年一度参与人数众多、比赛形式常变常新、最具时代气息和最为活跃的一个文艺赛事,在十佳歌手比赛的舞台上诞生了一批又一批的校园明星。北大社团中部分社团的影响已经超出了北大,如山鹰社、爱心社等,他们所从事的活动常常受到全社会的关注。山鹰社成立于1989年,社员先后登上了念青唐古拉、各拉丹东、玉珠峰、桑丹康桑、雪宝顶、克孜色勒、玛卿岗日、卓奥友、博格达等十几座山峰,产生了广泛的社会影响。

清华大学:2011年,清华大学(以下简称"清华")出台一项特殊的本科人才培养计划——"清华学堂人才培养计划",旨在进一步实施拔尖创新人才培养战略,深化因材施教。在已有的各类拔尖创新人才培养实验班办学经验的基础上,清华推出"清华学堂人才培养计划",旨在充分发挥清华的综合优势,选择若干具有高水平学科基础的专业,选拔优秀本科生,进一步优化整合优质教育资源,配备一流的师资,提供一流的学习条件,创造一流的学术环境与氛围,创新培养模式,促进学生充分发展,努力使进入该计划的学生将来成长为相关学科领域的领军人物,并跻身国际一流的学术队伍。

"清华学堂人才培养计划"根据计划安排,在学生选拔方面,学校建立科学的学生遴选机制,注重考察学生的综合能力、学术兴趣和发展潜质,实行多次选拔、动态进出机制,将最优秀的学生选入计划进行培养,使他们保持"领跑"状态。在师资配备方面,入选项目分别设立首席教授和项目主任。聘请学术造诣深厚、教学经验丰富、具有国际视野的院士、长江学者等担任首席教授。首席教授负责主持制定培养方案,组织协调项目实施。聘请教学名师、知名教授担任项目主任,配合首席教授全面负责学生培养和项目管理,在掌握学生特点的基础上,切实做到因材施教。按 1∶3 的师生比例邀请知名学者、优秀教师和社会杰出人士担任学生导师,对学生的基础知识学习、综合能力培养、创新研究训练等提供指导,并聘请海内外知名学者参与教学活动。在培养模式方面,进行多样化培养模式探索,考虑因材施教和个性化培养的要求,为学生提供多种选择。设置核心课程体系,选用相关学科领域的高水平教材,高度重视基础训练,以及综合素质和创新性思维培养,通过研讨式、探究式等学习形式,鼓励自主学习和研究型学习。在氛围营造方面,通过与世界级科学家交流研讨、举办经常性的高水平学术报告等形式,搭建高端交流平台,营造浓厚学术氛围。建立学习者"社区"和科学研究"乐园",激发学生的学术兴趣和学术理想,并内化为勤奋学习、奋发进取的自觉行动。在国际交流方面,通过联合培养、交换生项目、海外研习、暑期学校等方式,分期、分批选派学生到国外一流大学学习、交流,拓展国际视野,了解学科领域前沿。鼓励学生利用国外条件开展研究工作,尽快融入国际一流学术群体。

"清华学堂人才培养计划"的两个核心理念:一是优势转化理念,即将综合性学科、前沿性科研、一流的师资、国际交流、优质的生源、优良的传统等多方面的办学优势积极、主动、优先转化为人才培养质量的优势;二是"领跑者"理念,让优秀学生做"领跑者",发挥引领和示范作用,带动各院系、各学科对拔尖创新人才的培养,进而促进学校整体人才培养质量的提高。"清华学堂人才培养计划"的实施,倡导和促使各位首席教授和项目主任,深入思考,勇于创新,创造更加优异的育人成就;倡导和促使更多的老师更加积极地投身到各项因材施教、培养优秀人才的工作中来;倡导和促使同学们珍惜时光,好学上进,在学校建设世界一流大学的进程中成长成才,为中华民族的伟大复兴和世界科技文化的发展贡献青春和才智。

中国科学院大学:本科教育培养理念提供具有独特优势的教学条件,争取让每个学生都打下深厚的基础理论功底,使之成为一生从事科学事业、致力于科技创新的坚实依托。先进的教学实践平台、国际交流培训、丰富的讲座、浓厚的科学氛围及校园文化等保证学生在眼光、胸怀、品格、性情、气质方面得到充分的熏陶和培养。学校按照"宽口径、厚基础、重实践"的原则，秉承因材施教、个性化培养的理念，制定"精品化"培育方案。

学业导师制。学生在本科阶段，除参加正常的课堂学习外，还能够接受其学业导师的指导、融入导师领导的团队，每一个学生在日常生活、课程选择、学习方法、科研实践、学风道德、兴趣培养、心理健康、人生理想、职业规划、未来发展等方面，得到导师们的关心、关爱、指导和倾力帮助。

小班制。进入专业课学习阶段后，学校充分利用学科门类齐全、优秀学者众多的优势，实施小班制授课。小班制授课的真正目的，是要摒弃"填鸭式"教学，尽量运用研讨式、启发式、浸入式等教学手段，培养学生主动思考、大胆质疑、即兴表达、寻根究底的能力与素质，同时达到教学相长的目的。

"三段式"培养体制。学校为本科生设计了"三段式"培养方案。第一阶段为公共基础课学习，在进校后确定的学业导师指导下，重点学习数学、物理、语言文化类课程，以及素质教育类课程。约一年半的公共基础课学习结束后，根据兴趣和学业表现，学生可以在学校和老师指导下重新选择最感兴趣的专业，也可以申请相应调整学业导师。第二阶段为一年半左右的专业基础课学习，重点学习本专业基础性课程。这个阶段结束后，学生可根据自己的兴趣，自主选择具体的专业方向，确定专业导师。第三阶段为第四学年的专业学习和科研实践。在确定专业方向和专业导师后，学校将安排学生首先到与学校有密切合作关系的国外高水平大学或研究所学习研修一学期，然后回到专业导师所在研究团队及实验室，一边参与"研讨班"式的学习，一边做本科毕业论文。

复旦大学：发布实施《2020一流本科教育提升行动计划》（以下简称《行动计划》）。《行动计划》集中体现了"一流目标、一流品牌、一流理念"；瞄准一流人才目标，培养掌握未来的复旦人；建"复旦本科"一流品牌；传"自信自主自律"之正道，塑一流学生；扬"教书育人"之正气，造一流教师；给一流保障，支撑一流大学本科教育质量提升；供一流学生丰富获得感，实现立德树人，培养精英领袖人才。

学校围绕一流育人质量目标，加强制度建设和投入保障，致力于完善通识教育与多元选择有机结合的"2+X"本科培养体系。一方面夯实学生的通识教育和专业基础底子；另一方面提供多模块化的后续课程方案，充分满足学生个性成长需求。大力贯通从教室到书院、科研与创新创业、社会实践、海外游学、网络新媒体等6个维度的育人空间，构建全员、全过程、全方位的融合育人系统，增强学生学习选择性，充分激发学生潜能。学校实行的"2+X"本科生培养体系，"2"是指从通识教育和专业培养两个方面夯实个人发展基础。"X"是指为学生个性化成长提供专业进阶、跨学科发展、创新创业等多元发展路径。专业进阶路径可选读多种专业进阶课程模块，或更具挑战性的本科荣誉项目。跨学科发展路径可选读多种跨专业主题学程，或更系统的双学位项目。创新创业路径可选读多种特别设计的创新创业学程。"2+X"本科培养体系采用学分制，多元发展路径学分约占25%，包括2个模块、项目或学程。"2+X"本科培养体系为学生创造更加丰富多元的学习发展机会，培养学生的国家意识、人文情怀、科学精神、专业素养和国际视野。

复旦大学拥有深厚的通识教育传统，通识教育已经成为复旦本科教育的重要组成部分。2005年9月，复旦书院正式成立。10余年来，复旦书院教育以"德才兼备、全面发展"为目标，努力为"掌握未来的复旦人"注入"终身发展"的力量。书院按学校的住宿区域划分，物理空间相对独立，包括一个区域内的公寓和公共空间。书院内的住宿安排，基本按学科交叉和大类融合的原则。书院实施导师制度，为一、二年级本科生配备书院导师，发挥教师在课堂之外的育人作用。书院开展了思想引领、学术拓展、身心健康、文化涵养、创新实践、领袖人才等"六大计划"，全面提升学生综合素质。书院通过老校长大师剧、传统文化月等特色项目，弘扬中国优秀传统文化和复旦精神文化，形成浓郁的文化育人氛围。书院依托自我管理委员会、监委会、楼委会等组织，引导学生在书院平台实现自我教育、自我管理、自我服务和自我监督，提升学生领导能力。

中国人民大学：本科人才培养路线图从学校的地位和使命出发，发挥学科结构、师资队伍、学生素质的比较优势，将优质的学术资源转化为优质的教学资源，使学科优势、科研优势、师资优势落实于人才培养的优势，促进学生学习真知识、发现真问题、开展真研究、提出真见解，为承担使命、奉献社会并逐步成长为未来的"国民表率、社会栋梁"打下扎实的基础。配合路线图实施了16个重点人才培养项目，包括：英才选拔与招生服务、新生导师制和新生研讨课、先进性和领导力训练、通识教育核心课程建设、专业教育课程建设、读史读经典、外语（英语）口语能力提升、国际学习与交流、社会研究和创新训练、社会实践和志愿服务、校园文化与公共艺术教育、体育教学改革与体育精神培育、学生心理健康关怀、学生发展分类指导、国家级教师教学发展示范中心、信息化课程教学平台。在本科人才培养路线图中，与"立德树人"并列的是"研究型学习制度"（RESEARCH），涵盖精实课程、国际研学、名师沙龙、拓展支持、全员导师、研究实践、双选认证、公益服务等8项制度。

学校落实立德树人根本任务，全面实施"新生导师引航计划"，为每一名本科新生配备成长导师，与时俱进打造学务中心网络思政平台，致力于构建思想引领、发展辅导、宣传引导、调查研究为模块的工作体系，建设了"红船领航"新生党员先进性熔铸计划、"精彩第一年"新生引航工程、毕业季项目、理想人生名家讲坛、升国旗主题教育、"求是思源"优秀学生培养计划等一系列品牌项目。依托"本科人才培养路线图"与"三全育人"综合改革，开展"励学人大"学生学业辅导与发展的创新项目工作，负责指导"人大学生学业发展协会"工作。"励学人大"品牌专项根据学生在不同学习阶段的学业发展需求，立足"名师导学、思政辅学、朋辈助学"三大主体，以"励学工作坊""励学沙龙""励学实践营""读史读经典""励学答疑坊""小伙伴计划"等品牌活动为载体，从专业的学习态度、科学的学习方法、合理的学习规划及终身的学习习惯等方面培养学生卓越的学习能力，打造贯穿"适应、发现、成长、拓展"四大内容模块的学业成长地图。

浙江大学：竺可桢学院成立于2000年5月，是以竺可桢老校长之名命名，为浙江大学优秀本科学生实施"特别培养"的荣誉学院，其前身为创办于1984年的原浙江大学（工科）混合班。学生进入竺可桢学院后，不分专业，先在文、理、工三大类平台上进行通识课程和基础课程的前期培养。在第二学年，根据自己的兴趣、特长确认主修专业，并进入后期培养阶段，同时实行本科生专业导师制。

2006年起，竺可桢学院为优秀本科学生专门制定了"本科生教育特别培养基本框架"，学生既可以按各专业普通通道进行后期培养，亦可以按照长学制及双专业、双学位等多通道多规格发展途径进行后期培养，如计算机+X、生物+X、外语+X、X+信息、X+管理、X+法学、X+经贸等多通道、多规格、模块化的后期培养发展途径。

竺可桢学院除设有文、理、工三大类平台外，还设有创新与创业管理强化班、公共管理强化班、工程教育高级班3个专业外辅修方式的交叉复合型本科人才培养平台。竺可桢学院吸取国外著名大学荣誉学院的办学经验，选聘各学院的学科带头人、两院院士、长江学者、政府基金奖励学者、博士生导师、"浙江大学十大我最喜爱的老师"、"教书育人标兵"等一批学识渊博、思想活跃、经验丰富、对教学工作满腔热情的教师承担教学任务。同时,竺可桢学院为学生提供众多跨文化的交流机会和国际化的实践机会,资助和派遣优秀本科学生前往香港及国外知名大学进行交流学习。

国防科技大学:"卓越指挥人才创新拓展班"强化培养学员领导管理能力、信息素质和国际视野,成为理想信念坚定、综合素质全面、实践创新能力过硬、能够快速适应岗位任职需要、具有成为驾驭未来战争军事家发展潜质的卓越军事指挥员。通过笔试、面试和测试,综合考核思想政治素质、科学文化基础、身体心理素质、军事基本技能、智商情商、表达能力和军人气质作风等,每年从合训类新生中遴选40名左右综合素质优秀的学员进入"卓越指挥人才创新拓展班"学习。"卓越指挥人才创新拓展班"配备专用教室、指挥作战模拟训练室、健身房、文体活动室,通过专家组考察遴选配备高水平授课教员,设立特聘教员岗位,在校内外遴选一流教员授课。建立与国内外一流军事院校和作战部队联合培养指挥人才机制,开展代职实习、联教联训、实装演练、参观见学、短期培训、中国国外访学、毕业设计等活动。学员具有专业、分流院校选择优先权,单列评功评奖指标,优先保障教学训练条件,提供更多锻炼机会。"卓越指挥人才创新拓展班"实施导师组集体指导制度,每个建制班配备包含学业导师、管理干部、政治教员、军事教员、身心健康辅导员的导师组,为学员思想政治素质培养、科学文化知识学习、军事体能技能训练、指挥管理能力提升、心理状态调试提供指导。

"钱学森创新拓展班"培养思想政治素质优良、军事基础素质良好、理论基础厚实、创新实践能力突出,具有明显专长,具备国际视野,具有成为国防科技领军人物潜质的拔尖创新人才。通过笔试、面试和体能测试,综合考虑献身国防精神、创新精神与创新潜能、数理基础与人文素质、思想方法与思维发展等因素,每年从工程技术类新生中遴选30名左右优秀学员进入"钱学森创新拓展班"学习。通过专家组考核为"钱学森创新拓展班"遴选优秀教员,聘请国内外、军内外一流专家担任课程教员或学员导师,聘请国内外知名专家开设高水平讲座课程。"钱学森创新拓展班"公共基础课程单独开班,实行小班教学。学员享有更多参与科学研究和实验、参加国内外学术会议、参加各类学科竞赛和科技创新活动等的机会,在推荐免试研究生工作中予以单独考虑,部分学员在第三学年将通过国内外跨校联合培养体系选送到国内外名校进行联合培养。

"钱学森创新拓展班"实行全程导师制,每名学员配备1名导师,制定个性化培养方案,并对学员的学习生活进行全方位精细化指导和管理。

中国科学技术大学:1978年,学校创建了少年班,主要招收尚未完成常规中学教育,但成绩优异的青少年接受大学教育,其目的是探索中国优秀人才培养的规律,培养在科学技术等领域出类拔萃的优秀人才,推动中国科技、教育和经济建设事业的发展。少年班的出现是我国教育史上的一大创新,是一项具有重要意义的教育实践。

少年班的办学受到了各级领导和国内外教育家、科学家的充分支持和肯定,在2008年少年班创办30周年之际,学校将原少年班管委会(系级建制)升格为少年班学院。自少年班创立以来,学校不断探索和改善教学管理模式,倾力保证少年班教学和管理的开展。40多年的经验积累,凝练成了"因材施教""教学相长""基础与创新并重"的办学理念,以及重基础、"轻"专业,注重基础"宽、厚、实"、专业"精、新、活"的宽口径个性化培养模式。秉承学校办学理念,目标定位为培养未来10~20年后中国乃至世界上学术界、产业界科技创新的领军人物。

在培养模式上,少年班以"以生为本""以学生为主体"为指导思想,进行贯穿大学全程、将课程学习与科技创新活动有机融合的自主化学习与研究的培养过程。少部分专业意愿十分明确的学生,从入学起直接进入主修专业,按照相关专业培养计划学习;大部分学生实行两段式学科平台培养模式(2+2),前两年完成基础课程学习,后两年在导师指导下进行个性化专业学习。在培养过程中重视激发学生对科学的兴趣,尽早引导他们进入科研一线,通过实践锻炼,帮助学生选择和调整专业方向,有针对性地修读相关课程。鼓励专业交叉,学生可以选修多个专业的课程,使得学生有较为广泛的适应面,同时在符合自己兴趣、特长(能力)的方向有充分的发展,实现"广度"和"深度"的真正和谐统一。为满足学习能力强的学生群体对课程深度的需求,少年班与教务处、相关学院创办"华罗庚班""严济慈班""物质科学班"等学科强化计划,对相应专业课程进行改革,学生根据学习能力可以随时调整进出这些计划。

上海交通大学:2016年,学校成功获批全国首批"双创"示范基地。为深化创新创业人才培养体制机制改革,完善以学生成长为中心的教育理念,在借鉴国内外成熟创新平台建设经验的基础上改建"工程训练中心"为"学生创新中心"。

"学生创新中心"在继续保留并加强中心原有工程实践教学功能的基础上，着重建设创新能力训练平台（下设创新开放中心、工程服务中心、交叉创新中心、校企合作中心）和创新孵化平台两个平台。创新能力训练平台包括无人机、机器人、智能制造、IT等多个开放实验分中心，以及3D打印中心、切割中心、设备租借中心等多个服务中心，为学生各类创新活动提供场地、设备和技术支持。创新孵化平台旨在将学生的创新活动成果孵化转化，形成可创业的基础。"学生创新中心"成为学生身边的"实践图书馆"，为学校人才培养和国家"双创"战略提供支持保障。

"学生创新中心"坚持以学生为中心，按照"知识探究、能力建设、人格养成"三位一体的育人理念，面向大类学科的平台化培养，配合各专业不断推进的理论与实践紧密结合的课程项目，提出了交叉复合型实践能力培养体系，通过基础实践层、交叉复合层、创新创业层的课程体系，达到培养学生创新精神和实践能力的目标，提高学生自我发展能力，使其与创业教育更好对接，形成贯通的创新创业教育人才培养机制。"学生创新中心"研究教-学关系，开展时间、空间、兴趣的多维混合教学模式，将实践训练从课内延伸到课外，从线下学习拓展到线上、线下的混合学习模式。同时摸索以兴趣引导的自主探究和创新。运用大数据技术，掌握不同学生的学习需求和规律，为学生自主实践提供丰富的资源和条件。"学生创新中心"根据学校人才培养定位及创新创业教育目标要求，强化实践训练，按照不同教学目标层次开设课程，实践训练课程旨在夯实基础，训练学生基本能力和综合创新能力；挑战探究课程旨在领略学科前沿，以兴趣引导研究领域的深入探究；创新创业课程旨在激发创业灵感，提供创业基础和就业创业指导。

南京大学：学校始终坚持育人为本，植根深厚历史与价值基因，以培养又红又专、德才兼备、全面发展的新时代中国特色社会主义事业合格建设者和可靠接班人为根本要求，以社会主义核心价值观为核心内容，深耕内涵发展，着力建设全员、全过程、全方位的一流人才培养体系，切实落实立德树人根本任务。

学校构建以学生个性化培养、自主性选择、多元化发展为特征的"三三制"本科人才培养新模式。方案的核心是两个"三"。第一个"三"，把本科教育分成三个阶段，第一阶段是通识教育阶段，一年级新生实施通识教育，二年级、三年级进入专业化培养阶段，四年级进入多元化培养阶段。第二个"三"指的是多元化培养阶段中，学生需分为三个方向——专业化培养方向、复合人才培养方向、创新就业方向。分别针对愿意继续沿着本专业学习和深造的学生、想跨专业学习的学生,以及未来想创业的学生。"三三制"方案建立了"专业准入准出标准"和"多元化路径分流机制",前者要求每个专业建立专业准入/准出课程列表,允许学生自由转入或转出;后者允许学生通过自主组合课程菜单,选择适合自己的个性化发展路径。

"三三制"本科教学改革的核心就是一切以学生为中心,给予学生充分的自由选择权,通过百分百的课程开放实现百分百的专业和发展路径的自由选择。"三三制"切实从"以专业教师为中心"转移到"以学生为中心",既注重本科基础阶段全面的科学与人文素质教育,同时又注重学生个性化的选择和培养。"三三制"打破了院系壁垒,在全校层面整合了教学资源,从2010年起,南京大学每年近3000门次课程面向全校学生开放;"三三制"增加了教学计划的"弹性",拓展了学生自主学习的空间和时间;"三三制"以三阶段和三路径引导学生个性化成长,使更多的本科生得以拥有符合自身需求的成长"菜单"。

武汉大学:弘毅学堂是学校参与国家教育体制改革试点项目与国家"基础学科拔尖学生培养试验计划"及"卓越工程师教育培育计划"的具体实践。弘毅学堂形成了具有特色的培养模式,即大类培养、博雅与前瞻性的课程体系、"二制三化"(导师制、书院制、小班化、个性化、国际化)、强化科研训练等。

导师制:聘请学术造诣深厚、教学经验丰富、具有国际视野的专家学者担任学科责任教授,负责培养方案制定和培养过程的指导;聘请责任感强、有爱心的优秀教师担任班级学业导师,负责学生专业导引、课程学习指导、职业生涯规划及日常生活等方面的指导。聘请高水平专家、教授担任学术导师,在科学研究训练等方面对学生进行指导。

书院制:以独立宿舍楼为依托,积极推进教授工作室、自主研习室、学生发展中心、弘毅青年智库、心灵成长室等建设,面向弘毅学子开放。安排责任教授、班级导师固定时间值班,解答学生学习、生活中的疑惑,指导学生国内外交流学习、业余科研等各项活动的开展。定期举办"师生午餐会""学术下午茶""博雅论坛"等活动,邀请国内外知名学者、学校知名教授与学生面对面交流。

小班化教学:学生分专业后专业核心课程每个学科小班保持30人左右,采用师生互动的启发式、讨论式、探究式等研究性教学方法,促进学生探究性学习,逐渐使学生在探究型学习过程中,实现对知识的知其然,到知其所以然,再到知其所未然的升华。

个性化培养：定制个性化培养方案、允许改变学科（专业）方向、允许课程免修，逐步实行一个学生一个课程学习方案；为学生提供更多出国交流学习、科研和攻读研究生的机会，广泛开展教师与学生一对一的个性化学习指导。

国际化办学：一方面聘请国际知名大学教师来校讲课、担任学术导师；另一方面通过联合培养、暑期学校、短期考察、游学等方式，分期、分批将学生送到国外一流大学学习和交流。充分利用校友资源，为学生到国外优秀实验室和科研组学习创造条件，提供融入国际一流研究群体的机会。

强化科研训练：在课堂学习之外，设立科研项目基金与奖励政策，为每位学生配备学术导师，鼓励学生一、二年级自主进行力所能及的基础科研实践，三年级后进入教师课题组，直接参与和从事国际前沿的科研项目。定期举行学生科研交流会，奖励优秀成果。

中山大学：落实立德树人根本任务，践行综合性、研究型、开放式办学理念，加快建设中国特色世界一流大学步伐。学校坚持立德树人根本，秉承"博学、审问、慎思、明辨、笃行"的校训精神，以"德才兼备、领袖气质、家国情怀"为人才培养目标，着力营造"学在中大、追求卓越"的优良校风学风。在本科教育方面，学校进一步突出人才培养核心地位，加快推动教育教学内涵发展，围绕人才培养目标，构建学科与专业、德育与智育、第一课堂与第二课堂、本科生培养与研究生培养、科研与教学"五个融合"卓越人才培养体系。学校积极建设与第一课堂有机融合的第二课堂，探索推进"脸谱化"制定院系第二课堂人才培养方案，促进学生德智体美劳全面发展。

博雅学院是中山大学为探索本科教育体制改革而专门设置的学院，2009年创办，学院注重跨学科交流及教学相长，以经典研读为纽带形成师生学习共同体。博雅学院本科教育实行"通专结合"的教学培养模式，着重培养有志于推动文明体深层次对话的人文社会科学领域高素质创新型人才。学院每年从入校新生中以二次遴选方式择优录取约30名学生，前两年以通识教育为主，要求学生统一修习学院开设的"核心文本与核心课程"，掌握中西方古典语言，研读中西方经典著作。每学期主要课程有4~5门，每门均有大量阅读和作业；进入第四学期，开始引导学生从哲学、历史学、汉语言文学、政治学与行政学、社会学、法学等6个专业中选择其一，在学院及学校其他相应院系选修规定学分的专业课程，并在导师指导下完成专业论文。

博雅学院自创办以来，受到海内外的广泛关注和好评，与多所大学或科研机构建立了学术交流与合作关系,包括美国圣约翰学院、加州大学伯克利分校、英国剑桥大学、圣安德鲁斯大学等。通专结合的本科培养模式与以经典研读为核心的博雅教育理念,既为学生在人文社科领域的发展打下宽厚基础,也充分保障了学生的个性化发展。

吉林大学:近年来,吉林大学按照"改革模式,建设内涵,向外开放,提升质量"的教学指导思想,围绕建设与高水平研究型大学相适应的一流本科教育,构建有学校特色的本科创新人才培养体系,并不断深化和充实内涵,从整体上提高了本科教学水平和质量,提升了学校本科教育在国内外的影响力。

营造创新环境,提升学生创新实践能力。学校从营造良好的创新育人环境入手,整合、挖掘和拓展研究型大学的优质学术资源,为学生提供创新环境下的成长条件。一是构建三层次贯通式实践教学体系。学校以提升学生的创新精神和实践能力为核心,按照"围绕一个核心、体现两个注重、强化三种设计、坚持四维结合"的总体思路,注重创新实践的综合创新、注重新技术新方法的运用,强化实验课程、实验项目、实验类型的科学性设计,坚持理论与实践相结合、创新思想培养与实践动手训练相结合、限制必做与自主选做相结合、课内培养与课外培养相结合等4个维度,根据专业培养方案和学生的知识能力水平,将实践教学贯通于学生从入学到毕业的全过程。在实践教学目标体系方面,体现从基础实践层、综合实践层到创新实践层的递进性、系统化。二是创造学生广泛参与课外创新实践活动的机会。2005年,学校将课外培养计划正式列入本科培养方案,实现了学生课外创新教育实践的系统化和制度化。首先,构建起国家、学校、学院三级创新性实验计划体系,引导本科生早期参与科学研究和社会实践。本科创新性实验计划项目数量及学生参与率逐年增加。参与大学生创新创业计划训练项目已成为学校学生喜爱的"必修环节"。其次,建立了覆盖面宽、学科交叉的多层次、系列化学科竞赛体系。上述课外创新实践活动在培养学生的创新能力、团队精神和拼搏意识等方面起到了重要的作用。三是营造浓厚的创新创业环境和文化氛围。学校凝聚理工科优秀青年教师,成立了青年科技工作者协会,搭建跨学科学术交流平台,通过举办青年学术沙龙、开展"创新能力与科学素养"系列讲座,指导学生参加各类创新创业竞赛。学校加强对科技类学生社团的扶持,以大学生科技协会为依托,构建了"学术讲座""人文·科技论坛""学生学术报告会"等形式的校园学生创新创业文化活动体系。

华中科技大学:有一个由本科学生自发组织的团队,名曰"联创团队"。

做什么事情,由学生自己决定,而且整个团队的管理都是学生自己实施的。这个团队没有指导老师,他们主要是通过以前的老队员带新队员,其成员的选择,完全由他们自己决定。成员来自不同的院系,具有多学科的背景。团队的主旨是自主进行创新实践活动。团队成员除了参加各专业所要求的学习活动之外,常在一起研究、讨论、做课题。创新实践活动的选题也是由他们自己决定的。团队选题及做课题的进程中也会得到老师的咨询帮助。联创团队已有多年的实践,其早期的成员有些已经是微软等大公司的骨干。团队一直延续着一个好的风气,就是已经毕业的学生还关心着团队的发展,形成了自己的团队文化。

基于联创团队的成功经验,华中科技大学成立了启明学院,学校专门找外面一个企业家为启明学院捐建了一栋楼。因为空间有限,现在大概有17个团队在启明学院大楼活动。启明学院有一个进出机制。每年要评比,好的团队就进启明学院,不好的就淘汰出去。不能进启明学院的团队学生,有的是在自己的宿舍开展创新活动,有的租学校的老房子开展活动。学校里像这样的创新团队,有100多个。这些学生团队,各有特色,各种各样的目标和组织形式都有。另外,这些团队多数不是为了竞赛而成立的,而是学生按兴趣成立的。

近几年,联创团队已经取得了两个世界冠军、一个世界亚军的好成绩。团队获奖之后,他们把奖金拿出来又用于团队的再发展。联创团队的学生在创新活动中学到了很多新知识,而且多是老师在课堂中未教过的;他们在与其他同学协同工作的过程中学到一些其他学科的知识;在团队的活动中,他们还得到"软能力"——交流沟通能力、协同能力、领导能力等的锻炼。联创团队的实践表明,在一定条件下,学生完全可以主导自己的学习过程,而且在这个过程中,他们的潜能可能得到最大限度的发挥。对于联创团队的成员而言,在团队中的创新实践活动是比普通学习更高层次的学习,其环境也比课堂更好。在那里,他们的活动不是一般的知识传授,更不是一般的技能训练。这种学习的本质是主动学习,而非被动的知识传授;是学习潜能的开发,而非一般的技能训练;是以学生为中心,而非以教师为中心。

天津大学:2019年,学校提出"三全育人""五育并举"人才培养综合改革方案,率先将"三全育人""五育并举"有机融合,构筑起培养德智体美劳全面发展的社会主义建设者和接班人的立德树人体系,探索卓越人才培养的改革路径和方式。通过综合改革,形成具有学校特色的高水平人才培养体系和工作机制,提高人才培养能力,实现学校"家国情怀、全球视野、创新精神、实践能力"的卓越人才培养目标。

改革方案中，育人体系主要包含德育铸魂计划、智育固本计划、体育强健计划、美育浸润计划、劳动教育淬炼计划等五大攻坚计划。在德育铸魂计划中，构建"家国情怀"的通识教育、思政课程和课程思政、日常思政融会贯通的德育体系，让思政教育、价值引领像"空气"一样无处不在。与此同时，挖掘专业中的思政教育元素和功能，建设若干门"课程思政"示范课程，扩大思政工作队伍，打造辅导员、班主任、研究生导师三支过硬的思政队伍。在智育固本计划中，通过专业教育、贯通培养、科教协同构建起可应对变化、塑造未来，时代所需的一流人才智育体系。专业教育上，以新工科建设为龙头，重构"教"与"学"的关系；重点建设专业关键核心课，增开选修课，为学生自主自由学习"留白"；推进科教协同，鼓励本科生进实验室，重点研发项目吸收本科生参与。在体育强健计划中，以身心健康、锻炼习惯培养和校园体育文化为重点，改革课程设置、教育模式和考核模式，引导学生天天锻炼、健康成长、终身受益。将课外体育锻炼纳入教学计划的同时鼓励学生组建体育社团和体育俱乐部；抓校园体育文化，培养学生的奋斗精神、团队协作意识、抗挫折能力等。在美育浸润计划中，通过高地建设、审美教育、体验教育，提升学生感知享受和创造美的能力。筹建人文艺术学院，培养兼具艺术修养和科技创新能力的复合人才；开设艺术公选课、网上公开课，将美育课程纳入通识教育课程体系的必修课；体验教育中，激发学生的人文艺术兴趣和对生活的美好体验，美育活动到班级、到宿舍，引导学生热爱生活、追求美。在劳动教育淬炼计划中，从生活劳动、专业劳动实践和公益劳动3个维度，实现劳动教育的三层次目标。其中生活劳动特别强调从宿舍抓起、从小事抓起；在专业劳动实践中，形成系列"劳动+学科"通识教育类课程和"专业+劳动实践"重点课程；设立"劳动周"，学生每学期参加义务劳动不少于1次，同时更广泛地开展社会实践。

四川大学：全面推进以"小班化授课、互动式教学、全过程－非标准答案考试"为特色的"探究式－小班化"课堂教学改革，对课堂教学的形式、内容、考核评价进行全方位革新，使之相互衔接、互为支撑，构建出有别于传统教学模式的完整的课堂教学新体系，着力培养学生的自主学习能力、独立思考能力、创新创业能力、协作和社会担当能力，引导激励教师打破传统课堂教学思维模式，引燃学生的心灵火花，共同推进精英化教育、个性化教育和自由全面发展教育，努力打造具有国际竞争力的本科教育。

全面实行小班化授课。2011年起，学校开始推进小班化授课，把本科新生编成25人左右的小班，最少只有11人。对于选课人数特别多的公共基础课，则让经过教师教学发展中心专门培训的优秀研究生担任研究生助教，协助授课教师进行"大班授课，小班讨论"。同时，学校对教室的教学环境、教学硬件进行了全面升级，改造了一大批小班化教室，从投影仪到可移动摄像头和计算机显示屏，从黑板设计到课桌椅摆放等，基本都达到了与美国一流大学教室同样的水平。这些，为学校实施小班化互动教学提供了坚实的基础。积极开展互动式教学。在小班化授课的基础上，学校要求教师从"讲授者"变为"引导者"，推行启发式讲授、互动式教学、探究式讨论，引导学生主动学习，促进教学相长。目前，大多数课程上，教师不再完全占用课堂时间进行知识讲授，而是让学生在课后通过在线观看教学视频、查阅资料、小组交流等方式进行自主学习，再在课堂教学时间内，进行师生面对面交流、分享和探讨。通过课堂互动，教师在传授知识的同时引导学生思考，并融入核心价值观的培育，激发他们的创新思维、批判性思维、创造能力等正能量，大大提高了教学成效。大力推行"全过程－非标准答案考试"。为配合小班化授课和互动式教学的改革，学校大力推行以"全过程－非标准答案考试"为标志的课程考核体系改革，促进学生"真学""真想""真领会"。提升教师"以学为中心"的教学能力。学校积极鼓励和支持教师开展教学研究，加大课堂教学改革研究与交流，提升教师"以学为中心"的教学能力。设立"探究式－小班化"课堂教学质量优秀奖和"四川大学卓越教学奖"等，重奖"探究式－小班化"教学先进单位和先进个人。

南开大学：提出实施"4211卓越南开行动计划"，作为南开大学新百年的顶层战略和发展引擎。打造新高地，建设十大交叉科学中心。以重大科学问题和国家重大需求为牵引，集所有学科之力联合攻关，打造国际一流前沿基础研究和应用研究的交叉科学研究基地。对标国际一流，打造十大联合研究中心。在对外合作方面，学校对标一流，携手海外一流大学打造十大联合研究中心。重点部署一批具有引领性和前瞻性的世界级研究项目，提升学校科技创新竞争力与国际影响力。激发积极性，构建两大奖励体系。学校构建教育教学和科学研究两大奖励体系。一方面，给予教学质量高、教学成果突出、育人效果显著的教师特别奖励，鼓励教师投身教育教学改革，切实提高教学能力；另一方面，深化科学研究奖励体系改革，突出鼓励原创、注重质量和贡献的奖励导向，加大对学术性、应用型和服务型等不同类型优秀成果的奖励力度，激发教师从事科学研究、产出科研成果的积极性和主动性。实施四大计划，推进学科整体发展。学校还制订实施"文科振兴""理科提升""工科攀登""生医发展"四大计划。以此为纲，推进学科门类或学科群整体发展，并在文理交叉、新工科、生物医药等方面取得突破。四大计划并不简单等同于传统意义上的学科规划，而是关联教学科研、人才队伍、管理服务等各方面，是实施"4211 计划"的基点和核心。

南开大学重视学生德智体美劳全面发展，构建南开特色的"公能"素质教育体系，探索"课堂教学—校园文化—社会实践"三位一体育人模式。以"注重素质、培养能力、强化基础、拓宽专业、严格管理、保证质量"为教学指导思想，实行弹性学制、学分制、主辅修制、双学位制。注重培育优良校风，大力加强校园文化建设，为学生营造丰富高雅、活泼向上的成长氛围。推进创新创业教育，开办"创业班"，建设"青年创新创业实践基地"，打造创业服务和项目预孵化的实体平台。大力开展"师生同行"社会实践，搭建师生互动平台。

北京师范大学：构建"三维度一体化"的卓越教师培养模式，在通识教育、专业教育和教师职业素养教育3个维度上各有侧重，又能互相贯通强化，实现育人目标和路径的"一体化"，有效解决了学科专业教育和教师职业素养教育简单叠加的问题。学校通过先进的教学方式，构建多层次的教师实践训练体系，激发师范生创新潜能和引领未来教育的能力。

学校构建了家国情怀与价值理想、国际视野与文明对话、经典研读与文化传承、数理基础与科学素养、艺术鉴赏与审美体验、社会发展与公民责任等六大模块的通识课程，并将通识教育课程分为A类和B类。A类课程以必修（限选）为主，包含各个学科的导引和专业入门课程，是院系重点建设的优质通识教育课程，旨在夯实基础、拓宽视野。从大一开始向学科大类内的专业开放，大二开始向全校学生开放，是建议学生优先选择的课程。B类课程以选修为主，从大二开始对学生开放，需要学生具备一定的先修课基础。

学校聚焦学生人格和精神层面的成长，也致力于促进学生全面发展。为所有大一学生配备新生导师，每一名新生导师只能带 5 个学生，目的就是为了帮助新生尽快适应大学生活，了解学科专业特点、转变学习方式、制定发展规划，激发学生学习和创新潜力，为促进学生个性化发展奠定良好基础。国家级、北京市级、学校级、院系级及导师自己的科研项目向本科生开放，给本科生提供了 5 个层次的科研训练体系。学校为大一、大二学生提供两次转专业机会，大一有一次、大二还有一次，转专业不设转出门槛，而且也没有人数的上限要求，还能够跨文理大类。目前全校各类课程班级规模在 30 人以内的已经超过 50%。学校《本科人才培养质量提升计划》中专门设置"国际视野拓展和国际竞争力培养计划",建立学部院系主导、部门协同服务的人才培养国际合作机制,着力提升学生国际学术交流和交往能力。学校多措并举保障人才培养质量,秉承精英化办学理念,优化配置教育资源,倾力打造高端完善的本科人才培养体系,努力为每一个学生个性化发展奠定基础,给学生广阔的空间,并且提供精细化的服务保障。

西安交通大学:突显起点高、基础厚、要求严、重实践的办学特色,实施大类招生改革,建立"通识教育+宽口径专业教育"人才培养新模式。2017 年,学校成立本科生院,落实"校-院-系"三级教学责任,建立"横向协作、纵向贯通、教书和育人统筹协调"的本科生人才培养管理体系。大学新生全部进入本科生院,学习科学、人文、医学类基础课程,接受通识教育。在通识教育阶段,学校允许学生选课程,也可以选老师,在通识教育结束以后选择主修专业,可以满足学生的兴趣和价值追求。在接受一年的通识教育后,学生第二年将分流进入学院,接受两年宽口径专业教育,主要学习学科平台和专业核心课程;第四年学生根据毕业去向的不同,在攻读研究生、就业和自主创业等方面,自主选择课程模块。

以"夯实基础、重视实践、突出创新、注重个性"为目标,体现"基础厚、重实践、个性化、灵活性、国际化"特征,建立"一二三四"阶梯式、个性化、模块化人才培养方案和课程体系,推动多元化的教学模式方法改革,促进拔尖创新人才培养。"一":形成了一套体现交大风格的通识教育体系,其特色是强化科学素养与人文情怀,核心是塑造崇德尚实、追求卓越、家国情怀、敢于担当的价值观,培养人文情怀、文化艺术与科学精神;"二":实现通识教育和专业教育二者的相互渗透和有机衔接;"三":将本科人才培养分为三个阶段——基础通识教育阶段(通识教育与科学、人文、医学类基础课程,1.5~2 年)、宽口径专业教育阶段(学科平台与专业核心课程,1~1.5 年)、个性化模块学习与毕业设计阶段(1 年);"四":适应本科毕业生四类出口——攻读本专业研究生、跨专业攻读研究生、就业和自主创业,建立相应的选修课程模块,适应不同出口学生的自主选修学习。

哈尔滨工业大学:英才学院(实验学院)是校本部多年来一直坚持并取得良好效果的创新人才培养模式。英才学院以培养具有创新意识的拔尖人才,探索教学改革之路为办学宗旨。突出个性培养和柔性化管理理念，努力为拔尖学生提供优质的教学资源，营造开放、和谐的学习环境和积极、健康的竞争氛围，探索利于拔尖人才成长的培养模式。

目标定位具有国际竞争力人才。英才学院（实验学院）覆盖全校主要理工优势学科方向，面向全校前5%的优异学生，选拔不超过200名优秀考生进入英才学院，探索与世界接轨的拔尖创新人才培养体系，致力于培养面向国家重大战略需求、面向国际学术前沿，"厚基础、强实践、重能力、求创新"，具有国际竞争力的人才。

注重个性化国际化培养。采取阶梯式培养方式，一、二年级按照大类培养，并享有两次调整专业的机会，高年级按照专业培养。全面实行导师制，进行个性化指导，为学生一对一配备导师，指导学生选课及制定未来专业发展方向规划，并协助学生开展实践环节及科技活动。聘请国内外专家来校开设特色课程，选送优秀学生赴国外一流学府交换学习、赴国外一流高校短期交流访问、到国际知名企业和研究机构实习等，使每位学生在本科期间都有一次国际学习交流经历。

课程体系量身打造。学校专门为英才学院的学生设置通过重基础、宽口径的通识教育和个性化、强实践的专业教育课程体系，着重加强学生的数理基础、人文通识、外语能力和科研实践能力的培养。学校聘请校内外一流师资为英才学院学生开设高水平课程。坚持综合素质全面培养，注重对学生思想先进性和社会责任感的引导，突出创新思维和动手能力的培养，鼓励培养学生独立自主解决问题。强化领导力培养，通过领导力培训和科创团队等形式，提高学生的团队合作能力和领导能力。

动态进出本硕（博）贯通。依据学生的学习状况实施动态进出机制，前三学年的每个学年末对学生进行考核，依据学生学习状况确定进出。表现优秀的学生若选择在哈工大继续深造，将推荐免试攻读硕士、博士研究生。

中南大学：坚持自身办学特色，实施卓越人才教育培养计划。卓越人才教育培养计划包含卓越工程师教育培养计划、卓越医生教育培养计划和卓越法律人才教育培养计划，适用于卓越人才教育培养计划专业本科培养阶段。

卓越工程师和卓越法律人才教育培养计划按照"3+1"的培养模式运行，其中"1"是指累计1年校企（实务部门）联合培养（五年制专业按照"4+1"的培养模式运行）。卓越医生教育培养计划八年制按照"2+4+2"模式运行，即2年医学预科、4年医学核心教学、2年个性拓展;卓越医生教育培养计划五年制按照"1+4"模式运行,即1年医学预科、4年医学核心教学。

学校与相关企事业单位(实务部门)联合成立卓越人才教育培养联盟,形成"双参三联合"培养机制:企业(实务部门)参与学生培养过程、学生参加企业(实务部门)的生产(实务)工作,校企(实务部门)联合制定实践教学培养方案、联合开展实践教学活动、联合考核实践教学质量。

实行学校导师与企业(实务部门)兼职导师相结合的"双导师"制。学校导师要求具备教授或副教授职称,具备工程(实务工作)背景、实践能力强、学术造诣深、教学水平高、科研成果突出;企业兼职导师要求具备高级专业技术职称,有丰富的工程实践(实务工作)经验,较强的管理能力,热心于人民教育事业,积极承担企业(实务部门)学习阶段课程与实践教学任务。

学校与相关企事业单位(实务部门)共建国家工程实践教育中心和大学生校外实践教育基地,并成立组织机构,制定管理办法,培养师资队伍,完善实践条件,制订实践教学内容,创新实践教学形式,有效组织校外实践阶段的培养工作。

利用国外优质教育资源,与国外知名高校、企业共建工程教育联合体,建立国际化交流和人才培养基地;推动医学人才培养过程的国际交流与合作,实施医学生到国外一流医学院校学习的长短期国际交流项目;构建与国际接轨的课程体系,邀请国际知名教授、学者、企业专家为学生做专题讲座;支持学生海外访学、参加国际学术会议、到国外企业实习等交流活动,开拓学生国际视野,提高国际竞争力。

山东大学:实施"三跨四经历"人才培养模式,旨在提升高等教育质量,提高学生综合素质,培养创新型人才。"三跨四经历"培养模式,即学校积极鼓励学生进行"跨学科(院)、跨学校、跨国境"的交流学习,大力推进学生的"第二校园经历""海外学习经历""社会实践经历""本校经历"四种经历学习。

跨学科(院),本校经历:学校充分利用学科综合优势,大力推行主辅修、双学位、二次选择专业,注重培养复合型人才,开设英语+法学、英语+政治等双学位班;文史哲班、金融数学班、生物医学工程、数字媒体技术专业等交叉专业;引导学生跨专业、跨学科选课,全面提升学生的综合素质与创新能力。

跨校园,第二校园经历:在国内率先实施大学校际合作计划,现与国内24

所"985""211"高校签订校际合作协议,每年选拔700名本科生与武汉大学、华中科技大学、中山大学、厦门大学、哈尔滨工业大学、西安交通大学、中国政法大学、南开大学、天津大学、同济大学、吉林大学、四川大学、中国传媒大学等高校进行一学期或一年的交换培养,使学生感受两所高校的文化氛围。

跨国境,海外学习经历:学校大力推进本科生"海外学习经历",注重拓宽学生国际化视野。现与19个国家和地区的72所高校开展本科生交换培养,学生主要派往美国、英国、德国、法国、瑞典、澳大利亚、日本、韩国、新加坡等国家。派出形式有语言类整班派出学习、一学期或一学年互换交流学习的长期项目、利用寒暑假参加国际暑期学校的短期项目等。除专业学习以外,海外学习还有实践、专业实习类的项目,使更多的学生拥有海外学习经历,接受国际化的教育,开拓学生的视野,培养国际化的思维。

社会实践经历:学校倡导100%的学生要有社会实践经历。以一年级学生感恩父母、二年级学生接触社会、三年级学生专业实习、四年级学生毕业实习为主题规划设计学生的社会实践活动。

厦门大学:秉承"精英教育"理念,按照"厚基础、宽口径、多样化"原则,坚持以学生为本,全面推进素质教育,注重人性化的教学管理,关心关爱每个学生,积极创造条件,为每个学生的全面发展营造灵活、多样、个性化的成长环境。

学校推行通识教育,注重学生基本知识、基本原理、基本方法、基本技能的学习和训练。学校按专业大类招生培养,在一、二年级,学校打通院系界限,按专业大类组织教学,重点学习公共课程和学科通修课程。二、三年级按照自己的学术兴趣,通过选修方向性课程进行专业分流、确定专业方向。学校推行全面选课,允许学生自主编排课表,形成个性化的学习计划。学校开设人文、自然科学和社会科学等领域的通识教育课程,努力打破学科专业界限,推进课程教学资源共享,拓宽学生知识面,促进学生形成多样的思维方式。

学校发挥综合性大学学科优势,培养跨学科复合型人才。从2005年开始,推行双学位教育(主辅修制)。允许本科生在学有余力的情况下,在主修一个本科专业之外,跨学科门类辅修另外一个本科专业。学生完成辅修本科专业教学计划规定的所有课程、毕业论文和其他教学环节,修满规定的学分,考核成绩合格,在获得主修专业的学位和毕业证书的前提下,可获得辅修专业的学位或辅修专业证书。

为促进更为个性化学习,学校从2005年开始恢复"三学期"制度,即从每学年两个学期中，抽出5周时间组成一个短学期，学生可以在短学期参加各种研究性学习，诸如聆听校内外著名专家学者开设的讲座、科研专题报告，参与创新性实验课题的研究学习，赴境外名校进行短期交流学习，奔赴社会进行社会调查、生产学习等；学生可以利用短学期参加双学位课程的学习；当然，学习有困难的同学也可以利用短学期进行补缺补漏、重修课程。

同济大学：确立了"知识、能力、人格"三位一体的人才培养模式，努力使每一位学生经过大学阶段的学习、熏陶以后，具有"通识基础、专业素质、创新思维、实践能力、全球视野、社会责任"综合特质，成为引领未来的社会栋梁与专业精英。学校首推十大特色试验班实施"学堂式管理"，构建"大类招生、大类培养和大类管理联动"人才培养新体系。

同济大学本科招生以十大特色试验班为主体：5个工科试验班，涵盖"建筑城规景观与设计类""土木与环境类""智能交通与车辆类""智能化制造类""信息类"5个类别；医学试验班、理科试验班、经济管理试验班、人文科学试验班、社会科学试验班各1个。十大特色试验班的新生入校后，第一学年主要以通识教育和专业引导为主，实施学堂式管理。第一学年末，学生可基于个人兴趣和未来专业发展，申请选择所在试验班内或跨试验班的某一专业作为自己的主修专业，并自大二起进入各专业学院进行专业学习。学校为试验班学生设计了"主修专业/学位＋学程/微专业（12～18学分）＋辅修专业（30学分）/辅修学位（40学分）"的进阶式培养模式。学校专门成立新生院，对工科试验班大一新生和少数民族预科班的预科新生实行统一培养和管理，在整合资源、创新管理机制体制、建设特色课程等方面做出了一系列特色探索。学校在大一新生中全面实施"校聘导师制"，建立本科生全程化、全覆盖、个性化的学业指导机制，完善"辅导员＋班主任＋导师"三位一体的全员育人制度。学校还面向新生开放分别以"加强基础学科拔尖人才培养、学科交叉、国际合作与交流、创新创业、荣誉课程"等为特色的"人才培养模式创新实验区"2.0。

东南大学：建雄学院始终以"汇聚优质资源，培养精英人才"为办学宗旨，秉持"卓越化、个性化、国际化"育人理念，贯彻"厚基础、宽口径、强交叉、重个性"的指导思想，构建"三制五化"的培养模式。"三制"即"导师制、书院制、完全学分制"；"五化"即"小班化、个性化、国际化、卓越化、本研一体化"。聘请国内外优秀高端师资开展小班化和研究型教学。学院全面实行导师制，为学生进国家级科技创新平台进行创新能力培养提供良好条件。利用校、院两级资源平台开展多种形式的国际交流培养，为学生迈向更高发展平台打下坚实基础并提供有效支撑。

长期以来，学院在教学内容、教学方法、教学手段等方面积极探索适合拔尖创新人才培养的教学改革实践，以加强学生的研究性学习能力、跨文化交流、跨学科理解等综合素质的培养，形成了有一定示范作用的研究型教学模式。有效汇聚了包括国家级精品课程等数十门高端课程资源。学生在课程学习、自主学习、研究创新及国际交往能力方面均有显著的收获。一流师资和专业导师制是健雄学院拔尖创新优秀人才培养工作的重要支撑。学院拥有国家级教学名师、长江学者特聘教授、杰出学者数十位，承担教学与导师工作。导师制度做到全覆盖，每年有近百位高水平教师参与指导，构建起学生科研训练的高层次平台。

作为东南大学拔尖创新人才培养基地，健雄学院注重培养学生的世界眼光和全球意识，在共享校级国际化培养平台基础上，不断拓展学院特色化国际交流平台。学院目前与美国华盛顿州立大学荣誉学院、得克萨斯州州立大学达拉斯分校签署交换生协议，并与日本早稻田大学、澳大利亚悉尼大学签署联合培养计划，开展暑期课程与研究项目，每年还聘请外籍教授为学生开设全英文系列研讨课。

北京航空航天大学：2012年，学校对本科生启动实施了长城行动计划。长城行动计划的指导思想是，以人才培养质量提升为核心、以培养拔尖创新人才为目标。以人才培养质量提升为核心。强化人才培养的中心地位，推动科学研究、社会服务和文化传承与人才培养的有机结合，形成相互支撑、整体提升人才培养质量的新格局。持续推进教育教学改革，探索科学基础、实践能力和人文素养融合发展的培养模式，推进交叉培养和联合育人；推进小班化教学和导师制，促进师生交流互动；开展通识教育，鼓励学生个性化发展。营造良好的人才成长环境。推进书院制学生管理模式，突出以育人为核心的多元文化交流，打造有利于学生成长成才的环境氛围。以培养拔尖创新人才为目标。立足于人才培养质量的整体提高，夯实拔尖创新人才培养基础；以拔尖创新人才培养的突破为契机，进一步带动人才培养质量的整体提升。敢于突破思想观念障碍，鼓励科学的批判精神和探索精神，构建拔尖创新人才脱颖而出的培养体系。坚持执行高水平师资为本科低年级授课制度，为试验班等改革试点项目配备最优质师资，将学术大师作为拔尖创新人才培养的师资主力。

学校从2015级新生开始启用基于完全学分制的新版培养方案。根据学校不同类型本科专业中人才培养目标和定位的差异与特点，分类制订指导性培养计划，按照不同学科的教育规律，构建多样化的培养体系。构建了基础、通识、专业三级课程体系，课内为主的实验与实践教学体系，以及课外为主的科技创新训练体系。以学生健康成长和协调发展为准绳，按照学生在各学期学习与发展的实际需求和特点，合理分配和适度减轻学习负荷，为自主学习和个性发展留有充分空间。同时，加强和完善学习的引导与辅导机制，避免自控能力较弱的学生放任自流。各专业按照一级学科整合与优化专业基础课，注重课程衔接和教学内容的合理性。由教学团队负责人设计、协调本专业各课程，课程责任教授和相关团队成员负责各门课程的具体内容。重视教学方法改革，开展研究型教学，加强课程的过程管理，改变单一的考核方式，逐步推行大作业、课程设计等与期末笔试成绩相结合的做法，总成绩计算方法明确写入课程教学大纲。

东北大学：推出"树梁计划"提高本科人才培养质量。"树梁计划"通过凝练本科人才培养的新理念、新目标和新模式，不断提高本科人才培养的质量和水平，实现东北大学本科人才培养目标。

完善"拔尖创新型"人才培养模式。举办"郎世俊自动化实验班"，采用项目驱动、能力导向的教学方法，以专业基础、设计能力、国际交流为培养主线，改革教学内容、课程体系和实践环节，通过通识课程、专业基础课程、专业核心课程、英语授课、专题设计、综合设计、创新试验、科研训练、工程实践等环节，激发学生的探求欲望，挖掘学生的创新潜质，培养具有国际化视野和创新实践能力的高素质拔尖创新人才。

完善"应用卓越型"人才培养模式。一方面，积极与国外著名大学和研究机构合作办学，或开展交换培养；另一方面，在宝钢、首钢、济钢、鞍钢等多家国内大型企业建立了实践基地和学生课外活动基地，并采取了"4+1""2+2"等多种培养模式培养人才。同时，在首钢设立"首钢就业人才奖"；提出与济钢联合探索"4+1"复合型人才培养模式；根据东软集团发展的需要，推出"2+2""3+1"软件加强班等多种软件人才培养模式。

完善"交叉复合型"人才培养模式。以学分制人才培养模式改革为依托，通过开放跨专业选课，鼓励学生修读跨学科课程。设立跨学科联合培养实验班，支持有条件的学院率先试点，在总结经验的基础上，逐步推行"主专业 $n+$ 辅专业 x"多元化、交叉复合培养。试行在导师指导下的选课制，实现专业间不同课程群一定量的学分互认。

完善"协同创新型"人才培养模式。与中国科学院沈阳分院在原来的校院合作基础上续签合作协议，进行更广泛、更深层次的合作，让中国科学院沈阳分院的教授、院士们直接参与东北大学的学生培养。与中国科学院金属研究所合作共办材料科学与工程领域"本硕博贯通英才"实验班，每年从本校材料科学与工程等相关学科的本科生中选拔20人进行联合培养。该实验班充分发挥了东北大学在基础教学和优质生源方面的优势，充分利用了金属所在专业课程教学和科学研究实践环节的优越条件，探索校所结合、科教结合、培养具有专业特色英才的新模式和新机制。

西北工业大学：坚持以学生为根、以育人为本、以学者为要、以学术为魂、以责任为重的办学理念，着力培养基础扎实、专业能力强、有社会责任感和国际视野、德智体美劳全面发展的高素质拔尖创新人才。近年来，学校积极推动教学模式改革，逐渐形成了以本科生翱翔英才计划"追梦班"等为特色的拔尖领军人才培养体系。

翱翔英才计划"追梦班"以年度为单位在全校本科生中选拔60名左右优秀本科生参与翱翔英才计划全过程培养。学校聘任有丰富教育教学、学生工作经验的优秀教师担任班级班主任，负责"追梦班"各项日常工作的开展。学校聘任在国际交流、国学研究、科技创新等方面取得突出成绩的教师、企业家、文学家、政府官员、科技工作者等担任班级特聘教师，开展日常特色教育活动。学校鼓励符合选拔条件的优秀本科生积极申报，优秀本科生的选拔采用个人自由申报、学院排序推荐、学校集中面试的方式进行。

翱翔英才计划"追梦班"的培养周期为一年制，学员必须按照规定修满一年制的所有规定培养计划方可按期毕业，班级成员应严格遵守《"追梦班"管理规定》，实行淘汰制。培训周期为一学年（2个学期），第一学期为3—6月，第二学期为9—12月，每月2次，包括素质拓展、报告会、讲座等（不包括寒暑期社会实践）。培训内容分为综合素养提升和国际化能力培养两大板块，内容涉及国学、社科、实践、外语等多个方面，既纵观古今思想智慧，又囊括中外人文情怀，让学员能够品味人文智慧，开拓国际视野。翱翔英才计划"追梦班"每学年班级所有学员均有机会赴国内外知名学校、"卓越"联盟高校及知名企事业单位进行寒暑假社会实践交流。每学年班级学员均有机会赴国内知名企业、政府机关进行寒暑期实习。

华东师范大学：秉承"智慧的创获，品性的陶熔，民族和社会的发展"的大学理想，恪守"求实创造，为人师表"的校训精神，全面深入贯彻党的教育方针和各项决策部署，落实立德树人根本任务，为党育人、为国育才。为激发学生的向学之心、为有志于学术研究的学生提供更适宜的平台，学校于1994年起开始在地理、中文、历史、心理、数学和物理专业实施基地班，2011年开始实施"拔尖创新人才培养计划"，2015年起，学校与中国科学院相关院所开展合作，联合举办"菁英班"，在物理、化学、生物科学、微电子科学与工程4个专业开展理科精英人才的培养探索，已初步形成拔尖创新人才培养经验。

2019年，学校以世界一流大学建设为目标，拓围增量，深化拔尖创新人才培养工作，在汉语言文学、历史学、地理科学、数学与应用数学、心理学、物理学、生物科学、化学、微电子科学与工程、经济学等10个专业开设拔尖人才培养项目，致力于培养一批具有深厚爱国情怀、宽广国际视野和远大学术理想的未来科学家或思想家。拔尖创新人才培养计划给学生提供的学习机会体现在：一是高水平课程，拔尖学生可修读跨学科课程、暑期高水平课程、荣誉课程、本硕一体化课程，近距离接触高、尖、深知识与学术大师。二是大师引领，院系安排院士、长江学者、杰青、优青等人才计划获得者担任导师，在导师引导下更好地开展生涯规划和学业规划。三是科研训练，院系提供更多参与科学研究的机会。本科教学实验室、导师的科研实验室及中国科学院等合作单位的实验室均面向学生开放，院系利用暑期短学期开设科研训练课程或项目。四是国际交流，学校现有的国际交流项目面向拔尖生完全开放，同时，还有定制项目、院系合作项目、国际会议等途径，加大对拔尖学生国际交流的支持。五是个性化培养方案，学生可根据跨学科或个性化培养的需要申请定制个性化培养方案，鼓励学生选择交叉学科培养、修读更具挑战度的课程。

中国农业大学：坚持"德才兼备、全面发展、通专平衡、追求卓越"的人才培养理念，培养德智体美劳全面发展，具有宽厚的人文与自然科学基础、扎实的专业知识与实践技能、富有创新精神与能力的拔尖创新人才和行业领军人才。学校十分重视学生综合素质的培养，积极开展第二课堂教育活动，校园文化生活丰富多彩。以培养"知农爱农、强农兴农"人才为目标，团结凝聚广大青年学生，坚持思想性、知识性、艺术性、多样性相统一的原则，积极开展方向正确、健康向上、农大特征、青年特色、格调高雅、形式多样的社团活动，丰富课余生活，繁荣校园文化。

学校现有学生社团包含思想政治类、志愿公益类、学术科技类、文化体育类、创新创业类等多种类型。学校加强对社团活动的教育引导，积极引导学生社团活动纳入学校"三全育人"工作格局，鼓励社团开展具有农大特色、青年特征、主题鲜明、健康有益、服务学生成长成才的品牌活动。学校对配强学生社团指导教师、明确业务指导单位做了进一步规定。建立学生社团指导教师选聘机制，注重发挥学院依托作用，按照个人申请、组织推荐、双向选择的原则建立指导教师库，学校在教师库内选聘指导教师。学校加强对学生社团指导教师评价考核与激励，对学生社团指导教师进行工作量认定、职称晋升条件认定，并将其指导学生社团情况纳入教师思想政治工作和师德师风表现中。学生社团业务指导单位承担学生社团健康发展的主体责任，担负对所负责学生社团日常活动的监督指导和社团成员的教育管理职责，负责指导教师工作情况评价认定等。学校鼓励学生社团健康有序发展，在经费、场地、设备、条件、制度等方面给予保障。学校建立健全学生社团评价考核和评比表彰制度，对工作出色、成绩显著的学生社团、社团负责人及指导教师予以表彰，树立学生社团发挥育人功能的政治导向，指导、支持和鼓励学生社团健康发展。

中国传媒大学：坚持立德树人、科学定位、内涵发展、特色办学，以管理质量、教育质量、工程质量"三质量"提升为统领，实施一流生源、一流师资、一流课程、一流教材、一流毕业生教育质量"五个一工程"，聚焦马克思主义铸魂、爱国情怀强基、人文素养修身、国际视野拓界、特色项目托举、未来媒体创新"六个维度"，传承弘扬"忠诚、自信、包容、竞先"的学校文化基因，全面提升办学水平。

扭住"五个一"工程总抓手，打造一流本科教育。牢牢抓住提高人才培养能力这个核心点，启动"一流生源、一流师资、一流课程、一流教材、一流毕业生"建设工程。改进招考方式，改革重"中段"、忽略"上段"的选拔弊病，推动一流生源遴选。实施名师培育工程，以精品课程、优质示范课程、双语课程等塑造一流师资，打造"院级—校级—市级—国家级"四级教学名师梯队。实施"名课计划"，引入智慧教学工具，推进混合式教学改革，淘汰"水课"、打造一流"金课"。出台精品教材建设项目实施办法，完善一流教材建设机制。实施拔尖人才培养计划，培养一流毕业生。聚焦"六个维度"着力点，培养卓越新闻传播人才。一用马克思主义铸魂，率先构建"实践中的马克思主义新闻观"教学体系，将专业教育与思政教育有机融合。二用爱国情怀强基，赴延安、阿坝等地开展国情教育，创建百家"网上爱国主义教育基地"，培养学生爱国情怀。

三用人文素养修身，建设阳明书院，引导学生从中华优秀传统文化中汲取养分，提升传媒教育厚度。四用国际视野拓界，建设"全媒体+国际+多语种"课程体系，拓宽学生国际视野，拓展传媒教育广度。五用特色项目托举，依托北京文化公益短视频、服务视障人士释读电影的"光明影院"等项目，强化学生使命教育。六用未来媒体创新，建设"智能融媒体重点实验室"，全面布局智能传媒教育，积极应对全媒体时代新挑战。

中央美术学院：致力于建设造型、设计、建筑、人文等学科群相互支撑、相互影响的现代形态美术教育学科结构，在构建 21 世纪中国特色的美术教育体系中发挥引领作用。学校素来以为国家培养文化艺术领域高端人才为己任，始终着重培养学生的创新创业意识，无论是扎实的人才培养、丰富多样的社会实践活动，还是就业指导中开展的创新创业教育实践，都明确指向了"以学生创造力的培养为重点"的大方向。

2014 年，学校确立了打造"央美创客"品牌的决定。"有梦想、有激情、有知识、有创意"是央美创客的"四有"特质，与此同时，央美创客以"尽精微、致广大"的校训精神作为指引，以"创新创意"为内核，其中"创客"一词来源于英文单词"maker"，指出于兴趣爱好努力把各种创意转变为现实的人。创客的共同特征是创新、实践与分享，他们是这个时代的创意者、设计者和实施者，这与中央美术学院的创业者的核心精神高度契合。目前"央美创客"的创新创业方向集中于产品设计、服装首饰设计、平面形象设计、艺术教育、电子商务等领域，创业项目倾向于通过创新创意解决社会生活中的问题、用艺术的手法提升生活质量，推动文化艺术产业的发展。"央美创客"联动线上与线下，在线上搭建对外宣传与沟通的微信平台、微博等新媒体平台，在线下以孵化园为纽带，为每一位"央美创客"倾力构筑多维网络体系，从创客故事的挖掘与分享，创新创意产品的发布与展示，到创业项目的孵化与指导，创新创意思维的培训与提高。"央美创客"这一品牌，正逐步成为中央美术学院最具活力的标签。

中央戏剧学院：坚持现实主义美学原则，继承中华民族美学传统，博采众长、厚基础、重实践，秉承"求真、创造、至美"的校训，致力于为国家乃至世界培养戏剧影视艺术精英人才。"教学实习一体化"是学校经过多年探索而建立起来的科学的实践教学体系，即把专业教学和专业实践、实习融为一体，让各个专业的学生在掌握一定的基础理论和基本技能之后，形成一个团队，各自发挥自己的专业才能，协同完成实践任务，以实现专业教学与实践的有机结合，实现理论与实践的有效统一。

学校专业教学和专业实践、实习融为一体，"厚基础、重实践"始终是学校开展专业教学的重要原则。学校在实践教学的过程中始终坚持"重视基本理论与基本技能的培养，在实践教学中实现理论与实践的有效结合"的理念，严格遵循各专业教学的教学规律和艺术创作规律，采用"理论先行，启发诱导，层层深入，指导实践"的教学方法。通过认真、扎实的基本知识、基本理论的讲解，使学生了解、掌握实践教学的目的、要求和基本理论知识，然后由教师进行启发诱导，层层深入带领学生学习、掌握各种专业要领和专业技能。最后在教师的指导下进行艺术创作及实践，即根据剧本、剧情、人物、场景的需要塑造角色、设计舞台、设计造型，进而创作出鲜明、生动并具个性特色的艺术作品。"教学实习一体化"这一人才培养体系大大增强了学校实践教学的综合性，进一步增强了各个专业学生之间的相互协作，提高了学校实践教学的质量和效果，同时也为学生创造能力、实践能力的培养和提升提供了更为广阔的舞台。目前，学校每年要安排20余台200余场次的教学实习演出，有700多名学生参与到实践中，增长了学生们的实际工作能力，充分体现出教学实习一体化的重要意义。

中央音乐学院： 实施"拔尖创新人才培养计划"（Best of the Best，简称"BOB计划"）。"拔尖创新人才培养计划"选拔对象是中央音乐学院钢琴系、管弦系、民乐系、声乐歌剧系、指挥系本科1～3年级在校生。每年11月，选拔对象范围内学生自愿报名参评，经"拔尖创新人才"评审委员会评审，经评审通过的学生，与学院签订培养协议，进入中央音乐学院"拔尖创新人才培养计划"，同时向入选学生颁发《中央音乐学院"拔尖创新人才"入选证书》，向学生导师颁发《中央音乐学院"拔尖创新人才"入选导师证书》。

学校对入选"BOB计划"的学生实行特殊培养方案，实施学分管理。①教学方案中规定的必修课程，须按照教学计划完成。②教学方案中规定的选修课程学分，三分之一须通过正常选修课程考试获得，另外三分之二的学分可以通过参加国内外比赛（一次4学分）、开个人专场音乐会（一场3学分）、国外学习（一次3学分）、录制CD、DVD专辑（一张6学分）、赴国外大师班学习（一次3学分）等活动换算获得。③学生必须参加所有修读课程的期中和期末考试（包括主科），考试通过即获学分，不能以个人专场音乐会替代主科期末考试。④取消常规艺术实践要求。演奏（唱）专业学生规定时间内（年度考核前一年内）须举办不少于2场个人独奏（唱）音乐会（不得以重奏代替），且每场曲目不得重复，个人独奏（唱）音乐会每场曲目时间不少于60分钟；指挥专业学生规定时间内（年度考核前一年内）须举办不少于1场音乐会，且每年曲目不得重复，每场曲目时长不少于60分钟。进入计划者须于每年12月10日前将所有音乐会成果（实况DVD录像）上报主管部门，逾期不报或未达到要求者，取消"BOB计划"资格，取消资格者不得再次申报本计划，同时，其导师后2个年度内不能担任新入选学生的导师。⑤鼓励学生在校外举行音乐会。⑥入选者毕业学期的结项个人专场音乐会（1场）必须于结项考核前完成，原则上在校内举行。⑦学生在院外就学所获得的学分（国内专业音乐学院仅限上海音乐学院，普通大学仅限211院校，国外仅限与中央音乐学院水平相当的大学），凭校方出具的正式成绩单，经认定，可以累积到本人的学分总量中。⑧学生导师应与学生共同商议制订学习计划，并督导学生按计划实施。

北京体育大学：树立人才培养的中心地位，坚持立德树人的根本任务，以响应国家体育发展战略需求为导向，坚持世界眼光、国际标准、中国特色、高点定位，坚持教育、训练、科研"三结合"办学模式和办学特色，以"奥林匹克与健康中国学科群"的一流学科建设为主线，坚持"面向奥林匹克、面向健康中国、面向学科前沿"3个面向，不断推进人才培养高端化、贯通化、国际化和协同化，深入构建与综合性、高水平、有特色的世界一流体育大学建设目标相一致的本科人才培养体系。

集聚体育特色，构建多元培养模式。学校不断创新人才培养模式，依托"通识－专业－实践"培养平台体系，有效对接体育领域学科前沿和社会发展需求，促进体育与教育、医疗、管理、传媒等交叉协作领域人才培养的深度探索，形成体育类专业"体育＋"、非体育类专业"＋体育"的培养模式。基于培养进程安排，以专业内或跨专业遴选、单独建班的形式，灵活设置多元化的"1+3""2+2"实验班（方向班、辅修班等）复合培养通道，实现人才的专门化、精细化培养。同时，针对冬季项目和三大球等具体运动项目，依托运动训练专业和相关实验班深化改革"三员"（运动员、教练员、裁判员）人才培养模式，有效衔接国家青训体系，形成从基础教育、中等教育到高等教育的贯通制、协同制优秀运动员培养体系，培养优秀竞技体育人才；同时在借鉴研究生冠军班办学经验的基础上，以覆盖更广泛的赛事类型和更多样的运动项目为改革思路，持续推进本科生冠军班建设，积极探索本科生和研究生冠军班的贯通化培养；持续推进残奥冠军班建设，进一步探索并完善残疾人优秀运动员人才培养模式。

学校以专业培养和课程建设国际化为基础，依托海外校区建设，大力推进本科生海外交流项目，探索体育特色人才国际联合培养模式，逐步探索建设立足本土文化、对话外来文化、彰显体育特色的国际化教育教学文化，学校本科生国际化培养取得了跨越式的发展。

北京理工大学：重构人才培养体系，在2018级本科生中全面实行书院制。实施书院制重点开展以培养学生"品德、品质、品格"的博雅教育和大类与专业一体的通识教育。强化培养，精准育人，打造"家"社区、营造"家"文化，通过导师制、朋辈教育，实现学生的个性化、定制化培养，最大限度发掘学生的具体特质、潜力，使学生具备高素质、宽视野、强潜力、大胸怀的优良品质。通识与博雅相结合，培养学生探究真理的科学精神和学生崇尚尊重、真诚、包容、奉献的人文情怀及对真善美的追求等综合素质。将综合素质教育的理念贯穿于人才培养改革之中，培养学生对专业的理性分析，引导学生正确思考未来、规划人生，最大限度规避专业确认时的风险点。回归教育本质，充分尊重学生的专业选择权和学习自主权，使学生对专业有一定了解后再根据兴趣与学科选择专业；充分激发教师对教育的热爱，让最优秀的教师走上讲台、走进课堂，讲好课程，教好学生。

学校实施基础学科拔尖创新人才选拔培养计划（以下简称"强基计划"），"强基计划"聚焦高端芯片与软件、智能科技、新材料、先进制造和国家安全等关键领域，突出基础学科的支撑引领作用，选拔一批"有志向、有兴趣、有天赋的青年学生"进行专门培养。学校将集中优质办学资源，面向"强基计划"学生构建"价值塑造、知识养成、实践能力"三位一体的培养模式。在读期间，注重强化数理基础，注重交叉融合，实行导师制、精英化、小班制和科教协同育人的"一生一案"培养。针对"强基计划"学生建立本—硕—博衔接的培养模式，硕博阶段既可在本学科深造，也可以学科交叉培养。本科期间实施科学化、多阶段的动态分流和补入机制。学校为每位"强基计划"学生提供科创活动及实践专项经费支持，激发创新能力；开辟多样化国际交流通道，进行国际联合培养；建立各类奖学金等激励机制。

湖南大学：岳麓书院自2009年招收历史专业本科生之初就建立起独具特色的本科生导师制，为每一位本科同学配备了学业导师和生活导师。以"双导师"制为核心，目前已形成包括学业导师、生活导师、班导师、学术兴趣导师在内的"四位一体"的本科生人才培养模式，覆盖岳麓书院本科生学习的全过程，为学生成人成才提供了良好的制度支撑。学业导师制由教师担任,全面负责学生的成长辅导,既包括思想道德的培养,又包括学业的指导,这是岳麓书院本科生导师制的主体,是对古代书院教育重视人格培养、品德修养的教育理念的直接继承;生活导师制由书院品学兼优的博士、硕士生担任,定期与所指导的本科生进行学习、生活交流,这是对古代书院"学长制"的借鉴;班导师制由书院选择教师担任,负责一个班级的学习、生活等方面的指导工作;四是学术兴趣小组导师制,根据学生学术兴趣配备专业导师,引导学生拓展学术视野、了解学术前沿、提高学术研究水平。

学校开设文理科试验班。坚持立德树人,创新人才培养模式,强化家国情怀、价值塑造、使命引领,培养志存高远、思想活跃、视野开阔,具有国际竞争力的高素质新时代拔尖创新人才,为造就未来思想大家、学术大家、科学家或业界领军人才奠定坚实基础。试验班特色体现在:一是自主选择专业。学生可自主选择符合招生专业类别的所有专业。二是全程导师制。为每名学生选聘一位责任心强、学术造诣深厚且具有国际视野的杰出学者为学业导师,选择专业后增配一位专业导师。三是本硕博贯通培养。允许跨阶段修读研究生课程,所修课程成绩合格,可认定为硕博阶段的成绩与学分。达到学校推免基本条件的试验班学生,可进入硕士阶段或直博学习,研究生推免不受指标限制。四是出国(境)交流。支持学生开展出国(境)交流学习一次,学费、交通费由学校支持,为学生了解世界学术研究最前沿、融入国际一流学术群体创造条件。五是丰厚的奖学金。各类学生评奖评优指标单列,根据学习情况从优评选,不受指标限制。六是顶尖的师资队伍。聘请高水平教师为试验班授课。

兰州大学:萃英学院成立于2010年,专门负责实施国家"基础学科拔尖学生培养试验计划"。学院依托学校基础学科优势,致力于建立拔尖人才重点培养机制,吸引最优秀的学生投身基础科学研究,努力使进入计划的学生成长为未来基础学科领域的国际领军人才。学院每年在数学、物理学、化学、生物学、人文(文史哲)等学科方向选拔5个"萃英班",每班20人左右,与相关学院共同完成培养任务。本科毕业后,以赴国际一流大学或研究机构继续攻读研究生为目标。

萃英学院实施"十化"人才培养理念,即学术精神质疑化、学术氛围宽松化、学术环境国际化、授课教师高端化、学期课堂小型化、授课形式互动化、学习经历多元化、能力培养实践化、素质教育通识化、学生管理动态化。学院招生选拔更加注重志向、兴趣和能力,培养过程更加注重通识教育和国际化,努力为学生科研生涯的长远发展奠定坚实基础。学院实行导师制,学生入院即进入导师团队,参与科研实践,并可申请"萃英创新基金"、开展科研探索;学院以小班教学为主要授课方式,鼓励学生质疑,强调师生互动;学院尊重学生的个性发展,在课程设置中努力扩大学生自主选择的空间,包容学生的多元志趣;学院重视国际交流,设有"萃英海外交流奖学金",资助学生到国际一流大学或科研机构进行交流学习。根据导师制、小班化、个性化和国际化培养("一制三化")的要求设计培养方案,按照国际通行的三学期制安排教学。

为营造浓厚的校园学术文化氛围,形成高素质创新型人才培养的优良学术环境,学校于2011年设立了"萃英大讲坛",以搭建校内外学术、文化交流的重要平台,引领学生追求真知、崇尚学术、探索创新。目前已举办了多场报告会,邀请到一批海内外的名师、专家做客大讲坛。学校还在新生中开设以小型研讨课为特色的"兰大导读"课程,吸引学生参与知识探索,在学生学术生涯的早期发展他们的学术兴趣,让学生接受特定学科研究方法的训练,使教学与研究得到有效的统一。

三、中外高校大学生社会能力提升比较启示

在对中外高校关于大学生能力素质特别是社会能力的培养提升方面的好的理念、思想和制度、做法等的比较分析中,给我国高等教育的启示是:我们既要学习借鉴世界上的先进教育模式,积极吸收先进教育的实践经验,又要瞄准现代教育发展趋势,积极参与国际教育交流与合作,吸纳一切优秀国际教育成果,并结合我国高等教育实际进行本土化的改造,将其转化为提升我国高校办学水平的着力点和生长点。当前,我国的高等教育既有成功之处,也有不足与短板。我们的"教"可圈可点,我们的"育"还需要健全完善。

(一)强调主动学习

全面改革教学方式,教学的各个环节中需要深入系统地贯穿创新的理念和创新意识,将"满堂灌"的教学方式进行变革,综合采用新的教学方式。课堂和活动中,教师应多引导学生自由发表自己的观点,进行讨论,教师根据讨论的情况进行相应的指导。教师指导与学生自学相结合的教育方式有其自身的优势,学生发现、分析、解决问题的能力会得到培养,学生的学习主动性能被充分地调动起来。加强和引导学生主动学习这一点,在我国的一些高校选拔组建

的优秀学生"实验班""精英班"中落实实践得比较好。

（二）强调主动实践

我们国家的大学生并不缺少实践的环节，但实践大多是被动的，因为老师已经把实践的目标、对象、方法等安排好了。主动实践就不一样，它是指一个个体或群体积极主动地去钻研某个事物。为了达到某个目标，他们可能尝试用不同的方法、程序，也可能会走一些弯路，而且在这个过程中，学生的质疑能力、观察能力、合作能力、组织能力甚至领导能力等也会得到有益的锻炼。目前，随着我国高等教育改革的不断深化和推进，各高校已经充分认识到了加强大学生社会实践、增强大学生实践能力培养的重要性和必要性。我国各高校应积极组织开展大学生社会实践活动，为学生开展社会实践活动创建条件和搭建平台，鼓励学生走向社会，多参与社会实践活动，增强社会认知，不断提升社会能力。

（三）全面实施学分制

现阶段，在国外高校学分制是普遍采取的教学制度。在校期间，学生应该修得的最低学分被学校明确地规定下来，但是没有明确地规定学生的学年和学制，所以在校期间学生具有的选择空间非常大。除此之外，每个学生的学分在不同的高校具有的权限是相同的。另外，一些学生想要进行自主创业，学校会根据学生的具体情况将其学分进行保留。这一点，值得我国高校学习借鉴。全面实施学分制，应是目前我国高等教育改革的一个重点目标和方向。虽然我国许多高校也在尝试全面实施学分制，但从目前实际效果来看，普遍是在一些"实验班""精英班"中实施的力度比较大，效果比较好。目前，我国一些高校中还存在着虽在实施所谓的学分制，并没有实质性的举动。全面实施学分制，目前我国高校还有一定的差距，还需要不断努力。

（四）加强师资队伍建设

国外大学十分关注师资力量建设。他们一方面在全球范围内聘请知名的专家学者任教；另一方面，鼓励本校教师成为国际教授。对于一年级的新生，国外一些高校会坚持让知名学者、一流教授给学生上课，他们的目的是使学生在进校时就可以与大师巨匠实现零距离的沟通交流。在一流师资培养方面，我们国家要加强高等教育、提升人才培养质量还有不少的差距需要弥补和追赶超越。我们国家"985""211""双一流"高校的师资队伍建设相对要好一些，而在一些普通本科高校，由于近年来的高等教育不断扩招，师资缺乏和师资培训提高力度跟不上，导致师资队伍建设和能力水平相对薄弱，而这些普通本科高校在我国高校队伍中占比较大，对我国高等教育质量的提升具有基础性的影响。加强普通本科高校的师资队伍建设，应是当前我国高等教育改革的又一重要任务和目标。当然，我国普通高校自身也要积极采取如参与项目研究、人才培养计划、国外访学、学历深造、实训基地实践、企业挂职锻炼等多种途径增强师资队伍素质能力提升。

（五）强调多学科交叉

多学科的学生在一起学习、实践，不同的思想可以互相碰撞，大家可以互相学习，共同提高。积极加强跨学科教育和综合化课程教学改革的推行。随着当今学科的发展，人才培养的有效途径是实现跨学科教育和综合化课程教学改革适应现实的需要。学科之间随着科学技术的发展，出现越来越明显的交叉渗透现象。这一点，目前在我国高校的一些"实验班""精英班"中实践得比较好，这些班在学员选拔初期就注重学生来源的多学科性，在培养中能充分体现多学科学生在一起学习交流，加强学科交叉培养。在强调多学科交叉培养方面，高校学生社团是一个很好的实践团体。高校学生社团成员因共同的兴趣爱好而集合在一起，组建成一个共同团体，团体成员多来自不同的学科和专业，大家在一起共同探讨研究同一问题，可以充分体现多学科、多角度、全方位的优势。从这一点，我国各高校均应充分认识加强学生社团建设的重要性和必要性，要从人力、物力、条件保障、激励机制等方面给予大力支持和帮助。

（六）加强与业界和社会的联系

大学阶段的学习主要是储备知识和提升能力素质特别是社会能力，为今后进入社会、适应社会打下基础。但是从大学课本上学到的知识与业界、社会当前所用到的知识相比是滞后的，这也造成学生学成毕业后进入社会，其所学知识中的一部分已经落后于业界或社会的需求。为了尽量缩短这样的滞后期，高校在人才培养过程中应加强学生与业界和社会的广泛联系和接触，这是目前我国各高校在人才培养方面均应重视和关注的。例如，组织开展业界人士进校讲学、做报告，组织学生到企业实习实训，组织学生社会调查、社会实践，组织学生就业见习等活动。

（七）加强国际合作与交流

我国高校应与国外教育和研究机构积极开展高水平的合作办学，以使高校综合课程的国际化程度得到加强。对国际优质教育资源进行积极开发和利用，与国际著名的大学进行实质性的合作，将世界一流大学的办学理念、管理经验、教学内容方法、人才培养模式、学生课外活动组织等吸收到国内。努力创建国际化创新培养平台,将学生的国际视野和师资对外交流渠道拓宽。

第五节 高校校园集体活动特征及组织原则

校园集体活动在高校校园文化建设、人才培养、大学生综合能力素质特别是社会能力培养提升方面具有重要的作用和意义。新形势下,高校组织开展校园集体活动应该说是机遇与挑战同在,会不断面临新情况、新问题。高校各级组织需要以与时俱进的思想,把握规律,总结经验,积极加强工作实效性研究,想方设法做好校园集体活动组织开展工作,使其真正在大学生社会能力提升中发挥应有的作用。

一、校园集体活动特征

（一）实践性

校园集体活动是高校师生共同参与的教育实践活动,实践性是其本质属性。我国各地高校实践育人的教育实践也充分证明,大学生只有在实践中才能了解社会,融入社会,增强服务国家、服务人民的社会责任感;只有在实践中才能巩固、检验、掌握所学理论知识,并将知识转化为能力,同样,也只有在实践中才能增强和提升社会能力;只有在实践中才能面对各种困难,积极运用所学理论知识,增强解决实际问题的能力。而参加校园集体活动是将知识转化为能力、精神、品格的根本途径之一,是大学生参与实践、增强集体观念、提升能力素质、促进成长成才的最好途径。

（二）主动性

校园集体活动以促进大学生全面发展和自我价值实现为出发点和落脚点。高校校园集体活动的组织和开展,在活动中最核心的理念是重视大学生的自主参与、自我教育、自我发展。校园集体活动以参与其中的教师为指导,以参与和组织其中的学生为主导。校园集体活动尊重大学生的主体地位,活动的组织从大学生的现实、成长和发展的基础上,激发大学生的主体发展性,调动大学生参与校园集体活动的积极性。校园集体活动的组织、设计和策划等能充分发挥大学生主体的主观能动性和创造性。校园集体活动能使组织和参与其中的大学生自觉地将活动所体现的价值思想、集体观念、社会规范、要求标准内化为自身的成长需要、发展需要,从而在内心和行动上获得一种提升境界、完善品格、增强能力特别是社会能力的自动力。

（三）整合性

校园集体活动不但是以实践为途径、以培养实践能力为目的，而且指向人的全面发展的育人理念、育人模式和育人实践的整体，涉及课堂内外、校园内外多种因素。校园集体活动最终效果依赖于组成实践育人系统的各个要素有效作用的发挥情况及它们的合力。因此，在高校校园集体活动的组织中，为了达到育人目标，提高育人效果，作为实践育人的实施主体，高校应积极采取各种措施和方法，使各方面的力量和资源得到合理整合与优化，使各相关要素达到最佳状态，发挥校园集体活动的最大育人效能。例如，高校应积极解决好校园集体活动中的人力资源问题，积极配备对指导学生活动有一定的兴趣和研究，并具有一定的指导能力和水平的教师担任校园集体活动指导教师；在经费、设施设备方面给予校园集体活动组织开展充分的保障；校园集体活动的开展还需高校各相关部门如教务处、学工部、团委、各二级学院、后勤服务中心等部门的合力协作与支持帮助。

（四）开放性

校园集体活动实现了从封闭教育向开放教育转变，在顶层设计上兼顾了理论教育与实践教育、校内实践和校外实践的有机结合，在形式上，实现了教育时间、教育空间、教育内容、师生关系的全方位开放。校园集体活动在教育时间上实现了从课内向课外的延伸，在教育空间上实现了从校内向校外的拓展，在师生关系上超越了单向的教与学关系，实现了师生共同参与、相互学习、相互促进的关系。在这种开放教育体系的培养下，大学生运用知识解决实际问题的能力、适应社会协作的能力等将得到增强和提升。校园集体活动的开放性这一特点，要求高校在组织开展校园集体活动时还要积极取得社会的大力支持，如大学生暑期社会实践、教学参观、实习见习、研学等活动，就需要政府、社会、企业、实习单位等的协作支持。

二、校园集体活动组织原则

关于对高校校园集体活动的组织认识、组织原则理论研究，俄罗斯学者提出的"群体"理论观点、群体工作任务和集体活动的五项原则等方面的研究认识和见解，能进一步加强我们对校园集体活动组织原则的充分认识和理解应用。阿斯佩（E. Asp）将"群体"定义为：由相互联系的人组成的系统，这些人之间由于某种共同的行动而产生了一种团结和相互联系的关系。卡拉安塔耶娃（E. V. Korotaeva）指出，群体工作时将执行三项任务：一是与特定的学习情境直接相关的教育认知性任务；二是在发展群体内外的交际技能的具体交际发展性任务；三是为了个人在社会中充分社会化所需个人公民素质的社会导向性任务。索尔瓦切娃（G. V. Sorvacheva）在研究中强调了集体活动的五项原则：一是目的性原则，任何集体活动的组织开展都应制定明确的、经过深思熟虑的目标；二是广泛性原则，在思想教育、教学、文化、体育、服务等方面均能组织开展各种类型和形式的集体活动；三是社会化原则，学生在集体活动中执行各类任务并扮演各类角色，个性的社会化在集体活动中就会更加有效展示和体现；四是发展性原则，集体活动随着组织的有效性不断提升，可以从基本规范活动进展到积极独立活动，之后可以过渡到创造性的活动；五是最佳选择原则，从影响集体活动效果的各种因素出发，集体活动的组织类型和组织形式具有最佳选择性。集体活动在规划和组织过程中，要考虑到团队的发展水平、学生所掌握的组织集体活动的能力水平、学生的年龄和个性特点、学生的需求和个体所具有的实际能力素质、教师自身作为集体活动的组织者和领导者所具备的能力、必要的集体活动物质条件提供保障等因素。

（一）赢得支持原则

校园集体活动的组织开展只有紧密围绕高校中心工作和教学主旋律，紧密围绕实践育人、大学生成长成才这一根本需要，同时要得到学校各有关部门和社会各界的大力支持与帮助，才能顺利开展并达到活动预期的效果。在实践探索中,高校校园集体活动的组织和开展要积极本着学校和社会各方面力量关心、学生们喜爱并欢迎这一原则,工作内容和形式等方面也都要紧紧围绕这一原则。在校园集体活动组织开展中专业教师亲临指导，教授、博士担任活动评委，有关专家与社会知名人士现场点评，将大大提高活动的质量与效果，这些支持也大大促进高校校园集体活动的有效组织和开展。

（二）富于创新原则

当前，组织好校园集体活动必须要具备创新的思维与创新的精神，"与时俱进"这四个字对于组织开展校园集体活动而言更显重要与必要。因为高校校园集体活动面对的对象是思维活跃、喜好求新求变的青年大学生，活动要对他们有吸引力，有教育培养作用，引导他们成长成才，那就要做到了解、掌握青年大学生的所想所思所需,活动贴近学生,和学生的喜好同频共振,用生动活泼、富于创意的活动形式与方式去吸引学生参加。例如,在网络境域下,校园集体活动组织上采取的短信、网络投票、线上线下互动等形式,就受到了学生们的欢迎。校园集体活动要想广受青年大学生欢迎,就要做到每次活动有创新、有新意、有亮点。

(三)宣传先行原则

宣传先行是高校组织开展校园集体活动的一个重要原则,因为校园集体活动的组织开展目的在于教育、引导、感染和带领师生参与,广泛宣传有利于营造教育引导的良好氛围。研究者所在的渭南师范学院每年均组织全校性校园集体活动不下60项,对每项活动均能积极做好前期宣传和筹备工作。例如,校园歌手大赛前用宣传页在校园内广泛张贴,宣传参赛的每一位选手;扶贫济困捐助活动前广泛宣传活动的意义与重要作用;每届校园文化艺术节、大学生科技节期间,大力宣传活动内容及有关规则要求;交响音乐会前大力宣传交响音乐知识等。宣传为组织开展校园集体活动提供必要的思想保证与舆论准备。

(四)精品精制原则

校园集体活动要加强品牌化建设、社会化运作。例如,渭南师范学院已将校园文化艺术节、大学生科技节等作为一个品牌予以策划、精心包装、全力打造。如今,校园文化艺术节、大学生科技节已有其规范性的标徽,有其标本式的策划书版本,有其标本式的赞助策划方案等。并多次得到众多企业的赞助与支持,也引起了社会媒体的广泛关注。校园文化艺术节、大学生科技节作为学校的品牌性校园文化活动,已在校园内产生了广泛的影响,赢得了一定的声誉。高校校园集体活动的组织开展要做到思想性与艺术性相结合、传统性与时代性相结合、特长性与群众性相结合、娱乐性与学术性相结合。

三、校园集体活动类型及组织模式

校园集体活动的特点表现为实践性、主动性、整合性和开放性。每一项校园集体活动的组织与开展都要以促进学生增强思想意识和提升能力素质为目的,否则校园集体活动就失去了它的价值和作用。校园集体活动的组织与开展,要坚持以学生为主体的原则,在活动的设计组织与开展参与中要充分发挥和调动学生的积极性、主动性和创造性。学生可以根据自己的兴趣和爱好,选择参与校园集体活动,这一特性对校园集体活动的质量、作用和意义提出了更高的要求。

大学生活丰富多彩，大学生喜欢求新求变，这就要求高校校园集体活动的开展要内容丰富、形式多样，深受学生喜爱，吸引学生参与。

校园集体活动的类型一般可概括分为4类：第一类为课外学习活动，如读书活动、报告会、技能培训等。第二类为文体艺术活动，如文化艺术节、专业汇报、体育比赛等。第三类为科技创新活动，如科技节、专业竞赛、创新创业大赛等。第四类为志愿服务活动，如社会服务、志愿帮扶、公益活动等。

校园集体活动的模式一般表现为6种：一是日常活动型，如组织生活、班团会、讨论会等。二是青春浪漫型，如中秋之夜、元旦联欢会、生日Party等。三是文明公益型，如服务社区、义务支教、募捐救灾等。四是兴趣组合型，如科技小组、外语交流、书画比赛等。五是竞技远足型，如体育竞技、户外爬山、素质拓展等。六是交友联谊型，如班际联谊、学习交流、文体对抗赛等。

四、校园集体活动设计与组织实施

高校校园集体活动设计与组织要在"创意"两个字上做好文章、下足功夫。创意是创造意识或创新意识的简称，它是指对现实存在事物的理解及认知，所衍生出的一种新的抽象思维和行为潜能。创意是一种通过创新思维意识，进一步挖掘和激活资源组合方式进而提升资源价值的方法。简言之，创意就是具有新颖性和创造性的想法。高校校园集体活动设计和组织要努力做到：主题突出、内容丰富、形式新颖，学生喜欢参与、乐于参与，活动意义深远，效果良好。创意是高校校园集体活动主题、内容、形式创新的前提和关键。当前随着高等教育的改革发展和网络自媒体时代的到来，学生接受教育的途径和方式已明显多元化，按部就班、老套、枯燥、教条式的校园集体活动已经不适应新形势的要求，而且还容易导致和造成学生不愿意参加或不想参与校园集体活动的局面。这就要求高校校园集体活动在内容的选定和形式的设计上，要紧密结合当前的高等教育新形势、新动态、新思想和大学生的实际情况，要积极坚持求新求变、常变常新的原则。校园集体活动的内容选定要以解决学生的实际精神和心理需求为重心和重点，活动形式要以学生喜闻乐见或便于、乐于参与的方式开展。

高校校园集体活动实施方案确定后，在活动的组织与实施过程中要注重做到：一是精心营造校园集体活动氛围，调动学生参与校园集体活动的积极性和主动性；二是加强校园集体活动宣传，在活动开展前多渠道、多途径做好宣传动员工作；三是校园集体活动方案实施前，应做好前期准备、实地考察、流程模拟、活动预案等事项,以保障活动顺利开展和进行;四是校园集体活动实施中,做好活动事项协调和突发情况应对处理,调动活动气氛,体现活动创意思想;五是做好校园集体活动活动记录、总结,调查学生评价,总结活动经验和反思活动不足等。

第六节 高校大学生社会能力提升制度建设

加强制度建设是高校提升大学生社会能力工作中的一项意义、作用重大和必须、必要开展的实际工作。制度具有指导性和约束性、鞭策性和激励性、规范性和程序性的作用与意义。制度对实现工作程序的规范化、管理方法的科学化,起着重大作用。同时制度本身的程序性,也为人们的工作和活动提供可供遵循的依据。为了积极适应社会发展要求,顺应学生成才需求,努力加强第二课堂的育人功能,为广大学生展示才华、发展个性提供舞台和空间,为拓展学生的全面素质、提升学生的能力特别是社会能力提供服务,研究者所在的渭南师范学院教育科学学院从 2011 年开始,制定并在全院学生中组织实施《大学生素质拓展积分制度实施办法(试行)》,取得了良好的育人成效。

一、大学生素质拓展积分制度实施机制

(一)实施内容

大学生素质拓展积分制度的基本内容是以开发大学生人力资源为着力点,进一步整合深化教学主渠道外有助于学生提高综合素质和社会能力的各种活动和工作项目,在思想政治与道德修养、社会实践与志愿服务、学术科技与创新创业、文化艺术与身心发展、社团活动与社会工作、职业资格与技能培训等 6 个方面引导和帮助大学生完善智能结构,全面成长成才。

(二)实施目的

实施大学生素质拓展积分制是进一步深化和实施大学生素质拓展计划,服务学生素质拓展的一个重要举措和有形载体。大学生素质拓展积分制度实施过程注重 3 个相结合,即课内与课外相结合、第一课堂与第二课堂相结合、学习与实践相结合。主要以第二课堂实践活动为载体,通过引导学生积极参与丰富多样的教育实践活动,与第一课堂教学活动相互补充、相互促进,帮助学生实现知识、能力与素质的协调发展。大学生素质拓展积分制主要围绕学生素质技能提高、综合考评认证、强化社会认同 3 个环节实施,旨在增强学生在自身素

质拓展方面的主体性，全方位调动学生参与素质拓展活动的积极性和自觉性，努力提高学生素质拓展工作和活动的实效性。进一步促使学生在参与素质拓展活动中提升能力素质特别是增强和提升社会能力。

（三）积分要求

学生在校学习期间，按照要求需要积够规定的素质拓展积分，本科学生总积分不低于8分、专科学生总积分不低于6分、专升本学生总积分不低于4分。在素质拓展方面，鼓励学生多积分。

本科学生在思想政治与道德修养方面，积分不低于1分；在社会实践与志愿服务方面，积分不低于2分；在学术科技与创新创业方面，积分不低于1分；在文化艺术与身心发展方面，积分不低于2分；在社团活动与社会工作方面，积分不低于1分；在职业资格与技能培训方面，积分不低于1分。

专科学生在思想政治与道德修养方面，积分不低于1分；在社会实践与志愿服务方面，积分不低于1分；在学术科技与创新创业方面，积分不低于1分；在文化艺术与身心发展方面，积分不低于1分；在社团活动与社会工作方面，积分不低于1分；在职业资格与技能培训方面，积分不低于1分。

专升本学生在思想政治与道德修养方面，积分不低于1分；在社会实践与志愿服务方面，积分不低于1分；在学术科技与创新创业方面，积分不低于0.5分；在文化艺术与身心发展方面，积分不低于0.5分；在社团活动与社会工作方面，积分不低于0.5分；在职业资格与技能培训方面，积分不低于0.5分。

大学生素质拓展积分制度按照各类学生在校的8个、6个、4个学期计算，每学期每个学生应分别获得各项素质拓展项目最低积分的1/8、1/6、1/4分值的积分，才算达到了学期素质拓展积分基本要求标准，才具有推荐、评优和享受奖助学金等资格。

（四）考评等级

学生毕业前，学院大学生素质拓展中心将对学生的素质拓展积分情况进行综合考核评定，并给予相应等级评价，对考评等级结果进行签章认证。大学生素质拓展积分制综合考评的认证结果将作为学生就业推荐和能力素质得到社会认可的重要依据。

大学生素质拓展积分制考评等级分为"优秀""优良""合格""不合格"4个等级。本科学生：总积分18分以上（含18分）为"优秀"、13～18分（含13分）为"优良"、8～13分（含8分）为"合格"、8分以下为"不合格"。

专科学生：总积分 16 分以上（含 16 分）为"优秀"、11～16 分（含 11 分）为"优良"、6～11 分（含 6 分）为"合格"、6 分以下为"不合格"。专升本学生：总积分 14 分以上（含 14 分）为"优秀"、9～14 分（含 9 分）为"优良"、4～9 分（含 4 分）为"合格"、4 分以下为"不合格"。

（五）组织机构与工作职责

1.学院大学生素质拓展中心

学院大学生素质拓展中心（学生工作办公室）是负责全院学生素质拓展工作的指导、规划、组织及素质拓展积分认证、等级评定、成果总结、宣传交流等工作。

主任：分管学生工作的党总支副书记。

副主任：学生工作办公室主任（团总支书记）。

成员：专、兼职辅导员，团总支副书记，学生分会主席、副主席，学生社团社长，每班学生代表 1 名。

主要职责：按照学校的整体要求，结合学院的工作实际，每学期制定学院大学生素质拓展活动项目和工作实施规划；动员、指导学生积极参与学校、学院开展的大学生素质拓展活动项目；鼓励和引导学生走出校园自主参与素质拓展实践活动；检查学生素质拓展活动项目的执行和完成情况；制作和建立《教育科学学院大学生素质拓展积分制学生档案资料》（见附录四，以下简称《学生档案资料》），制作和发放《教育科学学院大学生素质拓展积分卡》（见附录四，以下简称《积分卡》）；做好素质拓展《积分卡》填写培训和活动项目积分认证工作；做好学生素质拓展综合积分等级考评认证工作，填写好《教育科学学院大学生素质拓展积分考核等级登记表》（见附录四，以下简称《考核表》）；建立好学生素质拓展成果数据库及《积分卡》等资料保管工作；做好学生素质拓展工作成果宣传展评和交流总结工作；处理好学生素质拓展活动项目实施过程中出现的问题；为学生素质拓展活动项目的顺利实施提供必要物质保障。

2.班级大学生素质拓展小组

组长：团支部书记、班长。

成员：团支部、班委会主要干部，学生代表等。

主要职责：负责向本班学生传达、宣传学校及学院素质拓展活动项目的政策和要求；积极组织本班学生参加学校、学院开展的素质拓展活动项目；积极自主申报班级素质拓展活动项目,并及时向学院大学生素质拓展中心上报活动项目开展情况及总结;及时为本班学生领取素质拓展《积分卡》,并认真指导学生填写好《积分卡》(一式一份);做好本班学生素质拓展《积分卡》活动项目的积分认证工作;整理、收集好《积分卡》,以班为单位于每周三下午交学院大学生素质拓展中心认证;做好本班学生《教育科学学院大学生素质拓展学生积分情况登记表》(见附录四,以下简称《登记表》)和《教育科学学院大学生素质拓展积分班级统计表》(见附录四,以下简称《统计表》)的登记和统计工作;做好本班学生素质拓展《积分卡》《登记表》等资料的装档工作;做好本班学生素质拓展情况及成果的宣传总结工作;向学院和学校有关机构反映同学心声和提出工作建议。

(六)考评指标与积分标准

1. 思想政治与道德修养

基本素质要求:热爱社会主义,坚持四项基本原则,拥护党的路线、方针和政策,树立正确的世界观、人生观和价值观;具有开拓进取、乐于奉献的时代精神;具有社会主义的法制意识和道德、荣辱观念等。

主要途径:

①以加强学生思想道德修养为主旨的系列竞赛评比活动。

②以增强学生党员、团员先进意识为主旨的教育实践活动。

③以增强理论学习、兴趣为主旨的读书学习活动。

④以表彰先进、树立典型为主旨的各类校园创建评优活动。

⑤以提高学生道德修养为主旨的校园文明修身系列活动。

⑥以提高学生思想政治素质为主旨的党校、团校培训活动。

⑦以宣讲调查、志愿服务等为主要形式的理论学习实践活动。

⑧以辅导报告、创建社团等为主要载体的思想教育系列活动。

积分内容:

①积极参加学校组织的党校、团校培训,顺利结业的。

②经团组织推荐,光荣加入中国共产党的。

③积极参加学校、学院组织的思想教育、理论学习及道德实践等方面活动,受到表彰奖励的。

④组织策划特色学生党团组织生活、主题团日等思想教育活动,在校内外产生较大反响,受到有关部门表彰奖励的。

⑤公开发表思想理论文章，或参加省（市）级、学校、学院有关思想政治教育方面会议或活动，做专题发言或提交研究论文的。

⑥获得校级（含校级）以上"优秀党员""优秀团员""优秀学生干部""三好学生"等荣誉称号的。

⑦在精神文明建设方面表现积极，有见义勇为、伸张正义、拾金不昧、扶危济贫等事迹表现的。

⑧参加学校或学院组织开展的读书活动，受到表彰奖励的。

⑨参加学校或学院、学生社团开展的其他相关活动，受得表彰奖励的。

（注：所在党支部、团支部、班级、团队、宿舍等被授予校级、院级或以上先进荣誉称号的，可给予集体或团队里的每个成员相应的积分。）

积分标准：

①学生在思想政治与道德修养方面获得奖励的，可参照国家级6分、省级4分、地市级3分、学校级2分、学院级1分记分。国家级、省级、地市级获奖记分原则上自第二奖次起依次递减1分，最低以1分记。

②学生参加学校党校、团校或各种培训班学习并结业者，记1分；加入中国共产党的，记3分。

③学生公开发表思想理论文章，或参加省（市）级、学校、学院有关思想政治教育方面会议或活动，做专题发言或提交研究论文的，核心期刊记4~6分；普通期刊记2分；院刊记1分；做专题发言或提交研究论文的，记1分。

④学生参加学校及学院、学生社团组织的思想教育方面的学习、讲座、报告、座谈会、论坛等活动，每次记0.2分。学生参加校级思想政治与道德修养方面的征文、读书、调查等活动奖励按一等奖2分、二等奖1.5分、三等奖1分、优秀奖0.5分记分；院级按一等奖1分、二等奖0.8分、三等奖0.6分、优秀奖0.4分记分。学生向班级上交活动征文、读书心得体会、调查报告等每篇记0.1分，活动征文、读书心得体会、调查报告等经班级评审上交学院的记0.3分。获奖作品只记最高分，不累计记分。

⑤学生获得校级"优秀党员""优秀团员""优秀学生干部""三好学生"等荣誉称号的，记3分；获得院级"优秀学生干部""优秀工作者"或相当荣誉称号的，记2分；获奖助学金，学习单项奖或相当奖项的，记2分；学校通报表扬的，记2分；学院通报表扬的，记1分。

⑥学生在精神文明建设中，为转变学风、班风、舍风或在社会上为学校争

得荣誉（包括与坏人坏事做斗争、见义勇为、拾金不昧、抢救伤残人等），事迹突出者，记1~3分。

⑦学生所在班级、团支部、宿舍被学校评为"先进班集体""先进团支部""文明宿舍"的，每人记2分，被学院评为的，每人记1分。

⑧学生凡有违反校级校规等行为，被学校、学院给予通报批评及以上处分者，本学期不得申请思想政治与道德修养积分。

2. 社会实践与志愿服务

基本素质要求：能够把理论与实践紧密结合起来，具有较强的动手实践和分析解决问题的能力；树立正确的竞争意识和劳动价值观念，具有社会责任感、吃苦耐劳精神、团结协作意识和无私奉献精神。

主要途径：

①以"三下乡"志愿服务为主要内容的暑期社会实践活动。

②以国情民意调查为主要内容的寒假社会实践活动。

③以加强革命传统和爱国主义教育为主旨的军地共建、基地建设、参观考察等活动。

④以创建"和谐校园"为主旨的各类校园公益活动。

⑤以"知识援助"为主旨的进社区系列志愿服务活动。

⑥以服务地方发展为主旨的校外大型志愿服务活动。

⑦以提高就业、创业能力为主旨的各类课外就业见习活动。

⑧以提高动手创新能力为目的的各类课外专业实习实践活动。

积分内容：

①参加学校、学院重点组织的暑期"三下乡"社会实践活动的。

②在暑期"三下乡"活动中表现突出，获得"先进个人"荣誉称号的。

③个人利用假期从事社会实践，撰写提交高水平调查报告、研究成果的。

④参加学校、学院组织的"知识援助"进社区活动，受到表扬的。

⑤帮扶孤、老、病、残，受到帮扶对象所在单位表扬的。

⑥参加校内外大型公益服务活动，出色完成服务任务的。

⑦参加校内外青年志愿者组织，为组织的发展做出贡献的。

⑧在推进军地、校企、校地共建等方面做出贡献的。

⑨参加学校或学院、学生社团开展的其他相关活动，受得表彰奖励的。

（注：所在团队、组织等被授予校级、院级或以上先进荣誉称号的，可给

予集体或团队里的每个成员相应的积分。）

积分标准：

①学生在社会实践与志愿服务方面获得奖励的，可参照国家级6分、省级4分、地市级3分、学校级2分、学院级1分记分。国家级、省级、地市级获奖记分原则上自第二奖次起依次递减1分，最低以1分记。

②学生利用假期参加由学校重点组织的社会实践或志愿服务团队，记1分；参加由学院重点组织的社会实践或志愿服务团队，记0.5分。

③学生参加学校或学院、班级、学生社团组织的志愿服务、义务劳动、扶贫济困、捐款捐物等活动，每次记0.2分；学生参加校级社会实践活动方面的征文、调查活动等奖励按一等奖2分、二等奖1.5分、三等奖1分、优秀奖0.5分记分；院级按一等奖1分、二等奖0.8分、三等奖0.6分、优秀奖0.4分记分。学生向班级递交社会实践调查报告或实践研究成果等，每篇记0.1分，社会实践调查报告或实践研究成果等经班级评审上交学院的记0.3分。

④学生参加不同项目社会实践与志愿服务活动，所获奖励记分可以累加，但同一活动获得多项奖励，只记最高奖项相应分值，不累计记分。

⑤学生所在团队或组织被学校评为社会实践与志愿服务"先进集体"的，每人记2分；被学院评为的，每人记1分。学生个人被学校评为社会实践"先进个人"的，记2分；被学院评为的，记1分。

⑥学生个人参加校外社会实践与志愿服务相关活动，需有相关单位的证明盖章或证明人的本人签章，并经调查核实，根据情况获取相应积分。

3. 学术科技与创新创业

基本素质要求：能够扎实掌握并熟练运用所学专业与相关专业知识，具有求新创新意识和自主学习能力；具有较强的科学精神，能够尝试开展学术研究和科技发明；具有一定的独立创业素质和能力。

主要途径：

①以培养科研能力为主旨的课外学术科技竞赛系列活动。

②以培养创新能力为主旨的大学生创新计划项目研究活动。

③以培养创业能力为主旨的模拟就业、创业系列实践活动。

④以培养科研兴趣为主旨的学术报告与科技论坛系列活动。

⑤以师生结队的形式引导学生参加科研课题研究活动。

⑥以培养学术研究能力为主旨的大学生"勤工助研"活动。

⑦以深化专业学习为主旨的学科兴趣协作小组活动。
⑧以深化专业学习为主旨的研究生、第二学士学位、专升本等考试活动。
⑨以学生科技类社团为载体引导学生参与科研创新活动。

积分内容：
①参加校内外"挑战杯"课外学术科技作品竞赛，获得奖励的。
②参加校内外"挑战杯"大学生创业计划大赛，获得奖励的。
③参加校内外"电子设计""数学建模"等竞赛，获得奖励的。
④参加校内外实验技能大赛等，取得优异成绩的。
⑤在科研方面有重大发现，获得省部级以上科技发明专利的。
⑥参加校内外重要科研课题研究，取得重要研究成果的。
⑦在模拟就业和创业实践活动中表现突出，获得奖励的。
⑧在校级、院校或以上公开刊物上发表学术论文或其他研究文章的。
⑨参加学校或学院、学生社团开展的其他相关活动，获得奖励的。
⑩参加硕士研究生、第二学士学位、专升本考试通过的。

（注：所在团队、组织等被授予校级、院级或以上先进荣誉称号的，可给予集体或团队里的每个成员相应的积分。）

积分标准：
①学生在学术科技与创新创业方面获得奖励的，可参照国家级6分、省级4分、地市级3分、学校级2分、学院级1分记分。国家级、省级、地市级获奖记分原则上自第二奖次起依次递减1分，最低以1分记。学术论文或科技成果为合作项目的，原则上计分自第二完成人依次递减20%，取整数记分。
②学生获国家级发明专利的，记6分。
③学生参加学校或学院、班级、学生社团组织的科技讲座、报告会、论坛及有关调研等活动，每次记0.2分。学生参加校级学术科技与创新创业方面的活动奖励按一等奖2分、二等奖1.5分、三等奖1分、优秀奖0.5分记分；院级按一等奖1分、二等奖0.8分、三等奖0.6分、优秀奖0.4分记分。学生向班级递交学术科技与创新创业方面研究成果等，每篇记0.1分，学术科技与创新创业方面研究成果等经班级评审上交学院的记0.3分。
④学生在校内外公开出版刊物上每发表一篇文章、报道者，核心期刊记4~6分；普通期刊记2分；院刊记1分。在校广播上每播一篇活动报道者，记0.3分。
⑤学生参加多项学术科技与创新创业活动，所得奖励积分可以累加；但同

一作品或成果参加多项比赛获奖的，只记最高奖项相应分值，不累计记分。

⑥学生参加学校或社会组织的重要科研项目研究工作，认定满10小时记0.2分，最高记2分。学生在申请记分时，需要科研项目所在单位或负责人本人的签章和证明。

⑦学生所在团队或组织在学术科技与创新创业方面被学校表彰的，每人记2分；被学院表彰的，每人记1分。

⑧学生被学校评为"学习标兵"或相当荣誉者，记2分；被学院评为的，记1分。学生学期智育评分上升10个名次者，记1分。

⑨学生报考全国硕士研究生考试的，记2分；考取"985""211"院校的记6分；考取其他普通院校的，记4分。学生获得第二学士学位的，记3分。学生"专升本"考试通过的，记2分。

⑩学生个人参加校外学术科技与创新创业相关活动，需有相关单位的证明盖章或证明人的本人签章，并经调查核实，根据情况获取相应积分。

4. 文化艺术与身心发展

基本素质要求：具有较高的文化素养和人文情怀；审美情趣高雅，具有一定的发现美、感受美、创造美的能力；具有自强不息、务实协作、开拓创新的健全人格；具有积极适应环境、善于自我调节的健康心理和胜任学习工作的健康体魄。

主要途径：

①以提高人文素养为主旨的名人名家校园专题讲座活动。
②以提高审美情操为主旨的"高雅艺术进校园"专题活动。
③以提高艺术修养为主旨的校园文艺演出系列活动。
④以提高文化修养为主旨的读书征文、演讲辩论、经典吟诵等比赛活动。
⑤以浓厚文化氛围为主旨的文化艺术节、体育文化节等系列活动。
⑥以繁荣校园文化艺术为主旨的学生艺术团建设和文艺特长生的培训交流等活动。
⑦以强健体魄、健康身心为主旨的系列体育竞赛和锻炼活动。
⑧以培养集体协作精神、交际能力为主旨的群众性活动。

积分内容：

①参加校内外重要文化艺术演出或竞赛，表现突出、获得奖励的。
②参加校内外重要体育活动或比赛，表现突出、获得奖励的。

③参加院级重要文化艺术表演、比赛等，表现突出的。
④参加院级重要体育表演、比赛等，表现突出的。
⑤组织艺术类学生社团，为繁荣校园文化做出贡献的。
⑥组织体育类学生社团，为发展校园体育做出贡献的。
⑦组织心理类学生社团，为学生心理健康做出贡献的。
⑧在公开场合举办个人成就展（如书画展、演唱会、技能展示等）的。
⑨参加学校或学院、学生社团开展的其他相关活动，获得奖励的。

（注：所在团队、组织等被授予校级、院级或以上先进荣誉称号的，可给予集体或团队里的每个成员相应的积分。）

积分标准：

①学生在文化艺术与身心发展方面获得奖励的，可参照国家级6分、省级4分、地市级3分、学校级2分、学院级1分记分。国家级、省级、地市级获奖记分原则上自第二奖次起依次递减1分，最低以1分记。

②学生参加学校及学院、班级、学生社团组织的文艺、体育、身心发展等活动的讲座、报告、论坛、座谈等活动，每次记0.2分；学生参加学校级文化艺术与身心发展方面的活动奖励按一等奖2分、二等奖1.5分、三等奖1分、优秀奖0.5分记分；学院级按一等奖1分、二等奖0.8分、三等奖0.6分、优秀奖0.4分记分。学生参加各类院级文艺、体育、身心发展等比赛选拔赛的，每次记0.2分。

③学生业余时间参加由学校重点组织的文艺、体育等活动，圆满完成任务的，可记0.5分（组织者可记1分）；参加由学院重点组织的文艺、体育等活动，圆满完成任务的，可记0.3分（组织者可记0.5分）。

④学生参加不同项目文艺、体育比赛所获素质拓展积分可以累加，但同一项目参加多项比赛的，只记最高奖项相应分值，不累计记分。

⑤学生所在团队或组织在文化艺术与身心发展方面被学校表彰的，每人记2分；被学院表彰的，每人记1分。

⑥学生代表学校参加省级或省级以上文艺、体育比赛表演，排练满10小时记0.2分，最高记1分。学生在申请记分时，需有教练或指导教师本人的签章和证明。

⑦一学期中，根据班级考勤记录，晨训出勤率在98%以上的学生，记2分；晨训出勤率在95%以上的学生，记1.5分；晨训出勤率在90%以上的学生，记1分。

⑧学生个人参加校外文化艺术与身心发展相关活动，需有相关单位的证明盖章或证明人的本人签章，并经调查核实，根据情况获取相应积分。

5. 社团活动与社会工作

基本素质要求：具有良好的沟通能力与合作共事能力；具有一定的大局观念和组织领导能力；具有较强的自信心、事业心和责任感；具有较强的集体主义和奉献精神。

主要途径：

①通过在学生会、班级等团学组织中担任职务获得锻炼和提高。

②通过在学生社团组织中担任职务获得锻炼和提高。

③通过到社区挂职、担任学生工作助理等形式获得锻炼和提高。

④通过积极参加各级各类学生社团活动获得锻炼和提高。

⑤通过积极参加校园创建评优活动得到锻炼和提高。

⑥通过坚持从事社会公益服务活动得到锻炼和提高。

积分内容：

①担任团学组织干部半年以上，考核成绩合格的。

②受聘担任学生工作助理半年以上，获得认可好评的。

③担任学生社团干部半年以上，考核成绩合格的。

④获得团学组织干部、学生社团干部先进荣誉称号的。

⑤积极从事团学刊物的编辑发行工作，取得突出成绩的。

⑥积极宣传第二课堂活动成果，被媒体采用的。

⑦积极投身学校及学院、班级、学生社团组织的公益服务活动，获得表彰的。

⑧参加学校或学院、学生社团开展的其他相关活动，获得表彰的。

（注：所在团队、组织等被授予校级、院级或以上先进荣誉称号的，可给予集体或团队里的每个成员相应的积分。）

积分标准：

①学生在社团活动与社会工作方面获得奖励的，可参照国家级 6 分、省级 4 分、地市级 3 分、学校级 2 分、学院级 1 分记分。国家级、省级、地市级获奖记分原则上自第二奖次起依次递减 1 分，最低以 1 分记。

②学校学生会主席、副主席、副秘书长，学生社团联合会主席、副主席、副秘书长，每学期记 2 分；学校学生会各部部长、学生社团联合会各部部长、

学院学生分会主席、副主席、团总支副书记、学工助理、辅导员助理、各班班长、团支部书记或相当职务者、学生社团负责人,每学期记1.5分;学校学生会委员、学生社团联合会委员、团委委员、参管会成员、学院学生分会主要干部、团总支其他委员、班委会委员、团支部委员或相当职务者、舍长、学生社团主要工作人员及其他学生工作积极分子,每学期记1分。

③学生在同一时期参加多个团学组织、担任多种学生干部职务,应按最高职务与最佳考核成绩记分,不重复累计记分。

④学生从事团学刊物的编辑发行工作,担任主编、副主编或相当职务的,记2分;担任编辑或相当职务者,记1.5分。

⑤学生参加社团活动与社会工作获取积分应根据其在团学组织活动中的不同贡献及活动的效果,经综合考评后认定。

⑥学生所在团队或组织在社团活动与社会工作方面被学校表彰的,每人记2分;被学院表彰的,每人记1分。作为社团成员连续参加本社团活动满一学期、考核合格者,记0.5分。

⑦学生个人参加社团活动与社会工作相关活动,需有相关单位的证明盖章或证明人的本人签章,并经调查核实,根据情况获取相应积分。

⑧各级团学组织、学生社团干部及成员,考核不合格者不记分。

6.职业资格与技能培训

基本素质要求:具有较为扎实的专业知识和较高的文化素养;具有一定的外语读写、交际能力和计算机运用能力;掌握一门以上适应现代社会需求的技能和技术。

主要途径:

①以提高计算机运用能力为主要目的的培训考级系列活动。

②以提高外语运用能力为主要目的的培训考级系列活动。

③以适应社会需求为目的的职业技能培训考级系列活动。

④其他能够帮助学生提升就业竞争力的实践活动。

积分内容:

①参加国家统一资格考试,获得资格证书的。

②参加国家统一技能考试,获得合格证书的。

③参加国家计算机、外语等级考试,取得证书的。

④参加学校、学院组织的技能培训等活动,取得合格成绩的。

积分标准：

①学生获得国家级职业资格证书的，记4分；获得省级职业资格证书的，记3学；获得地市级职业资格证书的，记2分；获得校级职业资格证书的，记1分；获得院级职业资格证书的，记0.5分。

②学生通过国家计算机等级考试二级者，记1分；通过三级者，记1.5分；通过四级者，记2分；通过大学英语四级考试（以425分以上计）者，记1分；通过六级者，记2分；获得其他国家认可的资质证书或行业等级认证者，视情况记1~2分。

（七）实施细则与具体要求

1. 实施动员

学院大学生素质拓展中心在每一届新生开学之初，组织学生对《渭南师范学院教育科学学院大学生素质拓展积分制实施办法》进行学习，让学生了解相关内容，体会文件精神，掌握实施方案、实施细则，积极配合和参与，努力完善和提高自身素质。

2. 建立档案

学院大学生素质拓展中心在每一届新生开学之初，为学生建立大学生素质拓展积分制学生档案资料，学生档案资料表的相关内容由学院大学生素质拓展中心分阶段填写和认证，档案袋内装经学院大学生素质拓展中心认证盖章后的《积分卡》和《登记表》。《积分卡》用于平时展评和交流活动，学生毕业时返还学生。

3. 制定项目

每学期初，学院大学生素质拓展中心结合学校的整体要求和工作重点及学院专业培养需要，在调研论证的基础上，提出学院本学期大学生素质拓展活动项目和工作实施规划。

4. 公布项目

学院大学生素质拓展中心将本学期所有素质拓展活动和计划的项目向全院学生公布，学生可根据实际需要制订自身的学期素质拓展计划，有选择地参加学校、学院有关素质拓展项目的活动。

5. 积分考评

考评具体要求：

《积分卡》是推进大学生素质拓展活动的重要载体，用于记载学生在校学习期间，利用课余时间进行的对提高自身综合素质产生积极作用的重要经历和所取得的主要成绩。为了保证素质拓展积分制度资料记载和认证工作的公正、公平、公开，保证认证工作的透明度，各级认证机构必须公开接受学生的监督，并要认真履行工作职责，按时、保质、保量完成大学生素质拓展积分制的相关任务和要求。

积分卡填写办法：

①《积分卡》由学院大学生素质拓展中心统一印制，统一发放。

②《积分卡》需用黑色碳素笔或钢笔准确如实填写各项内容，不得涂改；凡违背事实弄虚作假者，一经发现将予以严肃处理。

③《积分卡》"编号"与学生的学生证学号编码相同。

④每张《积分卡》只填写一项素质拓展活动项目内容；学生参与完相关活动项目一周之内需填写好《积分卡》相关内容，《积分卡》一式一份上交班级大学生素质拓展认证小组认证积分；班级大学生素质拓展小组负责人于每周三下午负责将本班学生的《积分卡》统一上交学院大学生素质拓展认证中心审核认证；负责对本班学生审核认证后的《积分卡》做好装档工作；及时认真填写好《登记表》和《统计表》。《登记表》每学年填写一张，于学年学期末将纸质材料上交学院大学生素质拓展中心，并做好装档工作；《登记表》电子版在学生毕业时交学院大学生素质拓展中心。《统计表》每学期填写一份，每学期末将此表的纸质材料和电子版交学院大学生素质拓展中心。

⑤"素质拓展类别"项：以思想政治与道德修养、社会实践与志愿服务、学术科技与创新创业、文化艺术与身心发展、社团活动与社会工作、职业资格与技能培训等6个类别选择填写。活动项目类别有互相交叉的地方，填写时应以活动项目具体侧重的类别填写。

⑥"素质拓展概况"项：主要填组织或参与了××活动，获得了××荣誉或获得了××等级的奖项；组织或参与了××活动，达到了××社会反响效果；参加××等级或资格证书考试，获得了××资格证书等。所参加的活动需注明是"组织"还是"参与"，所获奖励需注明名称和级别，所发表文章需注明刊物名称及日期等。

⑦"素质拓展收获"项：填写语言要中肯、如实，不能夸大其词，也不能过于简单。

⑧"积分"项：由班级大学生素质拓展认证小组按照相应积分标准认证填写，

最终由学院大学生素质拓展认证中心审核认证。

⑨"素质拓展单位或证明人签章"项：用于学生个人自行参与校外或社会上的素质拓展活动或学生个人参与校内一些无法明确证明的活动（如学校、其他学院举办的讲座，学生社团开展的活动等）的证明签章处。

二、大学生素质拓展积分制度实施成效

选好育人载体，注重校园文化活动质量，并辅之以实施大学生素质拓展积分制度是发挥校园文化活动育人作用并组织和开展好校园集体活动的有效手段。我们把承载并能传递教育内容或信息的形式或手段称为载体，校园文化活动载体必须同时满足两个基本条件：一是必须承载教育信息，并能为教育者所操作；二是必须是联系主客体的一种形式，主客体可借助这种形式发生互动。以活动为载体，就是有意识地组织开展各种活动，将教育的内容寓于活动之中，使学生在参与活动的过程中思想受到教育、能力得到锻炼、素质得到提高，进而推动和加强校园文化建设与人才培养工作。

在大学生素质拓展积分制度工作实践中，学院学生工作办公室开展校园文化活动注重突出思想性、时代性与品牌化建设，探索实践以思想教育、文化艺术、学术科技、社会实践、学生社团、技能培训等校园文化活动为载体实施校园文化育人计划。并结合学校师范院校的特性和学院学生师范专业的特点，重点从高师学生师范人格、师范技能、人文素养、科技创新、特长兴趣等方面着手培养学生的能力和素质，努力使学生在参与活动中陶冶情操，锻炼能力，增强技能，提高素质。

（一）思想教育活动引路导航

学院学生教育管理工作把全方位育人作为思想教育工作的根本。思想教育做到与理论学习相结合、与志愿服务相结合、与学习典型榜样事迹相结合、与加强校风和学风建设相结合、与管理服务相结合、与学生自身教育相结合。具体做法：一是主动掌握大学生总体状况，把思想教育工作做"早"。使学生一进校，就尽早树立正确的人生努力方向，特别是注重加强学生"尊师重教、情系师范"思想教育工作，促使学生合理设计求学计划，科学规划自己的大学学习与生活，从思想方面为优秀师资和人才培养打下良好的基础。二是关注学生知识拓展与潜能发掘，把思想教育工作做"长"。使学生把个人成长成才与国家前途、社会需要结合起来，增强学生师范人格，积极引导学生参与实践，使

自己的知识得到拓展，潜能得到发掘，从教技能得到训练。三是关注学生心理特点和个性发展，把思想教育工作做"活"。通过举办讲座、师生恳谈会、座谈会、交流会等活动，向学生介绍科学的学习方法，让学生养成良好的学习习惯，自觉培养坚韧不拔的意志和吃苦耐劳的精神，提高学生受挫能力及社会适应能力，树立积极的生活态度。

（二）文化艺术活动高雅新颖

积极向上、健康高雅、新颖别致，并具有"师范"特色的文化活动，是陶冶学生情操，培育学生文化艺术素质、创新思维和创新火花的沃土。多年来，学院团总支、学生分会、学生社团每年积极组织学生参加和开展各类有影响的文化活动60余项，一些活动逐渐成为深受学生欢迎和喜爱的品牌化活动。例如，组织学生参加学校举行的大学生文化艺术节、文化名家讲坛、运动会团体操表演、大合唱、新生风采大赛等活动。学院团总支、学生分会、学生社团组织开展的女生节、体育节、大学生心理健康教育节等系列活动及辩论赛、演讲赛、诗歌朗诵赛、书画展、大学生才艺展示、情景剧表演、宿舍美化设计大赛、"变废为宝"环保服饰大赛、"庆元旦、迎新春"综艺晚会、欢庆藏历新年联欢会、学生社团纳新宣传文艺晚会等活动，都以特色文化活动促进了学生个性及特长兴趣的充分发展，增强了学生的文化艺术素质，特别是对学生师范技能素质和创新意识与思维的培养具有重要作用。每年学院有300余人次的学生在全省、学校、学院组织开展的各类文化艺术比赛活动中获奖。

（三）科技创新活动注重质量

学院一直坚持在广大学生中开展体现科学精神、创新精神的学术科技活动，建立健全激励机制，引导、鼓励、组织学生参加各类学术讲座、科技竞赛等活动，潜心培育、积极建设能够体现"师范"特色，且具有形成品牌效应潜力的学生创新能力培养项目。一是开展科技学术报告、讲座活动。每年学院举办各类学术讲座10余场次，有3000余人次的学生参加了各类讲座。学生在参加报告、讲座的过程中，开阔了视野，增长了知识，为学生从事教育事业储备了广阔知识，同时也潜移默化地增强了学生创新的欲望。二是参加和举办学术科技竞赛活动。每年学院团总支、学生分会共组织300余人次的学生参加学校举办的大学生科技节、大学生课外学术科技作品竞赛、大学生创业计划大赛、大学生创新创业计划项目申报、科普知识竞赛、科普作品创作大赛、语言文字基本功大赛等活动。学院团总支、学生分会、学生社团组织开展的"桃李杯"学生讲课竞赛、多媒体课件大赛、职业生涯模拟大赛、挑战吉尼斯大赛、户外团体心理游戏等活动，以其活动科技含量高、内容丰富、形式多样而深受学生喜爱，每年先后有500余人次的学生参加各类竞赛活动。三是组织开展读书活动。从2011年9月至今，学院共组织开展读书活动18期，举办读书报告会18期，先后有12 000余人次的学生参加读书活动，递交读书心得体会12 000余份，1800余名学生参加图书漂流活动，读书活动目前已成为学院的学术科技品牌化活动。四是开展大学生创业实践锻炼活动。在系列实践锻炼活动中，不断增强学生的创业精神和创业能力，为学生良好就业打下基础。每年学院有300余人次的学生在全省、学校、学院组织开展的各类学术科技竞赛活动中获奖。

（四）社会实践活动深入基层

社会实践是大学生运用所学知识服务社会的重要平台，也是大学生施展才华的广阔天地，青年大学生在实践中接受教育，经受锻炼，进一步激发学生成长进步、奋发有为的主动性、积极性和创造性。学院团总支组织开展社会实践活动机制灵活，形式多样，鼓励学生结合专业学习特点全方位、多角度参与实践锻炼活动。社会实践活动分4个层次进行：一是学院集中组队；二是各班委会（团支部）结合专业特点，独立组队；三是学生自行组队；四是分散自主实践。参与社会实践的学生利用课余和放假时间，深入教育基地、农村、企业、社区、街道，围绕政策宣讲、参观学习、义务支教、社会调查、科技推广、法律普及、环境保护、社区服务等方面开展实践活动。每年学院先后有3000余人次的学生参与各种社会实践活动，学院的大学生社会实践活动取得了良好的成绩和效果，多人被评为陕西省社会实践活动先进个人，150余人被学校和学院评为社会实践活动先进个人，《渭南日报》《渭南师院报》等多家新闻媒体专题报道了学院大学生社会实践活动的良好做法和效果。

（五）学生社团活动多彩丰富

学生社团在促进学生发展个性特长，培养想象力、创造力和提高综合素质等方面发挥着积极的作用。学院团总支加强对学生社团的教育和管理，积极鼓励、扶持学生社团开展活动，参加比赛。学院先后成立理论学习、志愿服务、文学艺术、学术科技、体育健身等类学生社团10个，曾注册会员800余人次。每年各学生社团根据各自社团的特点和性质，积极开展各具特色的社团文化活动20余项，广大学生根据兴趣爱好，积极参与社团文化活动，使个人能力和素质得到了充分的锻炼和提高。学院跆拳道协会荣获"陕西省优秀学生社团"荣誉称号，师范生技能促进会、大学生心理健康教育协会、健美操协会等多个学生社团先后荣获"学校优秀学生社团"荣誉称号。

（六）技能培训活动面广多样

结合学院学生师范专业的特点，学院要求广大学生除学好专业课理论知识外，还要积极掌握从教技能及适应现代社会需求的技能和技术，不断拓展知识面，增长技能和素质。学院鼓励学生利用课余和假期时间，通过自学或参加各种技能、技术培训班，获取资格证书。据统计，每年学院有1500余人次的学生获取了教师资格证、四六级英语等级证、计算机等级证、运动裁判证、心理咨询师资格证、幼师资格证、律师资格证、会计师资格证、人力资源管理师证等各类资格证书，有些学生甚至获取了6种以上的资格证书。

2011年9月至今，学院实施大学生素质拓展积分制度，取得了良好育人成效，极大地激发了学生参与校园文化活动、努力拓展能力和素质的积极性与主动性。同样，也积极推动了学生参与校园集体活动的积极性与主动性，保证了校园集体活动的成效。大学生素质拓展积分制度自实施以来，每年学院大学生素质拓展中心共认证《积分卡》近13 000张，认证积分8000余分。统计结果显示：全院学生平均每人每年参加素质拓展活动10余项，每年素质拓展积分累积达到15分以上的学生占到了参加素质拓展积分活动学生的30%左右。目前，在学院学生中形成了"人人积极参与素质拓展活动、人人积极累积素质拓展积分"的良好局面。同时，大学生素质拓展积分制度的实施，也积极推动了学院学生教育管理和教育教学工作的质量和效果。最令人欣慰的现象是学院学生"宅"宿舍现象明显减少，通宵玩游戏、无故旷课学生明显减少。目前，学院学生思想上进、学习努力、勇于实践，学生的综合素质明显提高。学院开展的大学生思想教育、志愿服务、文化艺术、社会实践等活动多次被华山网、网易等多家新闻媒体和网站宣传报道；学院学生在参加全省、学校的科技竞赛、文化艺术等活动中获奖的质量和人数呈现出逐步增长趋势；学院应届毕业生考研上线人数连年增长，多名学生被重点院校录取；学生就业率逐步提高，毕业生的能力素质得到了用人单位的认可，毕业生受到了用人单位的欢迎，产生了良好的社会声誉。

第七节 高校大学生社会能力提升考核评价机制构建

考核评价机制本质是一种绩效动力机制，它以管理目标为导向，以奖惩制度为正向激励,通过组织定期检测、评价目标对象的行为表现和状态发展情况,来激励组织目标对象不断改进自身行为和状态,努力靠近组织目标期望标准。实践证明,一个组织要想达到和充分体现出考核评价的激励作用,首先构建良好的考核评价机制是必不可少的。高校大学生社会能力提升工作的考核评价机制构建,要充分发挥考核评价机制的激励作用,就要做到建立合理的考核制度与激励机制,保证激励机制的主体是师生,要让师生参与进来,要对师生产生激励作用;激励机制作用的体现,要保证在公平、公正、公开、合理、科学的环境下进行;激励机制要能够充分调动师生的参与积极性和主动性,并能听取师生的意见,对考核评价机制进行实时的改进。

一、考核评价基本原则

(一)科学性原则

体系完整、涵盖全面、指标科学是高校大学生社会能力提升工作考核评价的基本要求。在考评内容上,既要有基本内容的考评,也要有加分项考评,既设定主题内容的考评标准,又鼓励大胆创新;在考评方式上,根据不同问题,既有综合考评也有调查取证,既有自评得分也有督查得分。在开展工作时还应注重考评资料的搜集存档,如建立大学生素质拓展积分制度考评信息资料库,积累过程评价资料,作为考评工作依据。

(二)自我考评原则

高校大学生社会能力提升工作考核评价,必须坚持外部考评与自我考评相结合的原则,尤其是重视发挥自我评价的作用。因为外部考评即使是经常性的,也是有条件、有限制的,不可能对一个评价对象全天候、全过程地进行考察和评判。而自我评价则是最主要、最经常的考评方式,能够充分发挥考评对象的主观能动性。自我评价原则若能在高校大学生社会能力提升工作考核评价中积极体现,就能督促大学生结合人的社会能力标准,自我对标,增强自我认识,进而加强自我完善、自我教育、自我提高。

(三)过程性考评原则

总结性考评是指对考评对象基本活动结束之后最终结果的评价和鉴定,过程性考评是指对活动过程和各阶段的经常性考评、检测和督导。高校大学生社会能力提升工作的实施是一个动态的过程,考评体系要根据工作的要求和特点不断调整、充实、完善。高校大学生社会能力提升工作应坚持工作的过程性考评原则，要加强工作日常督导检查，不断搜集整理工作过程信息，监测有关数据，考评有关项目和对象，及时发现和处理工作过程中的问题和偏差。

（四）以定性为主的考评原则

高校大学生社会能力提升工作是育人的工作，工作的效果要体现在大学生的内在素质与外在行为、社会能力表现等多方面，同时效果也有显性和隐性、短期和长远之分，这就决定高校大学生社会能力提升工作很难用一种单一的标准来衡量，而更多的是在量化的基础上做定性的描述，尽可能让定性指标有量的测定，最终在深入发掘高校大学生社会能力提升工作规律的基础上，给出以定性为主的科学评价。

（五）坚持具体分析的考评原则

对高校大学生社会能力提升工作考评，在考评过程中既要实事求是地考察分析考评对象的实际，严格考评标准，对考评对象给予公正客观的结论，以发挥外部考评和总结性考评的功能，又要坚持具体分析考评对象的实际情况，在看到考评对象存在的问题、偏差的同时，也要看到其发展、提高及可开发的潜力，在坚持考评标准的同时，对考评对象进行多方面的引导、鼓励和帮助。

二、考核评价机制内容构成

对高校大学生社会能力提升工作建立合理的考核评价机制，是一种促进手段，其目的是通过考核评价推动工作前进和发展，以提升参与师生的积极性和责任感，最终促进工作质量的提升，达到预期的培养期望和目标。高校大学生社会能力提升工作考核评价机制本着科学性、合理性、规范性、全面性的角度，应从学生体验性评价、教师指导性评价和学校综合性评价方面形成考核评价机制。

（一）学生体验性评价

高校大学生社会能力提升工作评价，主体是大学生。对大学生社会能力提升工作评价要体现对学生体验过程和体验结果的评价，落脚点在构建科学性、可操作性的大学生社会能力评价体系。例如，研究者所在的渭南师范学院教育科学学院10余年来在全院学生中实施的"大学生素质拓展积分制度"，其制度实施的本质就是不断促使大学生通过参与课程教学实践活动、校园文化活动、校园集体活动、课外社会实践、学生社团活动等实践活动，通过在参与实践活动的过程中提升能力和素质，特别是提升社会能力，这种做法也推动了学生的活动过程体验。社会能力是大学生在大学期间的思想政治、道德举止、专业成绩、创新素质、实践能力、课外活动、身心健康等方面的全面发展程度的表现，是高校办学质量和办学水平的集中体现,同时也是大学生所获知识和能力的内核，直接体现为大学生可持续发展能力和就业竞争力的高低。实施素质教育，提升实践育人，培养高素质人才，必须完善高校大学生社会能力评价体系，健全大学生社会能力发展的目标导向，其中把握大学生社会能力的科学内涵和实质是基础和根本。因此，必须把大学生体验实践活动的过程和效果作为高校大学生社会能力提升考核评价的重要内容。

（二）教师指导性评价

教师是高校大学生社会能力提升工作的主导者，在指导、引导和帮助大学生开展社会能力提升实践活动中起着十分重要的作用。高校的课程教学实践活动、校园文化活动、校园集体活动、课外社会实践、学生社团活动等实践性活动质量效果的取得，离不开教师的精心指导和时间精力的全身心投入。这里的教师可指高校课堂教学一线教师、辅导员（班主任）、活动指导教师、给予大学生社会能力提升的学校相关部门负责人、工作人员等。实践育人的效果如何与教师的指导密不可分。因此，对高校大学生社会能力提升进行评价必须强化对教师指导性作用评价，着力点是要把教师参与和指导高校大学生社会能力提升工作的情况纳入教师工作业绩和成效考核，形成实践育人的合力。把实践育人与教书育人同等考核。教书育人和实践育人都是育人的有效载体和根本途径。开展对教师实践育人的指导性评价,完善教师实践育人的考核内容和考核方式，科学、全面、公正地考核评价教师对学生实践活动的指导成效，形成教师积极参与和主动指导的政策导向和制度约束。在对教师的考核中，要建立完善教师自评与学生评价相结合的评价方式。对于定性考核的内容如教师实践教学效果、教师对实践育人工作重视程度、教学实践活动效果、教师对校园文化活动、校园集体活动、课外社会实践、学生社团活动等实践活动的指导成效，可以由学生进行分块评价。

（三）学校综合性评价

高校是大学生社会能力提升工作的领导者和组织者。高校对大学生社会能力提升工作的重视程度、投入情况都决定着这一工作的效果和质量。开展高校大学生社会能力提升工作考核评价，必须坚持系统的思维，把此项工作纳入高校整体性、综合性和系统性教育评估，以高校办学水平评估为手段系统地考核评价高校大学生社会能力提升工作效果。教育评估是采用一定的评价手段,对教育活动、教学过程和教育质量进行教育测量和检查评价,以确定学校办学的实际状况,是对高校进行综合评价的重要方式。本科教学工作审核评估、合格评估与水平评估是我国普通高校本科教学工作评估的3种基本模式。这3种教育评估对普通高校的办学条件、师资保障、经费投入等方面的评估指标考核量化比较明确,3种教育评估中也有人才培养质量的考核评价指标,但均比较泛化,特别对高校大学生能力素质的考核评估指标不具体,没有细化性指标。将高校大学生能力素质特别是社会能力素质评价标准作为高校办学教育评估的重要指标,是增强实践育人效果、提升高校办学水平和人才培养质量的必然选择。通过教育评估进一步健全和完善高校大学生社会能力提升工作的体制和机制,构建教书育人、管理育人、服务育人和实践育人"四位一体"的育人合力,形成全员育人的生动局面。教育评估应重点考核高校大学生社会能力,提升课程建设,在考核指标中要纳入实践教育教学课程建设情况考核和校园文化活动、校园集体活动、课外社会实践、学生社团活动等开展情况考核。还应重点考核大学生社会能力提升实践的基本设施,如实验室、实训基地、实践基地、校外教育培养实践基地等建设情况,从整体数量和经费投入上考核高校对大学生社会能力提升工作实践的投入情况。

三、建立针对师生的奖励机制

建设针对师生的奖励机制是调动教师、学生、相关单位参与高校大学生社会能力提升工作积极性、主动性和创造性的有效手段。高校应当出台相关政策,完善奖励激励体系,构建针对学生、教师及相关单位的奖励机制。

(一)建立针对学生的奖励机制

对学生的奖励以精神奖励为主,物质奖励为辅。精神奖励是学生奖励机制的主体,给予获奖学生相应的素质拓展积分、免修相应的实践环节、加分政策,在转专业、评优评先、推优入党、推荐就业岗位、保送研究生等方面有优先权等,以此激发更多的大学生注重自我发展,不断提升自身社会能力。

(二)建立针对教师的奖励机制

做好包括指导教师工作环境营造和条件配备,活动指导工作量认定和增加补贴等。制定鼓励教师参与高校大学生社会能力提升工作的优惠政策,把教师参加和指导大学生社会能力提升工作计入工作量,给予相应的报酬和补助,设立优秀指导教师奖,并与教师晋升、评优和评职称等挂钩。建立优秀指导教师奖励机制,保证相对固定的指导教师工作投入。

(三)建立针对学生工作部门的奖励机制

对于在高校大学生社会能力提升工作中表现突出的学生工作部门或相关单位应予以表彰奖励。把学生工作部或相关单位特别是作为大学生社会能力提升工作主体责任单位的各二级学院在大学生社会能力提升工作中的成绩作为对学生工作考评的成绩,纳入本单位年度工作目标责任考核中,按不同的获奖级别给予相应的考核评价加分等。高校还要积极总结学生工作部门或相关单位特别是各二级学院在大学生社会能力提升工作中好的做法和效果,在全校范围内推广学习。

第八节　高校大学生社会能力提升条件保障与合力举措

美国著名现代化问题专家英格尔斯说过:"在整个国家现代化发展的进程中,人是一个基本的因素。一个国家,只有当它的人民是现代人,它的国民从心理上都转变为现代的人格,它的现代政治、经济和文化管理机构中的工作人员都获得了某种与现代化发展相适应的现代性,这样的国家才可真正称为现代化的国家"。孔子的"有教无类"和"因材施教",苏格拉底的"美德即知识"及"苏格拉底方法",都表现出他们对"人"的关注。近代教育家杜威主张教育即生活,马斯洛等的人本主义教育观等,都试图从"人"的深度去探讨教育问题。

世界近现代的历史都说明,国家的发展和崛起都与大学有关。看看历史上英国、德国、美国的崛起,无一不是伴随着高等教育的良性发展。非但如此,其中还包括高等教育理念的创新。如德国洪堡时期开始的崇尚科研、从美国威斯康星大学等开始的社会服务理念,分别对德国和美国的发展和崛起起到重要作用。进入新时代,我国把建设高等教育强国作为高等教育发展的目标。习近平总书记在党的十九大报告中指出:"建设教育强国是中华民族伟大复兴的基础工程。"在全国教育大会上,习近平总书记进一步提出了"加快推进教育现代化、建设教育强国"的新要求。加快教育强国建设是建设社会主义现代化强国和实现中华民族伟大复兴中国梦的必然要求。

改革开放40多年特别是党的十八大以来,党中央一直十分重视教育事业发展,先后提出并实施了科教兴国战略、人才强国战略和创新驱动发展战略,把教育放在优先发展的战略位置上,全面深化教育改革,大力推进教育事业发展,建成了世界上最大规模的教育体系。习近平总书记在全国高校思想政治工作会议上强调，要坚持把立德树人作为中心环节，把思想政治工作贯穿教育教学全过程，实现全程育人、全方位育人。高校要把立德树人的成效作为检验一切工作的根本标准，切实肩负培养德智体美劳全面发展的新时代中国特色社会主义事业建设者和可靠接班人的神圣使命。

"新时代高校大学生社会能力提升研究实践"课题研究提出"在校园集体活动中培养和增强大学生的集体意识、集体观念和提升大学生的社会能力"的研究理念，组织开展好校园集体活动是高校培养提升大学生社会能力最主要的手段和举措。实践证明，高校要组织和开展好校园集体活动，条件保障是关键。只有具备了校园集体活动组织开展的基本条件，才能保障校园集体活动能够组织好，能够有效开展，在校园集体活动中培养大学生集体意识、集体观念和提升大学生社会能力的课题研究理念才能实现和落到实处。同时，根据课题研究调查和访谈结果得出，高校要做好大学生社会能力提升工作，还应形成国家、社会、高校、家庭、个人"五位一体"的合力举措。

一、应具有的基本条件保障

这里所说的条件可以分为两类：一类是软条件；另一类是硬条件。所谓软条件就是高校对组织和开展好校园集体活动的思想重视程度、文化氛围营造、师生参与积极性的调动等；所谓硬条件就是高校对组织和开展好校园集体活动的顶层设计、平台建设、制度机制构建、师资人员、活动基地建设、经费设施保障等。在课题研究和研究者总结多年所从事的大学生思政工作经验基础上，研究者认为高校组织和开展校园集体活动的条件保障应着重从加强高校思政育人工作顶层设计、加强高校校园文化建设质量提升、加强新时代高校班级建设与管理、加强高校大学生党员教育与培养、加强高校大学生假日活动引导组织、加强高校校园网络集体活动组织开展、加强高校校园集体活动组织人力保障等7个方面着手。

（一）加强高校思政育人工作顶层设计

高校思政育人工作顶层设计是组织和开展校园集体活动的指导思想和根本遵循。也是高校深入贯彻落实习近平新时代中国特色社会主义思想和党的十九大精神，贯彻落实习近平总书记关于教育的重要论述，特别是在学校思想政治理论课教师座谈会上的重要讲话精神，全面贯彻党的教育方针，落实全国高校思想政治工作会议,中共中央、国务院《关于加强和改进新形势下高校思想政治工作的意见》,中共中央办公厅、国务院办公厅《关于深化新时代学校思想政治理论课改革创新的若干意见》,教育部党组《高校思想政治工作质量提升工程实施纲要》,教育部等八部门联合印发的《关于加快构建高校思想政治工作体系的意见》等通知精神。

1. 工作目标与原则

(1) 总体目标

坚持以习近平新时代中国特色社会主义思想为指导,充分发挥中国特色社会主义教育的育人优势,以立德树人为根本,以理想信念教育为核心,以社会主义核心价值观为引领,以全面提高人才培养能力为关键,充分发挥课程、科研、实践、文化、网络、心理、管理、服务、资助、组织等方面工作的育人功能,挖掘育人要素,完善育人机制,优化评价激励,强化实施保障,不断提高工作亲和力和针对性,切实构建十大育人体系,完善高校思想政治工作"三全育人"格局,着力培养德智体美劳全面发展的新时代社会主义事业建设者和可靠接班人。

(2) 基本原则

①坚持育人导向,突出价值引领。统筹办学治校各领域、教育教学各环节、人才培养各方面的育人资源和育人力量,推动知识传授、能力培养与理想信念、价值理念、道德观念教育有机结合,建立健全系统化育人长效机制。②坚持遵循规律,勇于改革创新。遵循思想政治工作规律、教书育人规律和学生成长规律,坚持以师生为中心,把握师生思想特点和发展需求,优化内容供给、改进工作方法、创新工作载体,激活学校思想政治工作内生动力。③坚持问题导向,注重精准施策。聚焦重点任务、重点群体、重点领域、重点区域、薄弱环节,强化优势、补齐短板,加强分类指导,着力破解高校思想政治工作中存在的不平衡不充分问题,不断提高师生的获得感。④坚持协同联动,强化责任落实。加强党对高校思想政治工作的领导,落实主体责任,建立健全党委统一领导、部门分工负责、全员协同参与的责任体系,加强督导考核。

2. 工作内容与具体任务

(1) 统筹推进课程育人

坚持把立德树人作为中心环节,大力推动以"课程思政"为目标的课堂教学改革,把高校思想政治工作贯穿教学全过程,打造由思想政治理论课、专业课、社会实践等构成的多元互补、有机融合的思想政治教育课程体系，着力推动习近平新时代中国特色社会主义思想进教材、进课堂、进头脑。全面深化思政课程改革，充分发挥课堂育人主渠道的作用，建设一批以习近平新时代中国特色社会主义思想为核心内容的思政课课程群。推动思政课传统优势同信息技术深度融合。发挥专业课程育人的主体作用，梳理各门专业课程所承载的思想政治教育功能，挖掘所蕴含的思想政治教育元素，融入课堂教学环节，实现思想政治教育与知识体系教育的有机统一。深入加强思政课实践教学。完善思政课实践教学机制，建好用好思政课实践教学基地，聚焦提高学生的综合素质和社会实践能力，推动思政课实践教学与学生社会实践、志愿服务、社会公益、学生社团、团队合作等活动相结合，充分发挥思政课程实践教学育人实效。

（2）着力加强科研育人

发挥科研育人功能，坚持把培养科学精神、创新意识作为重点，把高校思想政治教育纳入科研全过程，引导大学生树立正确的政治方向、价值取向和学术导向，培养大学生至诚报国的理想追求、敢为人先的科学精神、开拓创新的进取意识和严谨求实的科研作风。加强项目思想价值审查。把思想政治表现作为组建科研团队的底线要求，在研究课题、项目选题设计、科研立项、项目研究、项目结题、成果运用等环节和过程中注重思想价值引领和审查。加强学术诚信体系建设。构建集教育、预防、监督、惩治于一体的学术诚信体系。完善科研评价标准，改进学术评价办法，通过开展学术道德宣讲和开设相关公选课程，加强大学生学术规范、学术道德养成教育。着力培养大学生创新意识。实施科研创新团队培育支持计划、科教协同育人计划、产学研合作协同育人计划、大学生科技节等项目，引导大学生积极参与科技创新团队和科研创新训练，及时掌握科技前沿动态，培养集体攻关、联合攻坚的团队精神和协作意识。选树科研育人示范团队。大力弘扬新时代科学家精神，加大对学术名家、优秀学术团队先进事迹的宣传教育力度，培养选树一批科研育人示范团队。

（3）扎实推动实践育人

遵循人才成长规律，坚持理论教育与实践养成相结合，着力强化实践教学环节，加强实践育人基地建设，整合各类实践育人资源，丰富实践内容，创新实践形式，拓展实践平台，完善支持机制，教育引导师生在亲身参与中增强实践能力、树立家国情怀。构建实践育人工作机制。推动专业课实践教学、社会实践活动、创新创业教育、志愿服务、军事训练等载体有机融合，形成实践育人统筹推进工作格局,在实践中增强学生能力,培育情怀。加强实践教学基地建设。整合实践资源,加强实践教学基地建设,依托高新技术产业开发区、教育实习实训基地、新农村、爱国主义教育场所、红色教育资源等,重点建设一批创新创业实践基地、社会实践基地等实践育人平台。创新社会实践内容形式。丰富实践内容,创新实践形式,深入开展"大学生志愿服务西部计划"、大学生暑期"三下乡""学雷锋""万名学子扶千村"等经典项目,组织实施好"牢记时代使命,书写人生华章""青年红色筑梦之旅,师生主题社会实践""百万师生,'一带一路'社会实践专项行动"等新时代社会实践精品项目,完善师生志愿服务评价认证和保障体系。落实实践教学标准要求。深入推进实践教学改革,落实实践教学标准,适度提高实践教学比重。

(4) 深入推进文化育人

坚持以文化人、以文育人,注重文化浸润、感染、熏陶,大力弘扬中华优秀传统文化、革命文化、社会主义先进文化,推动中国特色社会主义文化繁荣兴盛,加强意识形态工作,践行和培育社会主义核心价值观,优化校风学风,繁荣校园文化,培育大学精神,建设优美环境,滋养心灵、涵育品行、引领社会风尚。推进优秀传统文化教育。深入挖掘高校地域优秀传统文化,通过持续开展"礼敬中华优秀传统文化""中华经典诵读工程""中国传统节日振兴工程""高雅艺术进校园""校园文化艺术节"等活动,推出一批优秀传统文化精品项目,强化大学生中华优秀传统文化的传承。加强革命文化作品创作。深挖革命文化的育人内涵,结合高校所在地域革命文化特色,推出一批以革命先驱为原型的舞台剧、以革命精神为主题的歌舞音乐、以革命文化为内涵的网络作品,让红色基因浸润到大学生的灵魂深处。选树先进文化学习典型。持续开展社会主义先进文化教育,以社会主义核心价值观为引领,推广展示一批社会主义核心价值观教育典型案例,培育和选树一批践行社会主义核心价值观先进典型。展示主题文化品牌成果。繁荣新时代大学文化,弘扬大学精神,发挥校史、校训、校歌的教育作用,通过实施"原创文化经典推广行动计划",广泛开展"我的中国梦"等主题教育活动,打造主题文化品牌,推选展示一批校园文化建设优秀成果。

(5) 创新推动网络育人

坚持把思想政治工作传统优势同信息技术高度融合,紧跟网络信息时代的发展趋势,拓展网络平台,丰富网络内容,树立网络思维,提升大学生网络文明素养,始终用马克思主义筑牢网络思想教育阵地,创作网络文化产品,传播主旋律、弘扬正能量,守护好网络精神家园。大力开展网络思政教育。发挥好高校网络思想政治工作中心、大学生在线、易班网、高校官微、官博等思想政治工作平台功能,积极建设大学生网络文化工作室,推进新媒体联盟建设,提升网络思想政治教育的影响力,扩大网络文化的育人覆盖面和社会服务面。加强大学生网络素养教育。深入开展"国家网络安全宣传周""大学生网络文化节""高校网络育人优秀作品推选展示""优秀网络文化进校园"活动,引导大学生增强网络安全意识,遵守网络行为规范,养成文明网络生活方式,营造清朗的网络空间。优化网络工作考核评价。积极实施"网络教育名师培育支持计划""校园好网民培养选树计划",进一步优化评价网络工作考核体系,将优秀网络文化成果纳入高校科研成果统计、列为教师职务职称评审条件、作为师生评奖评优依据,建设一支政治强、业务精、作风硬的网络工作队伍,打造一批网络思政名篇、名栏、名师。

（6）大力促进心理育人

坚持育心与育德相结合,加强人文关怀和心理疏导,深入构建教育教学、实践活动、咨询服务、预防干预、平台保障"五位一体"的心理健康教育工作格局,着力培育大学生理性平和、积极向上的健康心态,促进大学生心理健康素质与思想道德素质、科学文化素质协调发展。加强心理健康教育教学效果。规范课程设置,对高校新生开设心理健康教育公共必修课,实现大学生心理健康教育全覆盖。有效利用微课、MOOC、翻转课堂等新型教学模式,提高课堂教学效果。做好心理健康教育咨询服务。强化咨询服务,提高心理健康咨询中心服务水平。通过个别咨询、团体咨询、电话咨询、网络咨询等多种形式,为学生提供及时、有效、高质量的心理健康教育咨询服务。完善心理危机干预工作机制。定期进行心理健康普查排查,优化学校、院系、班级、宿舍"四级"预警防控体系。广泛开展心理健康宣传活动。持续办好"5·25"大学生心理健康教育节、"阳光护航"心理育人宣传季品牌活动,利用在线平台、校园广播、校报等媒体,开设心理健康教育专栏,广泛宣传心理健康知识,提高大学生心理保健能力。加大心理健康教育保障力度。按照要求标准配备心理健康教育专职教师,保障心理健康教育工作经费投入和心理咨询辅导专用场地,建设校内外心理健康教育素质拓展培养基地,积极推进"心理健康与咨询示范中心"建设。

（7）切实强化管理育人

坚持把规范管理、严格要求和春风化雨、润物无声的教育方式相结合，遵守高校章程，完善校规校纪，建立学生自律公约，加强法制教育，推进学校治理能力和治理体系现代化，强化科学管理对道德涵育的保障功能，努力营造治理有方、管理到位、风清气正的育人环境。全面深化依法治校工作。深入宣传学校章程、校规校纪，明确管理育人的内容和路径，丰富完善不同岗位、不同群体公约体系，引导大学生培育自觉、强化自律。加强思政干部队伍建设。按照新时代好干部标准，选好配强各级领导班子和领导干部，选好配强辅导员、班主任，加强教育培训，提高各类管理干部育人能力。培育一批"管理育人示范岗"。强化保障功能，健全依法治校评价指标体系，深入开展依法治校创建活动。把育人功能发挥纳入管理岗位考核评价范围，作为评奖评优条件。培育一批"管理育人示范岗"，引导管理干部用良好的管理行为、作风影响和培养学生。

（8）不断深化服务育人

坚持把解决实际问题与解决思想问题结合起来，围绕学生、关照学生、服务学生，把握学生成长发展需要，提供靶向服务，增强供给能力，积极帮助解决学生学习生活中的合理诉求，在关心人、帮助人、服务人中教育人、引导人。明确各类服务岗位育人功能。强化育人要求，研究梳理后勤保障服务、学生公寓管理、图书资料服务、医疗卫生服务、安全保障服务、综合信息服务等岗位所承载的育人功能，并作为工作的职责要求，体现在聘用、培训、考核等各环节。加强后勤保障服务育人职能。在后勤保障服务中，持续开展"节粮节水节电""节能宣传周"等主题教育活动，大力建设绿色校园。加强图书资料服务育人职能。在图书资料服务中，优化服务空间，引导学生尊重和保护知识产权，维护信息安全。加强医疗卫生服务育人职能。在医疗卫生服务中，制订健康教育教学计划，开展传染病预防、安全应急与急救等专题健康教育活动，培养学生公共卫生意识和卫生行为习惯。加强安全保卫服务育人职能。在安全保卫服务中，建设平安校园，培养学生安全意识和法制观念。加快建设综合服务信息平台。办好"学生事务中心"，加快推进网上综合信息服务系统建设。培育一批"服务育人示范岗"。加强监督考核，落实服务目标责任制，把服务质量和育人效果作为评价服务岗位效能的依据和标准。选树一批服务育人先进典型模范，培育一批"服务育人示范岗"。

（9）全面推进资助育人

坚持把"扶困"与"扶智","扶困"与"扶志"相结合,健全完善学生资助体系,构建物质帮助、道德浸润、能力拓展、精神激励有效融合的资助育人长效机制,着力培养受助学生自立自强、诚实守信、知恩感恩、勇于担当的良好品质。坚持资助育人导向,在各类奖助学金的评审过程中,注重加强对学生的诚信教育、励志教育、契约精神、奋斗精神和感恩意识教育。在劳动教育、勤工助学活动开展环节,着力培养学生的劳动意识和自强不息、创新创业的进取精神。在基层就业、应征入伍、学费补偿、贷款代偿等工作环节中,培育学生树立正确的成才观、就业观和价值观。推选展示资助育人先进典型。创新资助育人形式,实施"发展型资助的育人行动计划""家庭经济困难学生能力素养培育计划",深入开展"助学·筑梦·铸人""诚信校园行"等主题教育活动。组织国家奖学金获得者担任"学生资助宣传大使"。培育建设一批"发展型资助的育人示范项目",推选展示资助育人优秀案例和先进人物。

（10）积极优化组织育人

坚持把组织建设与教育引领结合起来,强化各类各级组织的育人职责,增强工作活力、促进工作创新、扩大工作覆盖面、提高辐射能力,发挥各类各级组织联系服务、团结凝聚大学生的桥梁纽带作用,把思想政治教育贯穿各项工作和活动,促进大学生全面发展。发挥各级党组织育人保障功能。坚持党委领导下的校长负责制,推动学校各级党组织自觉担负起管党治党、办学治校、育人育才的主体责任。实施党建示范创建和质量创优。实施新时代高校党建示范创建和质量创优工作,持续开展"不忘初心、牢记使命"主题教育,扎实推进"两学一做"学习教育常态化制度化,开展标杆院系、样板支部创建活动,培育建设一批先进基层党组织,培养选树一批组织育人的优秀共产党员、优秀党务工作者。发挥群团组织的育人纽带功能。推动共青团、学生会等群团组织创新组织动员、引领教育的载体与形式,更好地代表学生、团结学生、服务学生,支持各类大学生社团开展主题鲜明、健康有益、丰富多彩的活动,充分发挥高校院系(教研室)、学术梯队、班级、宿舍在大学生成长中的凝聚、引导、服务作用。积极培育和建设一批高校文明社团、文明班级、文明宿舍。

3.组织领导与实施保障

（1）加强党的领导

高校要把思想政治工作摆到重要位置,切实加强组织领导和工作指导。全面统筹各领域、各环节、各方面的资源和力量,加强体制机制、项目布局、队伍建设、条件保障等方面的系统设计,定期了解掌握思想政治领域工作情况,研究解决重大问题,协调推进重点任务落实,切实履行思想政治工作第一责任人职责和"党政同责、一岗双责"。各高校领导班子成员、学生工作队伍人员要主动进课堂、进班级、进宿舍、进食堂、进社团、进讲座、进网络,深入一线联系学生。

(2)强化组织保障

高校要进一步明确各级党组织主要负责人为思想政治工作第一责任人意识。高校思想政治工作领导小组负责统筹规划学校思想政治教育工作,明确职责、定期例会、加强协同、监督落实。要充分发挥党委的领导核心作用、院(部)党总支的政治核心作用、基层党支部的战斗堡垒作用,完善各部门、各单位常态协作和分工负责机制,建立责任清单,细化工作台账,层层压实责任,构建同向同行、协同发力的工作责任体系。高校要将思想政治工作和党务工作队伍建设纳入人才队伍建设总体规划,切实完善选拔、培养、激励机制。

(3)加强工作协同

高校要积极推动形成学校、家庭和社会教育协同育人机制。发挥思想政治工作专家的咨询作用,加大思想政治工作创新发展、队伍培训研修、网络思想政治工作建设的力度。做好思想政治工作专项资金使用管理,强化经费投入的育人导向。高校要积极推动思想政治工作往深里走、往实里走,要把构建学校思想政治工作体系作为抓总工程,更好地发挥其贯通和牵引作用,让思想政治工作与学校整个教育事业融合起来,与学生成长过程结合起来,与广大教师的教书育人实践综合起来,全面提升育人成效。

(4)做好宣传动员

高校要增强思想政治工作的责任感、时代感、使命感。要充分运用校报、广播,以及校园网、微博、微信公众号等媒体平台,做好宣传工作,加强引导、深度动员、形成共识,为全面有效做好高校思想政治工作营造良好的舆论氛围。高校要在实际工作中不断加强思想政治工作研究,发现问题及时分析和解决,不断总结工作中的有效经验和良好做法。做好在工作中发现典型、宣传典型工作,积极选树一批在思想政治工作中涌现出的先进人物、先进事迹和优秀案例,在全校乃至全国范围内学习、宣传和推广。

（二）加强高校校园文化建设质量提升

文化是一个国家、一个民族的灵魂。高校是文化创造和传播的重镇，是坚定大学生文化自信的前沿阵地。文化传承创新是大学的重要使命与职责，是当代大学发展的自觉选择。大学文化是大学的精神和灵魂，是大学知识创新的动力与源泉，是大学核心竞争力的重要组成部分。加强高校校园文化建设质量提升，高校要积极开拓校园文化建设的新途径、新方法，总结和凝练校园文化建设的实践经验和特色亮点，不断满足广大学生日益增长的精神文化需求，努力营造学生成长成才的良好氛围。高校校园文化建设质量提升是组织和开展校园集体活动的有效保障和有力举措。

1. 建设指导思想

高校校园文化建设要以习近平新时代中国特色社会主义思想为指导，以社会主义核心价值观为引领，积极将中华优秀传统文化、革命文化、社会主义先进文化和高校自身的特色文化有机融合。以完善的物质文化为基础，以优秀的精神文化为核心，以先进的制度文化为保障，以良好的行为文化为展示，深入开展校风、教风、学风建设，在各种文化建设活动中铸魂育人。以促进高校事业发展为目标，努力培养德智体美劳全面发展的高素质应用型人才，努力为高校实现跨越式发展和追赶超越提供强大的精神动力与文化支撑。

2. 建设主要内容和任务

高校校园文化建设的主要任务：①以理想信念教育为核心，深入进行树立正确的世界观、人生观和价值观教育；以爱国主义教育为重点，深入进行弘扬和培育民族精神教育；以基本道德规范为基础，深入进行公民道德教育；以学生全面发展为目标，深入进行素质教育。②用中国特色社会主义共同理想凝聚力量，以积极实现中华民族伟大复兴的中国梦鼓舞斗志，积极重视和加强学风建设，培育良好的学习风气，拓展学生知识面，完善学生"智能结构"。③积极开展校园文化活动，把德育和智育、体育、美育、劳育有机结合起来，寓教于文化活动之中，促进大学生思想道德素质、科学文化素质和健康素质、能力素质协调发展。④加强文化环境建设，努力营造良好的育人氛围。构建特色校园物质文化以实现环境育人，培育高品质校园精神文化以实现精神育人，建立彰显学校人文情怀的校园制度文化以实现管理育人，繁荣发展校园行为文化以实现导向育人。积极加强高校校园文化建设改革，不断推进理念思路、内容形式、方法手段创新，增强工作时代感和实效性。

（1）物质文化建设

物质设施功能完善。加强高校校园公共场所和教学区域的楼道文化建设，重点发挥校园公共场所和教学区域楼道文化对学生理想信念教育、学校精神传播及学校（学院）建设与发展的宣传功能，使广大学生受到潜移默化的启迪、熏陶和鼓舞，起到陶冶情操、净化心灵、激励精神的作用。

教学文化设施建设。努力建设好教学设施，优化学习环境，不断满足广大学生学习和成才发展的需要；规划、建设、利用好学生的活动场所，为开展校园文化活动和校园集体活动提供必要的场地和条件。

文化宣传载体建设。加强学校新闻网、官微、官博、讲座论坛、自办刊物、宣传橱窗等宣传思想文化载体的建设与管理，充分发挥宣传思想阵地在校园文化建设中的重要作用。

（2）精神文化建设

核心价值观教育。以理想信念教育为核心，坚持不懈地对大学生进行正确的世界观、人生观和价值观教育；以爱国主义教育为重点，深入进行弘扬和培育民族精神教育；以基本道德规范为基础，深入进行公民道德教育。

人文和科学精神教育。把人文素质和科学精神教育融入人才培养的全过程，落实到大学生思想政治教育的各环节。以实施科技创新、文化素质教育为基础，积极营造严谨求实、科学民主的学术氛围，把崇尚科学、探索规律、追求真理的科学精神与以人为本、明德求善的人文精神结合起来，逐步建立起内容覆盖课外活动和社会实践的人文素质与科学精神教育体系。

网络文化建设。充分发挥网络宣传、教育作用，突出其组织、引领功能。在学校网站创建主题栏目，弘扬优秀民族文化，组织开展网络文化活动、校园网络集体活动，调动大学生参与网络文化活动的积极性，努力营建网络文化氛围；结合网络资源平台和网络教学平台建设，引导学生利用网络积极开展自主学习，促进良好学风的形成；结合网络交互平台建设，构造新的沟通方式，营造学生"心灵氧吧"，使网络真正融入学生的学习、工作、生活之中。

（3）制度文化建设

民主制度建设。建立和完善团总支、学生分会、班委会（团支部）、学生社团等组织建设。切实执行大学生教育管理工作中奖惩资助工作公开制度，建立和完善情况通报制度、情况反映制度和重大决策征求意见制度，不断扩大学生对学校教育管理工作的知情权、参与权和监督权；充分发挥学生在学校民主管理工作中的积极作用。

安全保障机制建设。加强网络管理,正确引导舆论;健全学生教育管理工作中的人防、物防、技防和群防体系;进一步完善学校突发事件和应急管理机制,进一步健全安全稳定工作责任制和责任追究制;建立和完善利益协调、诉求表达、权益保障和矛盾纠纷排查机制,及时消除和化解学生中影响校园安全稳定的因素。

(4)行为文化建设

教育引导学生做到自尊、自爱、自立、自强,在政治上、思想上、学习上、生活上不断追求进步,把远大理想和脚踏实地的精神结合起来。自觉遵守国家法令和校规校纪,勤奋学习,刻苦钻研,奋发努力,立志成才。关心集体,尊敬老师,团结同学,积极参与各种志愿服务活动,乐于助人。注重个人品德修养和文明行为养成,具有良好的公德意识。积极参加健康向上的校园文化活动和校园集体活动,增进身心健康。自觉树立当代大学生的文明形象,展示大学生的精神风貌。

3. 建设成果培育凝练

高校校园文化建设成果应紧密围绕学校发展大局、中心工作和宣传思想文化建设的需要,结合工作实际和特点,以实施大学生思想教育和科学文化素质培养为基础。高校校园文化建设成果要积极突显继承性、时代性、创新性、政治性、学术性和育人性的重要特征。应从长期坚持实施和开展、师生参与面广泛、成果特色亮点突出、成果实施过程效果明显、值得宣传和推广的角度重点选择建设校园文化优秀成果。新时代高校校园文化优秀成果建设范围和选题可具体体现在:

①高校开展"立德树人"工作机制的探索与实践。
②高校"三全育人"思想政治工作体系的探索与实践。
③高校大学生德育工作体系构建的探索与实践。
④中华优秀传统文化融入高校育人工作的探索与实践。
⑤高校师生"战'疫'中的中国精神"的学习与实践。
⑥大学生接受红色教育、传承红色基因的探索与实践。
⑦高校思想政治理论课改革创新的探索与实践。
⑧高校网络思想政治教育工作创新的探索与实践。
⑨新媒体与高校宣传思想工作实效性的探索与实践。

⑩高校教风学风建设长效机制的探索与实践。
⑪高校第一课堂与第二课堂共同育人机制的探索与实践。
⑫高校实践育人机制创建、成效提升的探索与实践。
⑬"一院一品"校园文化品牌培育的探索与实践。
⑭抗疫文化作品创作与育人成效的探索与实践。
⑮高校学生社团育人创新机制的探索与实践。
⑯"互联网+"大学生课外科技创新的探索与实践。
⑰大学生分类引导工作体系的探索与实践。
⑱大学生心理危机及预警系统的探索与实践。
⑲大学生劳动教育实效性的探索与实践。
⑳国际化校园文化活动交流机制的探索与实践。

新时代高校校园文化建设成果的培育凝练应从7个方面着手：一是推进习近平新时代中国特色社会主义思想"三进"工作，培育和践行社会主义核心价值观，组织开展的主题教育活动；二是深化中华优秀传统文化教育，尤其是创建的加强网络文化建设和管理的新载体、新举措，做法成效良好；三是突出学校办学特色，围绕大学生能力素质培养，加强校风、教风和学风建设的工作举措与实践项目；四是陶冶师生道德情操、丰富师生文化生活，具有品牌影响力、深受师生喜爱的校园文化艺术活动成果；五是加强高校实践育人、协同育人机制，营造实践育人、协同育人文化氛围的好做法、好经验、好成果；六是结合新冠肺炎疫情防控，开展思想引导、作品创作、教育管理、"战'疫'中的中国精神"学习方面的好做法、好举措；七是其他体现中国特色社会主义先进文化前进方向、贴近实际、行之有效、感染力强的校园文化建设优秀成果。

4. 建设组织保障与激励机制

（1）全员参与，共同建设

校园文化建设是高校建设的重要组成部分，要在学校党政的统一领导下，形成师生员工广泛参与、党政工团齐抓共管的局面，构建学校文化建设的长效保障机制。将校园文化建设成效纳入各单位年终目标责任考核，各单位负责人具体负责本单位文化建设工作。

（2）加强领导，分工负责

把高校校园文化建设与日常工作、党建、团建及大学生思想政治教育管理工作有机结合起来。切实加强对校园文化建设的组织领导，成立学校校园文化建设工作领导小组，负责领导学校文化建设的总体研究、规划与部署。工作领导小组下设办公室，负责相关政策制定、建设推进和督查反馈等职能。

（3）激励表彰，凝练成果

建立学校文化建设的激励机制，对在校园文化建设中做出重要贡献的组织和个人予以表彰奖励，将师生参与校园文化建设情况纳入考核、评议的重要内容，激励师生积极参与校园文化建设。开设学校文化建设专项研究课题，组织师生开展专项课题研究。建立学校文化成果培育与推广机制，对优秀成果及时进行总结、凝练与推广。

（4）加大投入，强化保障

设立学校校园文化建设专项经费，纳入学校每年度经费预算计划，保证学校校园文化建设投入到位、专款专用。在人、财、物等方面加大投入，确保各项工作的顺利开展。积极争取校友及其他社会资源的支持，多渠道筹措学校校园文化建设资金。

（三）加强新时代高校班级建设与管理

中共中央、国务院《关于进一步加强和改进大学生思想政治教育的意见》强调，要充分发挥党团组织在大学生思想政治教育中的重要作用，并指出"班级是大学生的基本组织形式，是大学生自我教育、自我管理、自我服务的重要组织载体。要着力加强班级集体建设，组织开展丰富多彩的主题班会等活动，发挥团结学生、组织学生、教育学生的职能"。加强新时代高校班级建设与管理是组织和开展校园集体活动的基础条件和有力抓手，高校要做好大学生社会能力提升工作就要积极加强班级建设。

1. 班级、班集体概念与内涵

高校班级是按照学生的入学年份、专业设置、生源特点、管理需要等进行组织的群体，传统意义上的高校班级是为了完成教学和管理任务而设立。而高校班集体不同于班级，班集体重在学生的教育和管理。高校班集体是班级深层次发展的终极目标形式。高校优秀的班集体应当具备明确的发展目标、强有力的领导团队、正面积极的班级氛围，班集体着重于集体精神的凝聚、团队意识的打造和能力素质的提升。一个功能健全的班集体不仅能够促进大学生身心的健康发展，而且能直接影响学生的学习兴趣、学习态度和学习成果。

苏联教育家安·谢·马卡连柯认为，良好的集体必须有共同的目的、一致的行动；必须有正确的舆论、必要的制度和纪律，以培养集体义务感、责任感和荣誉感,他的这一通过影响个别学生而影响集体的方法又称为"平衡影响教育法"。"班级组织自身就是一种无可替代的教育因素,具有非他莫属的教育价值。"因此,班集体是有内在教育生命力的集体。班集体作为高校人才培养的基本载体,是学生实现社会化和个性化成长的有效平台,是高校思想政治教育工作者开展学生组织、教育、管理的重要阵地。同时,高校班集体是对大学生加强人生理想信念和集体主义教育的主要载体,高校通过打造团结和谐、凝聚力强、积极向上的班集体,促使大学生全面成长成才,在集体中成长,与集体一同成长。

2. 班级建设面临的问题和困境

进入新时代,随着我国改革开放不断扩大和经济快速发展,中西方交流和融合的不断深入与加强,移动互联网日益普及和社交媒体日新月异,高校人才培养模式和管理制度的不断改革创新,以及青年大学生的兴趣更加广泛、个性更加彰显、成长的自主性更强、表现出对班集体的依赖程度持续下降,当前高校班级建设中存在集体主义趋于淡化、班级模式受到冲击、班级组织活动较少、班级建设缺乏规划、班级队伍建设能力不足等问题,当前形势下我国高校的班级建设正面临着严峻的挑战。

(1) 大学生班集体意识和观念淡漠

当前我国高校创设了形式多样的培养机制,如实施学分制度、大类招生、双学位制度、弹性学制制度、跨专业选课制度等,这些举措打破了传统的班级界限,"同班不同学、同学不同班"的现象普遍存在,尤其是大类招生产生的"双轨制"管理,使学生分属行政和专业班级,学生离散现象日趋明显,加之班级教育管理制度和工作不能及时跟进,同学相处和互相了解的机会越来越少,时间和空间的阻隔使班级同学之间的感情淡漠,集体主义价值观淡化,凝聚力与归属感弱化,班级无法充分发挥其应有的作用。

(2) 班级活动组织数量与质量下滑

从个人层面,受经济全球化与社会转型及文化多元化的影响,我国高校大学生表现出独立意识、自我意识强,多以自我为中心,不能正确处理自身与他人、与集体的关系,往往采取回避的态度,减小参加班级集体实践活动与他人合作的可能。从高校层面,当前我国高校以班级为单位组织开展的集体实践活动还普遍停留在开展教学管理与思想政治教育基本活动单位层面,结构固定,活动单一,没有从新时代高校大学生的成长成才需求出发,使得目前我国高校中普遍班级集体教育实践活动无法正常开展或数量质量效果得不到保证。

（3）班级缺乏制度建设和发展规划

一个班集体对学生大学生涯的影响是深刻而深远的。这就要求班级建设应加强制度建设和具有长远规划，制度建设和长远规划应具有系统性、科学性和前瞻性。但现状是我国高校班级制度建设缺乏，班级普遍无建设章程，无近期、中期、远期建设规划。班级的发展现状是走一天算一天，四年走到头也就到了毕业。无论是处理班级事务还是组织班级活动，多是班委会成员凭着"拍拍脑袋"或一时兴起做决定，无章可循。这样的现状导致高校大学生进校对班级建设也是概念模糊，缺乏认识，关注度不够。

（4）班级建设队伍的能力有待提升

随着高校班级功能的扩展，对于辅导员、班主任来说，他们不仅要有组织、沟通、协调、思想引导等基本能力，还应具备心理健康引导、职业生涯规划、活动竞赛指导、就业创业咨询等综合能力。然而，当前的实际情况是各高校的班级辅导员、班主任普遍年轻化，缺乏或不能完全具备以上应有的综合能力。高校班级学生干部也存在缺乏锻炼、工作积极性不高、工作能力不强、缺乏领导力的实际情况，不能及时、有效解决班级同学面临的实际问题和情况。当前我国高校辅导员（班主任）+党支部+团支部+班干部"四位一体"的工作格局还没有很好形成。

3. **高校班级建设制度和举措**

19世纪英国哲学家和社会学家斯宾塞说："记住你管教的目的应该是养成了一个能够自治的人，而不是一个要让别人来管理的人。"高校大学生既是班集体教育管理的对象，又是教育管理的主体。我们的教育目的是达到不教育，只有以自我教育为基础、以自我教育为主的教育，才是一劳永逸的教育。全面落实立德树人的根本任务是新时代高校育人工作的重要职责，结合新时代我国高校班级建设存在的主要问题和境况，如何加强新时代高校班级建设，使高校大学生在班级建设中坚定理想信念，增强集体意识和集体观念，树立正确的世界观、人生观和价值观，不断提升和增强综合能力素质特别是社会能力，积极成长成才全面发展，培育担当民族复兴大任的时代新人。课题研究者在从事多年的学生教育管理工作中，思考和实践将"团队工作""羊群效应""霍桑效应""第二课堂成绩单"等工作方法理论和制度运用于高校班级建设实践，同时不断积极培养和提升班级建设工作队伍能力素质，取得了良好的工作成效，探索实践出了积极解决新时代我国高校班级建设问题困境、推动高校班级建设良好发展的有力举措。

（1）将"社会团体工作"方法使用于高校班级建设中

现代社会团体工作起源于19世纪的英、美等国的社团及文体组织活动。社会团体工作是指以团体或组织为对象，并通过团体或组织的活动为其成员提供社会服务的方法。其目的是促进团体或组织及其成员的发展，使个人能借助集体生活加快自身的社会化；协调和发展个人与个人、个人与团体和团体与团体之间的社会关系；发挥团体或组织的社会功能，促进社会的进步与健康发展。社会团体工作的功能体现在：帮助团体或组织及其成员解决困难与问题，满足其社会需要；有助于团体及其成员健康地和创造性地发展；通过团体的集体活动，协调成员个人的社会生活，启发其创造力，培养其合作的能力与习惯；通过团体生活，培养与发扬集体主义精神；有利于通过团体活动培养领导才能和民主精神；有利于促进团体或组织之间的联系与合作。现代社会团体工作方法主要是增强成员参与和组织集体活动的能力。通过帮助团体成员参与团体活动，适应集体生活，参与制订活动计划和参加团体的各项活动，尽力实现团体的共同理想和提高活动的能力，并利用团体成员间的相互影响、相互帮助、相互促进，使个人社会化。

高校班集体具有"团体"的特点。从价值观角度来看，高校班集体具有成为"团体"的前提与基础。从组织结构角度来看，高校班集体与"团体"具有相似性。从工作过程角度来看，高校班集体是一种更为长期持久的"团体"工作模式的整合。高校班集体通过大学四年的建设与发展，帮助大学生通过个体间、个体与集体间的互动在理想信念、知识学习、人际交往、情绪情感、职业规划、就业创业等方面实现成长与完善，这是一个维持时间更为持久、互动更为深入的封闭式"团体"。将"社会团体工作"方法使用于高校班级建设中，最主要的举措是要通过组织开展班级学生活动这一重要载体而实现。在加强高校班级建设中，从满足大学生成长成才、全面发展需要的角度，要求高校要积极组织开展好思想教育、文化艺术、学术科技、社会实践、技能培养、就业创业等方面的班级学生活动。例如，思想教育活动，积极在班级学生中组织开展以理想信念、道德诚信、志愿服务、法纪法规、立志成才等方面为主题的思想教育活动；文化艺术活动如运动会团体操表演、大合唱、辩论赛及主题演讲赛、个人特长比赛、综艺晚会等活动；学术科技活动如组织举办学术报告、讲座、学术沙龙，开展科普知识竞赛、"互联网+"大赛、学生讲课竞赛等活动；社会实践活动如利用寒暑假和周末，鼓励班级学生开展和参与以扶贫帮困、义务支教、社会调查、环境保护、民情体验等为主题的实践活动；技能培养活动如鼓励班级学生利用课余和假期时间，通过自学或参加各种技能、技术培训班，获取各项职业资格证书；就业创业活动如在班级学生中举办各类就业创业讲座，组建团队参加"大学生创新创业计划项目"和"大学生实体创业项目"等。

（2）"羊群效应""霍桑效应"在高校班级建设中的运用

"羊群效应"也叫"从众效应"，是个人的观念或行为由于真实的或想象的群体的影响或压力，而向与多数人相一致的方向变化的现象，表现为对特定的或临时的情境中的优势观念和行为方式的采纳与接受。真正的从众效应是指那种对长期占优势地位的观念和行为方式从内心真正的接受，是言行一致的行为，尤其是受影响人的思想受众人行为准则的影响而形成，受影响人用符合众人行为准则的方式处理问题，反过来，受影响人维持众人行为准则的行为和思想观念又影响着别人，这种相互作用的结果，就是集体行为。

在高校班级建设中，发挥"羊群效应"积极的一面，塑造良好的班风，这可以从选拔组建好班委会成员和学生干部队伍、制定好班级建设制度和发展规划、营造好健康向上的班级建设舆论等方面着手。"羊群效应"指出，"羊群行为"的发生取决于"头羊"的带头性和凝聚力，这个"头羊"可以指班级的班长、班委会的骨干成员及学生干部队伍。班级的"头羊"的选拔和确定对加强班级建设很重要，"头羊"应该具有领导力和执行力，能得到全班同学的信任、支持和拥护。同样，一套好的规章制度是班级建设健康发展的源泉，班委会组建好后就应在辅导员(班主任)的指导下，拟定出班级的四年建设目标、发展规划、班级章程及相关班级建设规章制度等。"从众心理"往往是在群体压力下产生的。在班级制度建设中要发挥学生的主体作用，班级制度应由全班学生集体商议讨论生成、进而达成协议，班级制度应具有权威性和凝聚力，能将个人的奋斗目标内化为班级建设的总体奋斗目标。"集体舆论对成员起着一种评价、监督和行为指导的作用。"集体舆论对高校班级行为导向产生积极作用，好的集体舆论能营造一种团结向上的风气，高校良好的班级建设关键在于好的集体舆论的建立。在好的集体舆论的带动下及"从众心理"的作用下，少数舆论会因受到群体的压力而服从良好集体舆论，使好的集体舆论约束每个成员的言行并上升为群体意志，从而对集体活动产生重大影响。

"霍桑效应"指个体由于受到额外的关注而引起绩效或努力状态上升的情况，表明人都期待被重视，在受到重视的情况下人的潜力能够被激发从而获得更大的成绩。根据马斯洛需求层次理论，人都有受人尊重的需要、友谊的需要和交往的需要等，因此可以利用这一点使"霍桑效应"与"羊群效应"在高校班级建设中互为补充，使高校班级建设向更为良性的方向发展。这里所说的个体可以是两方面的个体：一个是指班级中优秀的个体；另一个是指班级中后进的个体。将"霍桑效应"应用于高校班级建设中优秀的个体，就是要在班集体中积极选树先进，如选树奖助学金获得者、三好学生、优秀学生干部、优秀学生党员、优秀学生志愿者等，号召全班学生向先进学习，通过选树使先进者更先进、优秀者更优秀，并积极发挥先进的示范带动辐射作用。将"霍桑效应"应用于高校班级建设中后进的个体，就是要因材施教，在高校班级建设中加强对后进学生的教育引导，辅导员、班主任应积极发现和充分挖掘班级中后进生的优点，帮助后进生在班级建设中取得一个应有的地位，获得自我尊严与自我需求，在与他人的合作中发现自己的价值并感受到班集体的温暖。

（3）把"第二课堂成绩单"制度落实在高校班级建设之中

"第二课堂成绩单"制度由高校团委牵头实施，是面向高校大学生构建人才培养模式的新实践，是适应高校大学生成长需要、深化教育综合改革、契合社会对人才需求的制度创新。"第二课堂成绩单"制度围绕学校人才培养目标，在引导大学生坚持以学业为主的同时，针对学生综合素质能力特别是社会能力培养提升等普遍需求，通过对第二课堂工作内容、评价机制等进行整体设计，以组织开展校园文化活动、校园集体活动、学生社团活动等为主的高校大学生第二课堂活动为实践载体，探索规范化、制度化的工作模式，形成富有特色、全方位培养提升大学生能力素质的制度机制，也进一步加强和推动新时代高校班级建设。

"第二课堂成绩单"制度具体由校团委、学生会、学生社团及二级学院的团总支、学生分会、班委会（团支部）、学生兴趣小组等组织实施有关方案，对校园文化活动、校园集体活动、学生社团活动等高校大学生第二课堂活动实施项目管理。高校大学生第二课堂活动项目管理，不仅仅是指校园群团组织、班委会（团支部）等集体性团体活动的项目申请立项和管理，学生个人、学生团体组织的第二课堂活动，也可以以项目的形式申请立项和管理。同时，为充分调动学生组织和参与第二课堂活动的积极性和主动性，在实施高校大学生第二课堂活动项目管理的同时，实施"第二课堂成绩单"积分。当项目申请组织或申请个人申请的活动项目，按照项目启动、计划、执行、控制和收尾的过程，圆满有效完成活动项目任务时，校团委和二级学院团总支经考核验收活动项目为合格时，便对项目申请组织成员和申请个人给予相应的活动积分成绩。对此，对高校大学生第二课堂活动与大学生能力素质培养提升及新时代高校班级建设工作，校团委、学生会、学生社团及二级学院的团总支、学生分会、班委会（团支部）、学生兴趣小组等相关组织每年列入年度工作计划，结合学校和二级学院的工作要求与实际，每年制定出工作实施方案，每学期提出具体的工作目标要求，设立高校大学生第二课堂活动项目和活动指南，各班委会（团支部）、学生社团、学生个人根据活动项目指南选择活动立项或申请活动自由立项，校团委和二级学院团总支对第二课堂活动项目的实施效果、进度情况进行实时控制，应用项目管理工具对班委会（团支部）、学生社团、学生个人完成活动项目的结果考核量化，并给予评价记录，对班委会（团支部）、学生社团、学生个人等按类别进行"第二课堂成绩单"积分成绩考评。并将其作为团总支、学生分会、班委会（团支部）、学生社团、学生个人等平时评选先进单位、先进集体和先进个人的重要依据，同时将其作为学生奖惩评优、推优入党、就业推荐、社会认可的重要依据。"第二课堂成绩单"的实施能有力促使高校校园中的各级集体组织和个人，积极组织开展和参加第二课堂活动，特别是能促使高校班集体组织学生参与和开展班级集体实践活动，也有力地加强和推动了高校班级建设。

（4）发挥和突显高校班级建设队伍力量的能力作用是关键

辅导员、班主任、任课教师、学生干部是高校班级建设队伍的主要力量，在高校大学生的生活、学习与成长及班级建设方面发挥着引领性的作用。新时代加强高校班级建设，发挥和突显辅导员、班主任、任课教师、学生干部队伍力量的能力作用是关键。针对高校辅导员、班主任、任课教师、学生干部等在班级建设中的不同作用，构建"四位一体"的联动机制，可有效促进班级建设及其良好发展。针对辅导员，要加强辅导员队伍建设，以贴近学生、了解学生、促进成长为原则，明确辅导员的岗位职责和考核重点。针对班主任，通过制度建设，在本科生中全面推进班主任制度，切实发挥班主任的专业学习和实践活动引领作用。针对任课教师，建立完善任课教师与辅导员、班主任的沟通协作机制，做到教书与育人同步。针对学生干部，加强培养和管理，使其成为深入学生实际、踏实工作、全心全意为同学服务的班级核心。四方联动，形成工作合力，长久持续地共同促进高校班级建设。

　　新时代加强高校班级建设，发挥和突显高校班级建设队伍力量的能力作用，可着重从打造班级精品活动、建设班级先进文化、科学评价和培养先进班集体等方面着手开展工作。打造班级精品活动，一方面要了解班级学生的兴趣点，根据班级学生的喜好来设计相关活动，吸引更多学生的注意力，提高学生在班级集体活动中的参与度；另一方面要创新活动的形式，丰富活动的内容，突显活动的意义，让学生在班级集体活动的参与中感受到与其他活动不一样的快乐、学到更多的知识，真正融入班集体里。例如，精心打造班级理论研习活动、读书分享交流活动、志愿服务活动、社会调查活动、文体艺术活动、科技创新活动等，通过打造班级精品活动，突显班级建设特色。班级文化是一个班级的灵魂，它体现着班集体成员通过集体生活形成的共同的价值观、思想、信念、态度和行为准则。加强新时代高校班级建设，在班集体文化建设中要以培育和践行社会主义核心价值观为主线，使班级建设有信仰、有理想、有传承、有规则。通过精心设计班级文化符号如班名、班徽、班训、班歌、班服、班报等，通过组织开展班歌大赛，班徽、班训、班服设计大赛，种植班级毕业纪念树等活动来培育班级特色和班级积极向上的文化，并用班级文化来引领、凝聚班级建设，使全班学生在积极向上的先进班级文化中思想受到教育，精神受到熏陶。积极构建科学、合理、全面、富有可行性的先进班集体考评体系，建立"达标"与"竞标"双核并驱、多元化多层级的先进班集体评选办法。使先进班集体为班级在思想组织建设、班风学风建设、文化建设、情感氛围营造、体育健身活动及宿舍文化建设等各方面综合成绩的体现和展示，为班集体的全方位建设打下良好基础。坚持多元评价，如设立"理论学习班""优秀学风班""文明风尚班""道德示范班""科技创新班""文化引领班"等优秀班集体评选类别，实现推动班级特色发展。

　　4.班级建设典型案例

在班团活动中教育人、培养人、发展人

　　这里的班团活动是指以学校、二级学院、班委会（团支部）或学生团体为单位组织开展的，班委会（团支部）或学生团体成员、学生个人参与和参加的高校校园第二课堂活动。此案例以研究者所在的渭南师范学院教育科学学院组织开展大学生思想政治教育管理工作和班团活动为例。

工作思路：近年来，渭南师范学院教育科学学院大学生思想政治教育管理工作坚持"以育人为根本，以学风建设为主线，以素质拓展为手段，促进学生成长成才"的工作思路，积极实施"一年级加强思想教育、二年级加强专业教育、三年级加强素质教育、四年级加强毕业教育"的分层次、分级别的学生思想政治教育管理模式，稳定推进工作进程，努力提高工作质量和服务水平，逐步形成了学院学生思想政治教育管理工作特色，积极实践探索在班团活动中教育人、培养人、发展人。

工作制度：为了做好大学生的思想政治教育管理工作，结合学院学生工作实际，先后制定和执行了《学生辅导员工作管理规定》《班主任工作职责》《辅导员"三个一"和"与学生交朋友"活动实施方案》《大学生素质拓展积分制度实施办法》《大学生舞蹈队管理规定》《读书活动实施方案》《学生上课管理规定》《学生早操出勤管理实施细则》《"学习标兵"评选办法》《学生党员目标管理制度》《学生干部管理规定及考核办法》《学生安全承诺书》等20余项规章制度，这些规章制度对要求辅导员、班主任做好大学生思想政治教育管理工作、加强指导学生学习、鼓励学生积极参与班团活动、锻炼和提高能力素质，以及教育、约束和规范学生日常行为方面起到了良好的作用。

工作特色：学院大学生思想政治教育管理工作中一个突出的特点和特色是：坚持实践探索在班团活动中教育人、培养人、发展人。学院党团组织充分发挥班团活动的育德、益智、砺能功能，积极在广大学生中组织开展内容丰富、形式多样的班团活动，通过实施大学生素质拓展积分制度，调动学生参与和组织开展班团活动的积极性与主动性。学院在班团活动的组织与开展中努力做到"四注重"，即注重班团活动的设计与组织、注重班团活动的内容与形式、注重班团活动的过程与环节、注重班团活动的成效与成果。在班团活动组织开展的实践探索中认为，要在班团活动中教育人、培养人、发展人，需要抓住和解决的关键问题是：一是要积极组织开展班团活动，活动质量要高，要具有一定的水平和层次；二是要动员和促使学院师生积极、主动参与和组织班团活动，形成教师积极指导、学生积极参与的良好局面；三是要制定和完善班团活动激励机制和科学合理的考核评价制度。

工作成绩：近几年，学院的大学生思想政治教育管理工作，本着"服务育人、管理育人、实践育人、文化育人"的工作理念，组织开展并组织学生参加各类班团活动，注重活动的组织，注重活动的过程，注重活动的实效。学院在学生思想教育、素质拓展、能力锻炼、管理服务等方面取得了较好的成绩，学生的综合素质能力明显提升。这一点，在学院和学生参与学校组织开展的各类校园文化活动所取得的成绩中得到了很好的体现和印证。活动所取得的成绩，也充分展示了在班团活动中教育人、培养人、发展人的作用和意义。

学院先后荣获学校"新生国防教育先进集体""文化艺术节优秀组织单位""大学生科技节优秀组织单位""大学生社会实践优秀组织单位""阳光体育创新大赛团体奖""学校田径运动会突出贡献奖""毕业生就业工作先进单位"等集体奖项12项；荣获学校运动会广播操比赛、特色项目表演、新生国防教育大合唱、校园主持人大赛、校园舞蹈大赛、汉字听写大赛、大学生英语演讲赛、大学生科普知识竞赛、院际足球赛等活动比赛一等奖奖项21项，荣获大学生辩论赛、大学生诵唱经典竞赛等活动比赛二等奖奖项13项，荣获院际拔河比赛、棋艺比赛等活动比赛三等奖奖项8项；先后有2500人次的学生在各类活动评比中获奖；学院团总支荣获"先进团总支"、学生分会荣获"优秀学生分会"荣誉称号，师范生技能促进会、大学生心理健康教育协会等荣获"学校优秀学生社团"称号。

近几年，在做学院毕业生回访工作中，得到的反馈是：学院毕业生的综合素质和能力得到了用人单位的赞许和社会的认可，毕业生就业率也是逐年提高。在组织开展学生班团活动的同时，学院学生工作教育管理队伍积极开展班团活动与大学生能力素质提升等方面的课题研究工作，产生了一批班团活动与人才培养方面的科研成果，先后申报班团活动与人才培养方面的研究课题8项，公开发表相关学术论文30余篇，多篇论文在省、校级评选中获奖，达到了组织开展学生班团活动与科学研究工作相互促进的良好局面。

需进一步加强的工作：一是有少部分学生参与班团活动的主动性和积极性不高，存在被动参与活动的现象，对这些学生需要进一步加强教育和引导。二是班团活动的内容和形式应进一步丰富，应不断提高活动质量，不断扩大活动学生参与面。三是组织开展班团活动的重心应下移，应积极鼓励各班委会、团支部结合本班学生实际，积极自主组织开展班团活动，不断增强活动的实效性。

（四）加强高校大学生党员教育与培养

党的十八大以来，习近平总书记关于教育工作的系列重要论述，精辟阐明了新时期我国教育改革发展的重大理论和实践问题。他指出，青年一代有理想、有担当，国家就有前途，民族就有希望。要把理想信念教育放在首位，从小培养"革命理想高于天"的崇高追求。高校学生党员是学生中的骨干分子，学生党员队伍建设是高校党的建设的基础工程。高校要做好大学生社会能力提升工作，同样需要加强高校大学生党员的教育与培养，因为高校大学生党员也是组织和开展校园集体活动的一支重要力量和骨干力量。做好新形势下的高校大学生党员理想信念教育工作，对于增强大学生党员理想信念，促使大学生党员积极践行社会主义核心价值观，着力培养造就新时代中国特色社会主义事业合格建设者和可靠接班人具有重大而深远的意义。

1. 大学生党员理想信念教育现状

在当前形势下，我们需要清醒地认识到，随着全球化经济不断发展、社会主义市场经济体制改革不断深化、高等教育规模的不断扩大和改革的不断深入，高校大学生党员队伍建设面临着许多新问题、新情况和新挑战。当前如何保持高校大学生党员队伍的先进性，教育、引导大学生党员追求真理、追求理想、追求进步，始终与党同呼吸、共命运，将其造就成为信念坚定、素质优良、学习勤奋、肯于奉献的新时代中国特色社会主义事业的合格建设者和可靠接班人，是高校学生党建工作的一项紧迫的重要任务。

有关调查显示，高校大学生在作为入党积极分子、接受党组织的考察和培养、加入党组织前，各方面均表现得比较积极和优秀。但是一旦被党组织接受，跨进了党的大门，便表现为3种情况：一种是绝大多数学生党员仍旧认真接受党的先进理论的教育和培养，思想更加纯洁上进，继续努力向更高的目标迈进；这种情况约占到学生党员总数的70%。一种是一部分学生党员失去了进取目标，思想迷茫不知前行；这种情况约占到学生党员总数的20%。一种是一部分学生党员认为自己的入党目标已经实现，便表现出一种"船到码头车到站"的思想，放松了对自己的要求，思想和行为有所退步，甚至有些学生党员违法违纪，受到党纪处分；这种情况约占到学生党员总数的10%。高校大学生党员中存在的这些问题，归根结底是学生党员的理想信念出了问题，究其原因，是高校党组织对加强大学生党员理想信念教育工作做得不够到位。

2. 大学生党员理想信念问题原因剖析

根据有关调查，目前我国高校大学生党员理想信念教育工作存在的具体问题表现为：一是价值取向多元，理论素养欠缺；二是模范作用弱化，宗旨意识淡薄；三是教育内容陈旧，形式手段单一；四是队伍建设滞后，保障体系不全。根据目前我国高校大学生党员理想信念教育工作中存在的主要问题，分析这些问题产生的原因，主要体现在：个人层面，部分高校大学生党员自身对党建理论学习积极性不高、主动性不强，理想信念模糊，缺乏奉献、服务意识；组织层面，高校基层党组织对大学生党员理想信念教育工作缺乏科学合理的长效教育机制。

（1）重"理论教育"轻"行为实践"

在开展高校大学生党员理想信念教育时，许多党务工作者惯于向学生党员讲理论、讲道理，注重在大学生党员中宣传党的思想路线和方针政策，引导大学生党员对时政热点问题持有正确的立场观点，这对坚定大学生党员的理想信念是必要的，而且也产生了积极正面的教育作用。但大学生党员理想信念纯理论教育的弊端表现在：使学生党员在接受教育时感受不到心灵震撼和切肤体验，也就是没有达到触动灵魂的作用和效果。因此说，高校在开展大学生党员理想信念教育工作时必须要努力把理论教育和行为实践结合起来。

（2）重"组织教育"轻"自我教育"

"任何理性教育、形象地感染，都是外部的客体，都只有通过主体的心理过程才能起到这样或那样的作用，如果没有主体内心的心理过程的反应，任何教育都等于零。"在当前的大学生党员理想信念教育工作中，存在一个现状：高校基层党组织的教育占主导地位，大学生党员则处于被动接受教育地位，没有充分发挥其主观能动性，教育效果往往不甚理想。高校应积极开辟大学生党员"自我教育"的阵地，增强和培养大学生党员自我教育的意识和能力，促使其进行经常性的自我教育活动，把理想信念内化为忠实信条、外化为自觉行动。

（3）重"传统方法"轻"现代方法"

随着网络信息技术的飞速发展和高校大学生党员学习生活方式的深刻改变，运用现代网络媒介方法开展大学生党员理想信念教育越来越成为发展趋势。当前高校大学生党员理想信念教育重"传统方法"轻"现代方法"主要体现在：一方面，微信、微博、QQ群等现代方法还没有引起高校党务工作者足够的重视，他们还没有认识到运用现代教育方法的重要性和必要性。另一方面，高校党务工作者使用现代教育方法的能力还有待提高。随着科学技术的发展，越来越多的现代教育方法需要高校党务工作者不断学习研究。

（4）重"入党前教育"轻"入党后教育"

有关调查显示：高校大学生党员教育存在"重发展、轻教育"的倾向。高校有些党务工作者认为，发展的大学生党员原则上为学生中的优秀分子，继续教育暂时没有跟上影响不大。造成这一现状的原因体现在：一方面，一些党务工作者在思想意识上只是把大学生入党作为一项组织工作来完成，没有认识到其作为一项思想政治教育工作的长期性和艰巨性。另一方面，高校党组织开展大学生党员理想信念教育的自主性不强。大学生党员信念教育活动组织主要集中在完成上级党组织安排和要求开展的活动，而自主设计组织开展的理想信念教育活动很少。

3. 目标管理：大学生党员教育培养的有效举措

目标管理是一种以绩效为价值导向的科学管理模式，被广泛应用于社会各领域。在高校大学生党员中实施目标管理制度，对加强党员教育、培养和管理，促使大学生党员发挥先锋模范作用，保持先进性，保证、提高党员质量有着积极的作用和意义。实践证明，实施学生党员目标管理制度，是新形势下加强和改进高校党的基层工作、创新学生党建思路和提高工作绩效的有益探索，是高校大学生党员教育培养的有效举措。

（1）制度提出的背景和意义

加强和改进高校大学生党建工作，提高大学生党员素质，既是新时期全面推进党的建设新的伟大工程的重要组成部分，也是提高高等教育质量，增强育人成效，从政治上、思想上促进高校大学生健康成长的重要任务。

课题研究者在从事高校大学生党建工作期间，结合新形势下我国高校大学生党员理想信念教育存在的问题和现状，思考并提出了在大学生党员中实施目标管理制度，并从2014年3月起，开始在课题研究者所在的渭南师范学院教育科学学院学生党支部实践探索。学生党员目标管理制度引入了管理学的手段和方法，强化了目标管理，加强了对高校大学生党员入党后进行持续、有效的教育和管理，建立了一套大学生党员"长期受教育、永葆先进性"的长效机制，调动了大学生党员内在的动力和自我教育的积极性，逐步形成了大学生党员自我教育、自我管理的良好局面，使学生党员的先进性得到了提高，党支部的战斗堡垒作用和党员先锋模范作用得到了更好地发挥，也促使高校大学生党员教育管理工作科学化、系统化、规范化。

实践证明，实施学生党员目标管理制度，在高校大学生党员教育、培养、管理方面有着重要的意义和作用。一是它是从事大学生党员教育管理活动的依据。组织目标既是活动的出发点，也是管理活动所指向的终点。在从事计划、组织、领导和控制等管理职能时，组织目标是管理的基本依据，同时也是考核管理效率和成果的依据。二是它是激励大学生党员积极性的重要手段。目标管理思想强调目标的确定应是上级及下属协商一致的结果，目标的贯彻强调采取组织成员自我参与、自我控制的办法，以便发挥目标的激励作用。因此，目标可以激发组织成员工作的积极性、主动性和创造性。特别是当组织目标为全体成员所认识并同成员的个人利益能很好地结合时，目标的激励作用就可以充分发挥出来。

（2）制度的概念、特点和原则

①概念。学生党员目标管理制度是结合高校大学生党员的学习、工作、生活等情况，在学习、工作、文明守纪等方面对学生党员提出要求和目标，通过目标实施、考核评议等运作过程和相应的奖惩措施来教育管理大学生党员的一种方法和手段。

②特点。学生党员目标管理制度特点体现在3个方面：一是以自我管理为中心。目标管理的基本精神是以自我管理为中心。目标的实施，由目标责任者自我进行，通过自身监督与衡量，不断修正自己的行为，以达到目标的实现。二是强调自我评价。目标管理强调自我对学习、工作、生活中的成绩、不足、错误进行对照总结，经常自检自查，不断提高自身素质。三是重视成效。目标管理将评价重点放在教育管理成效上，按照大学生党员的实际表现如实地评价一个人，使评价具有真实性、公平性、促进性。

③原则。实施学生党员目标管理制度应坚持3个方面的原则：一是先进性与可行性相结合原则。目标的制定，必须以《党章》和大学生党员先进性具体要求为依据，要体现高标准、高要求，要本着按照有关要求必须做到和经过努力能够做到的原则制定目标。同时，又要坚持实事求是，使目标切实可行，以最大限度地挖掘大学生党员潜力。二是完整性与针对性相结合原则。目标的制定，一方面要体现完整性，应对大学生党员所具备的全面素质（如政治态度、思想观念、学习状况、工作方面、校园文明、遵纪守法、发挥先锋模范作用等）有所体现；另一方面又要突出某一阶段的中心和任务，有针对性地提出努力目标。三是定性与定量相结合原则。目标的制定，要规定每一个大学生党员在一定时期内应做的工作和完成的任务，以及完成这些工作和任务的数量、质量标准和时限要求，因此在制定目标时，既要有定性的要求，又要有定量的要求。

（3）制度实施的主要做法

学生党员目标管理制度采用划分管理责任区，党员自查自管，支部指导、检查，群众监督、评议，总支考核评比的方法开展。

1）目标管理责任区划分及内容要求

对大学生党员实行目标管理，主要应从学习、社会工作、遵纪守法、校园文明4个责任区对学生党员提出具体目标任务和要求，学生党员在完成目标任务的过程中加强对学生党员的教育、培养和管理工作。

在学习责任区，除要求大学生党员自己学习成绩优良、学习水平居于班级中上水平外，还要至少联系班内一名学习成绩较差的同学，帮助其进步；并要承担低年级马列党章学习小组辅导等任务。

在社会工作责任区，除要求大学生党员做好入党积极分子的联系人工作、主动承担社会工作外，还要带头参加义务献血、义务劳动、科技服务、志愿服务等公益活动。

在遵纪守法责任区，除要求大学生党员自觉遵守国家法律、校纪校规外，还要对学生中违纪事件或不良事态苗头，敢于管理，善于管理。

在校园文明责任区，除要求大学生党员加强个人自身修养，不做违犯道德规范的事情外，还要带动其他同学特别是所在宿舍的同学做好校园文明、安全等工作。

2）目标管理制度实施及考核要求

目标管理制度确立以后，各学生党支部要采取切实有效的措施狠抓落实，一方面通过抓教育促达标，即加强对高校大学生党员的教育，提高思想认识，增强实现目标的责任感和自觉性；另一方面抓管理促达标，通过严格管理，加强对达标过程的指导、检查和监督。具体实施步骤如下。

第一步：每位大学生党员必须与支部签订《学生党员目标管理责任书》。

第二步：每学期向党支部汇报工作一次，并填写《学生党员工作纪实表》。

第三步：考核。考评目标是目标管理过程中必不可少的重要环节，对高校大学生党员实现目标的绩效进行严格、科学的考核评价，并据此决定奖惩，有利于激励先进，鞭策后进。以此制度的实施，督促和激励大学生党员积极参加和组织党建活动，在组织和参与党建活动中坚定理想信念，增强党性修养，提高自身能力素质。

考评采取自身与组织考评相结合的方法。每学年第二学期末，大学生党员要将自己的学习、工作、生活等情况向支部大会及考核小组成员汇报，考核小组成员由支部成员、班团干部、学生代表、宿舍成员等组成，并填写《学生党员目标管理自评表》，考核小组成员填写《学生党员目标管理考核表》。

支部还可以根据实际情况不定期对大学生党员进行考核。学年考核与不定期考核结果作为大学生党员目标管理的主要依据。考核结果由学院党总支审核。

第四步：反馈考核意见。考核结束后，支部及时向大学生党员反馈考核情况，提出整改意见。正式党员经考核不合格者，除批评教育、帮助其改正外，同时，要根据存在的主要问题，给以相应的纪律处理；预备党员者延长预备期，或取消预备党员资格。考核成绩与党员民主评议、党员评优、德育成绩挂钩；为激励考核为优秀的学生党员，可申请将其《学生党员目标管理考核表》装入学生档案。

（五）加强高校大学生假日活动引导组织

高校加强大学生假日活动引导组织，从时间和空间上是组织和开展校园集体活动的有益补充和有效利用。大学生假日活动是指大学生在学习日之外即在双休日、法定假日、寒暑假等时间段里参与或开展的活动，既包括校内活动，也包括校外活动。据不完全统计，目前我国大学生一年的假日时间约为180天，约占全年总天数的一半，应该说，大学生一年中几乎一半的时间处于假日之中。大学生是国家的栋梁之材，肩负着民族振兴和国家兴旺发达的重任，他们怎样认识和对待假日生活、假日活动状况及质量如何，值得关注，值得研究。

1. 假日活动的教育作用及主要特征

（1）假日活动的教育作用

实践证明，假日活动对学生的成长成才、全面发展有着重要的促进作用。目前我国大学生的假日时间已占到了大学时光的一半时间，对大学生来说，在校四年的大学时光其实仅为两年的学习、锻炼时间。因此，积极加强对大学生假日活动的教育引导，努力提高大学生假日活动质量，对促进大学生充分利用假日时间，锻炼能力、提高素质，学习收获、成才发展具有重要的意义和作用。假日活动的教育作用主要体现在3个方面：一是开阔视野，愉悦身心。假日活动可以丰富大学生的精神文化生活，使学生在参与活动的实践体验中接触社会、开阔视野、锻炼自我、增长才干、愉悦身心、感悟成长、增强社会适应性。二是增长知识，发展兴趣。假日活动特别是假日里自主性较强的学习活动，由于学习的时间、内容和形式等比较灵活和多样，学习自主性强、可操作性强，所以大学生能够根据自己的兴趣和爱好，充分利用假日时间去深化专业知识或培养技能、特长等。三是参与实践，锻炼能力。一般也只有在假日，大学生才可能有更多的时间和机会走出校园、走进社会,参与社会实践活动。也只有在大学生亲身、亲自参与社会实践活动的过程中,才能增强和提高学生面对问题、分析问题和解决问题的能力,同时不断增强和提升学生的社会能力。

(2)假日活动的主要特征

大学生假日活动的主要特征表现为3点:一是自主性,主要是指大学生对假日活动的选择、参与能够自我做主。这种自主性一方面可以使大学生参与活动的主动性和积极性提高;另一方面也可能导致大学生参与活动的随意性增大。二是开放性,主要是指大学生假日活动所涉及的空间范围和影响因素。具有开放性的假日活动可以使大学生接触社会、了解社会的时间和机会增多,但同时也使得大学生不可避免地受到社会低俗文化、庸俗价值取向等不良因素的影响。三是丰富性,主要是指大学生假日活动的时间、内容和形式的多样性。丰富多彩的假日活动为大学生锻炼能力、增长才干提供了可能和机会;但大学生若做不到有目的、有计划、有选择地参与,也将达不到应有的目的和效果。

2. 假日活动现状及存在问题

根据有关研究调查和访谈结果来看,目前我国高校大部分大学生能够认识到假日活动对充实人生、学习知识、锻炼能力、增长才干、愉悦身心的重要意义和作用。但实际的调查数据分析显示,大学生对假日活动的主观追求和实际行为不相符,也就是思想认识上比较到位,表现在实际行动上却做得不到位,大学生假日活动的现状不尽如人意、不容乐观。通过调查数据分析显示,大学生假日活动的现状及存在的主要问题具体表现在3个方面:一是社会与高校没有关注与重视大学生假日活动;二是大学生假日活动内容比较单调、质量普遍不高;三是大学生自身对假日活动没有科学规划与实际行动。分析造成高校大学生假日活动这一现状和存在问题的主要原因,应该说主客观方面的原因均有。客观方面的原因主要是目前社会、高校还没有对大学生的假日活动给予足够的关注与重视;主观方面的原因主要是大学生对自己的假日活动没有科学的规划、安排与付诸实际行动,总体表现出的是一种随遇而安、得过且过的状态与思想。

3. 提高大学生假日活动质量的有效做法

(1)社会和高校要关注大学生假日活动

目前,虽然我国大学生的假日生活时间已接近世界水平,但是我国大学生假日生活的观念和意识却落后于西方发达国家。相对于西方发达国家已经建立的比较完备系统的假日生活教育体系来说，我国大学生的假日生活教育基本还处于空白状态。因此，社会和高校要积极关注和做好大学生假日生活教育工作。具体体现在：一是要认真做好大学生正确的假日生活价值观和意识的宣传教育工作，使高校大学生充分认识到正确利用假日时间，开展有益的假日活动对促使自己成长成才的重要意义和作用。二是要加强对高校大学生假日活动的指导与帮助，社会和高校要积极构建系统完备的大学生假日活动教育与指导体系，教育引导和帮助大学生做好假日活动的科学规划、设计与实施。三是要积极建设良好的社会文化环境，使活动在其中的高校大学生受到先进社会文化的熏陶和影响，努力降低和消除低俗社会文化对大学生假日活动的消极影响。

（2）把大学生假日活动列入教育教学规划

目前，高校和教育工作者普遍有一种思想认识，就是认为国家规定的学校假日，特别像寒、暑假，就是国家对高校在完成了所规定的有关教育教学任务后，给予教师和学生的阶段性休息时间，放假期间学校教育教学等活动停止，学生的假日生活由学生自主安排。但调查显示，目前形势下我国高校大学生的假日生活状况不尽如人意、不容乐观，绝大多数大学生缺乏科学合理安排自己假日生活的能力和水平，假日生活质量不高，需要指导和帮助。在这样的现状下，高校对大学生的假日生活不能再置若罔闻，要把大学生假日生活教育工作列入高校教育教学规划内容，因为高校不仅要教会大学生"学会学习"，更要教会大学生"学会生活"。具体体现在：一是要努力开设假日活动课程，旨在培养和树立大学生的假日活动理念，帮助和提高大学生的假日时间管理能力、假日活动甄别与选择能力及大学生假日活动应具有的技能技巧等。同时，开设假日活动课程还有更进一步的目的，即促使高校大学生去积极扩大和辐射假日活动课程的教育效果，带动更多的同学积极参与假日活动。二是要积极鼓励教师在各学科教学中，要有意识地向大学生渗透假日生活的教育内容，使大学生在学习文化知识的同时，受到假日生活理念的熏陶、浸润，积极有效推动高校大学生假日生活教育工作不断向纵深发展。

（3）构建活跃积极的假日校园文化氛围

校园文化活动的教育力量在高校大学生能力素质培养特别是社会能力提升方面具有独特和显著的优势与作用。校园文化活动有利于大学生把参与活动与所学专业知识和自身素质能力培养结合起来，应该说是一份宝贵的教育资源和育人财富。高校大学生是校园文化活动的主体，内容丰富、形式多样的校园文化活动能够满足不同学生的爱好、兴趣和个性特点,符合大学生的成才发展需要,在实践体验中大学生被高雅、健康、和谐、活跃、积极的校园文化活动打动和吸引,就会表现出参与活动主动性强、积极性高。更为重要的是先进的校园文化活动启迪师生的智慧,促使师生去探索、去实践、去创造,增强师生产生新思想、新知识、新方法、新成果的能力。那么在假日,作为高校仍旧应该积极努力构建活跃积极、高雅和谐的校园文化活动氛围。高校在组织大学生假日活动时,可充分发挥和利用网络优势,积极组织开展校园网络文化活动,在高雅活跃的校园文化活动氛围中,积极努力培养高校大学生健康向上的假日生活状态和情绪。

(4)整合资源形成大学生假日活动合力

社会应努力担负起高校大学生开展假日活动时机会与条件的提供与给予、活动氛围的营造与创建、活动经费的支持与保障等工作。例如,为大学生建立和提供假日活动培训机构、活动实践锻炼岗位、就业实习(见习)基地等,免费向大学生开放有关假日活动学习、实践和活动的场所与设施等。高校除应在校园内或利用网络积极组织大学生开展各种假日活动外,还要有意识地引导学生走出校园,深入社区、乡村、基层,通过公益劳动、社会实践、社会服务等方式开展假日活动。同时,高校还应积极根据学校及其所在地区的特定自然环境和人文环境因地制宜、多途径、多方式、多渠道地开发和利用教育资源,努力为大学生的假日活动提供更为广阔的智力背景和活动空间。家庭与家长也要自觉参与到自己孩子假日活动的教育指导与监管之中,肩负起家庭与家长应有的职责,并给予孩子一定的支持与帮助。若社会、高校和家庭能积极联手共同关注高校大学生的假日生活,相信大学生的假日活动质量一定会得到提高,大学生的假日生活一定会健康、高雅、充实而有意义。

(六)加强高校校园网络集体活动组织开展

事物都存在两面性,有有利的一方面,就必然存在不利的一方面。网络也一样,它在给高校大学生的全面发展带来积极影响的同时,也带来了消极影响。社会发展到网络社会,是社会和人类发展的进步,我们任何人都不可能逃避网络社会,对待网络我们选择和应对的举措是趋利避害、为我所用。在校园集体活动中增强大学生集体意识、集体观念、提升大学生社会能力,需要高校充分利用网络,加强校园网络集体活动的组织和开展,网络境域下组织好校园网络集体活动应是目前高校组织和开展校园集体活动的重心和着力点。

1. 增强大学生网络媒介素养

网络社会，高校大学生面对密集的网络信息，往往表现出无所适从，无法正确选择和驾驭网络信息。如果大学生不具备一定的网络信息素养，就会成为网络信息的奴隶。针对这一点，高校应做到：一是加强对大学生正确使用网络的教育和培训。通过培训学习使大学生增强和提高对网络的科学使用和网上行为的自我管理能力，加强大学生的网络道德修养，使大学生远离网络暴力游戏，预防和抵制网络犯罪。二是培养大学生批判思考网络媒介信息的能力，使大学生形成理性人格。信息需要个人自身的加工才能成为自己的知识，要使网络信息转化为个人的知识，关键在于个人应具有相应的信息加工能力。高校大学生在网络上要积极学习和吸收对促使个人全面发展有用的知识和信息，不可整日漫游网络，白白浪费自己的时间和精力。三是培养大学生的媒介素养和参与社会发展的能力。这有利于促进高校大学生积极地使用网络资源，制造网络产品，积极在网络上创业、实践发展。同时，也有利于高校大学生利用网络提高自己的综合素质和能力，特别是创新创造能力。

2. 创新网络教育方式方法

创新网络教育方式方法，就是要求高校要做到"用科学的理论武装人，用健康的内容教育人，用丰富的活动培养人"。"目前，我国高校网络教育培养方法还显得比较滞后和乏力，对大学生网络教育培养工作，存在认识水平不高、工作力度不大、解决问题能力不强等问题。"作为高校，要更新大学生网络教育培养方式方法，增强工作实效性。首先，要构建一个人人积极参与、互动开放的网络教育培养系统。应充分利用互联网所具有的及时、互动、灵活、多样、直观、形象等优势，以丰富的内容、画面和多样的方式、方法展示网络教育培养内容，增强大学生的感性认识，吸引大学生主动接受网络教育。其次，充分发挥网络交流中的平等性、交互性特点优势。传统的大学生教育培养注重理论灌输，忽视大学生的思想特点和个性差异，学生被动接受教育。而网络教育培养可以做到随时随地和平等、广泛地与学生进行网上交流，广泛了解学生的思想动态、心理状态和实际情况，在对学生进行网络教育和与学生广泛交流的同时，突显高校大学生的个性化教育。

3. 开展网上第二课堂活动

根据当前高校大学生求新、求异的时代特点及网络学习、生活的实际需要，高校应积极组织开展内容丰富、形式多样的网上第二课堂活动，引导和鼓励学生积极参与校园网络集体活动,特别要加强校园网络集体活动与现场集体活动的紧密结合。组织开展大学生网络第二课堂活动,应注重挖掘和发挥高校大学生内在的积极因素,使网络第二课堂活动的过程演变成思想交流、情感交流和信息交流、人际交往的过程。网络第二课堂活动要注重综合性与多样性相结合,应积极开展"贴近学生、走进生活、寓教于乐"的专题教育活动;同时,网络第二课堂活动还要注重服务性与专业性相结合,应积极开展"学术交流、科技创新、考研就业"等活动。高校要有意识地在网上组织开展丰富多彩的第二课堂活动,这样可以给大学生提供一个展示风采、提高能力和发展智慧、丰富社会关系的平台,可以增强和提高大学生的活动参与意识和成就意识,进而也促使大学生的个性充分自由发展。

4. 建立网络教育激励机制

网络是由人来创造和管理的。目前,高校大学生通过网络对知识、信息获取和更新的速度越来越快,形势要求我国高校网络教育培养工作的质量和速度要远远走在大学生网络学习、生活需求的前面。这就对高校从事网络教育培养工作者的综合素质提出了更高的要求,形势要求高校必须培养一支既懂教育培养工作理论、艺术方法、有实践经验,又熟悉网络教育培养技术的师资队伍,积极使这一支队伍专业化、职业化。同时积极建立激励机制,加强工作的制度化、规范化建设。具体来说,就是要全面考核和评价大学生网络教育培养工作者的工作情况,调动他们工作的积极性和主动性。高校应制定大学生网络教育培养工作考核和评价体系,考核和评价指标体系要做到科学合理,能全面反映和公平公正考核教育者的工作实际情况。通过科学的考核和评价,鼓励网络教育培养工作者勤于思考,积极工作,努力把大学生校园网络教育活动开展得有声有色,富有成效,进而为做好高校校园网络集体活动组织、促使高校大学生全面发展做出应有的努力和贡献。

(七)加强高校校园集体活动组织人力保障

组织开展校园集体活动是高校实践育人工作的重要组成部分。高校实践育人工作要充分发挥好育人功能,不仅要从资源共享和部门联动等机制方面着手,还要从树立大育人观的理念着手。要树立全员参与的意识,做好人力资源保障,构建全方位、全过程的实践育人合力机制,使加强实践育人成为全校师生员工自觉的共同追求。高校在大学生社会能力提升工作中,要组织和开展好校园集体活动,就要充分加强校园集体活动组织人力保障和力量发挥,校园集体活动组织力量发挥是高校组织和开展好校园集体活动的基本条件和有力保障。

1. 发挥高校教师的主导作用

教师是学校办学的主体力量,是教育的第一资源。在高校人才培养工作中,教师发挥着重要的主导作用。实践教学是学校教学工作的重要组成部分,是深化课堂教学的重要环节,也是教师实践育人工作的着力点和有效载体。高校要在实践育人工作中增强和提升人才培养质量,首先就要保证教师在实践教学课程方面的全身心投入,通过制度化的管理方式和有效的激励机制,确保教师都有实践教学任务和实践教学课堂,鼓励实践教学效果好的教师长期从事实践育人工作,保证实践教学师资队伍的稳定性和高质量。

2. 发挥辅导员和班主任的组织引导作用

辅导员和班主任是高校大学生全面成长和健康成长的指导者和引路人。一方面,系统深入的思想政治教育工作,能改变学生的认识,使学生积极主动、自发自主参与实践活动,特别是在高校校园集体活动组织、开展中,辅导员、班主任对学生教育引导的作用力量是不可低估的;另一方面,辅导员、班主任也能全面指导学生做好校园集体活动的组织设计工作,并且可以和学生一起设计活动方案,细化活动内容,强化活动过程,突出活动效果考核。同时,辅导员、班主任也能全面指导学生把控好校园集体活动的实施节奏、活动进度、突发问题应对处理、活动总结反思等,能积极确保高校校园集体活动的质量和效果。

3. 发挥家长和校友群体的支持作用

学校通过家长会、家长信箱、校园网等形式完善与家长的沟通机制,介绍高校人才培养工作中加强实践育人工作的政策和要求,使家长明确实践育人在学生成长发展中的重要作用,同时对高校组织开展的校园集体活动,也从心理上、物质上和经费保障等方面给予支持和帮助,积极加强家校合作的力度和深度。校友作为信息丰富、知识密集,与母校有着特殊感情的群体,成员分布广泛,拥有一定的社会资源。校友资源是高校教育资源的延伸和补充,高校在实践育人工作中要争取校友的支持,通过校企合作、产学研联盟、共建实践基地等形式,发挥校友资源在高校实践育人工作中的资源保障和条件支撑作用。

二、"五位一体"协同育人

习近平总书记在全国高校思想政治工作会议上强调,只有培养出一流人才的高校,才能够成为世界一流大学。办好我国高校,办出世界一流大学,必须牢牢抓住全面提高人才培养能力这个核心点，并以此来带动高校其他工作。教育是全社会的事业，需要多方力量的紧密配合。办好新时代我国高等教育事业，全面发挥和贯彻落实好提高人才培养能力这个核心点，国家、社会、高校、家庭、个人都有责任。这就意味着，新时代中国特色社会主义高等教育是一个需要多方协同配合形成教育合力的有机整体。它既要充分发挥国家、社会、高校、家庭、个人各自的教育功能，又要互相紧密配合、协调发展，努力形成"五位一体"的协同育人机制。高校大学生社会能力提升工作同样需要国家、社会、高校、家庭、个人同心同向，合力协作。

（一）国家应把高等教育放在优先发展的重要地位

1. 培养高层次人才是高等教育活动的核心

百年大计，教育为本。教育是提高人民综合素质、促进人的全面发展的重要途径，是民族振兴、社会进步的重要基石。当今世界科技进步日新月异，国际竞争日趋激烈，这种竞争说到底就是人才的竞争，特别是高层次、高素质、高水平、高质量人才的竞争。人才越来越成为推动经济社会发展的战略性资源。人才培养不单纯依靠大学，但不可否认，大学是高层次人才最主要的担承者和培养者。为国家和社会培养人格、能力、知识协同发展的高素质创新型人才，是高等教育活动的核心和基础。人才培养的历程和质量效果也证明，高素质专门人才和拔尖创新人才的培养，需要高等教育承担和完成使命，这个重担应责无旁贷地落在高等教育的肩上。我们国家一直重视教育事业，把教育事业放在优先发展的地位，结合当前全球高层次人才竞争的激烈趋势，形势要求我们国家在教育中更应该把高等教育放在优先发展和重点发展的地位，积极和深刻地发挥高等教育为国家培养一流人才的重要作用和战略意义。

2. 积极应对网络化社会高校人才培养工作

针对网络化社会给我国大学生发展带来的消极和负面的影响，严峻的形势要求我们国家要积极跟进网络化社会的发展趋势和进程，积极应对网络化社会给我国高等教育人才培养带来的挑战。特别是当前我国高校大学生中表现出的自我封闭、集体意识和集体观念淡漠、能力素质特别是社会能力有下降趋势等突出问题，更应该引起我们国家的高度重视。结合问题现状，国家层面要具体制定和出台高校大学生网络教育培养和集体主义教育的管理实施制度和具体行为规范要求。同样，针对网络化社会对我国高校大学生能力素质特别是社会能力的培养和提升带来的挑战，国家也应制定和出台明确、具体、可行的培养方案、培养标准和考核评价体系。这样才能破解目前我国高校在人才培养过程中遇到的针对大学生集体意识、观念教育、能力素质培养和评价缺乏国家层面制定的统一培养和评价标准依据的问题和困惑。由于没有国家层面的统一的培养标准和评价标准,目前各高校人才培养表现出标准不一、质量参差不齐。

(二)社会选拔和任用人才应做到坚持能力本位论

1. 发挥社会大环境教育培养人的作用

联合国教科文组织对20世纪70年代和90年代的美国儿童做了研究,这个研究结果用在中国教育的当下最有效。70年代,针对儿童的精神世界,家庭、学校、社会三者中,对他影响最大的是学校,50%受学校的影响,30%受家庭的影响,20%受社会的影响。到了90年代就发现,受家庭影响还是30%,而受学校的影响变成了20%,社会的影响占到了50%。长期以来,人们把学校看作教育实施的主要场所,将教师看作实施教育的主要主体。但是,学校教育只是教育的一种形式。在学习型社会,无处不是教育场所,无人不是教育者。将学校教育与社会大环境隔离,难以造就良好的教育环境。因此,教育乃是全社会的责任。立德树人要从学校教育抓起,但是也需要全社会增强教育意识,将道德意蕴、智慧激发、审美趣味等元素注入包括现实空间和虚拟空间在内的各类活动场域,发挥环境育人的作用,并使越来越多的合格公民承担起学习者和教育者的双重责任。

2. 创造发展人的能力的宽松社会环境

社会必须创造发展人的能力的宽松环境。主体能动性是人类特有的。不同个人之间虽有差异,但是发挥自身主体能动性的愿望是人所共有的,因此,创造调动人的主体能动性的宽松环境,是造就人才加快国家现代化建设的重要环节。社会是个大熔炉,国家、高校和家庭培养的大学生人才的能力素质,最终要到社会上去充分展示、发挥作用和得到检验。社会能否为高层次人才提供一个公平合理和人尽其才的良好氛围和环境,这事关国家高等教育高层次人才培养的积极性问题。社会应营造重视人才、重视能力的良好氛围。社会选拔和任用人才,应坚持科学公平和能者至上的标准,坚持"能力本位论",能力本位要求每个人把能力最大限度的发挥作为价值追求的主导目标,并积极为此而努力。这种努力主要表现在:充分发挥人本身未曾使用过的潜力;充分发挥现有能力;有效配置和合理使用能力;培养和提高能力素质与专业技能,力图成为某一领域的专家。社会应给高校大学生展示社会能力提供机会和舞台。并应给高校大学生锻炼和提升社会能力提供相应的条件保障。

（三）高校应坚持"以学生为中心"的教育理念

1. 构建学生能力提升实践实训课程体系

当前，欧美一些发达国家高等教育体制中先进的教育理念值得我们学习，那就是树立"以学生能力素质为中心"的人才培养理念，他们目前已将大学教育的重点从专业学习移到了学生能力素质的全面提升上，特别是大学生社会能力素质的全面提升上。"以学生能力素质为中心"就是要实现从"重知识传授"向"重能力培养"转变，从"资源输入导向"向"能力产出导向"转变。"以学生能力素质为中心"提升大学生社会能力，要求高校要积极从加强学生课程学习和实践活动两个方面同时着手，更要以课程建设作为提升大学生社会能力的抓手。高校要探索教学改革，修订人才培养方案，从应用型、创新型人才的知识、能力、素质结构出发，积极构建高校大学生社会能力提升实践实训课程体系，积极加强学生课程理论知识学习和课程实习、见习、实训等教学实践环节的充分结合和相互支撑。并充分利用数字化技术和网络资源的优势，加强网络教学平台和资源库建设，引进国外知名大学大学生能力素质培养好的理论课程和实践课程体系，供学生学习和借鉴，实现全球化优质课程资源共享。当前，我国各级各类高校通过从课程理论学习、教学实践、实习实训等角度加强、培养和提升大学生社会能力的做法与人才培养思路相对都比较成熟，也取得了比较好的培养效果。

2. 不断增强高校校园集体活动质量效果

高校要以组织好校园集体活动作为提升大学生社会能力的着力点和突破口。作为高校，要扭转目前大学生普遍不愿意参与校园集体活动的这一现状，首先应从人力、物力、经费、设施设备等方面加大投入力度，使高校校园集体活动的组织和开展具备和达到各方面的充分保障条件；对高校大学生参与和组织校园集体活动实行学分制、奖惩激励机制和科学的考评机制，激励大学生亲身投入到校园集体活动的组织和参与中，加强能力素质提升的实践和锻炼；高校校园集体活动组织结合大学生实际，增强活动内容的丰富性和创新性，注重在活动中培养和提升大学生的创新创造能力；多组织以班集体和学生社团为单位的校园集体活动，强化班级和团体功能，增强大学生的集体意识和集体荣誉感，同时积极发挥网络优势，多组织开展网络集体竞赛活动；对指导教师参与指导和组织校园集体活动要给予科学的评价，鼓励、认可和支持指导教师的积极性，发挥指导教师的积极指导作用，加大高校校园集体活动的组织数量和频度，不断提升校园集体活动的质量和效果。

（四）家庭应发挥培养学生社会能力的基础性作用

1. 发挥家庭教育个别化、示范性教育作用

家庭教育是国民教育体系的重要组成部分，是社会和学校教育的基础、补充和延伸。家庭教育伴随人的一生，影响人的一生，对一个人的成长成才至关重要。教育家蔡元培先生说："家庭者，人生最初之学校也。"清醒认识家庭教育的重要作用，对于我们每个人、每个家庭乃至整个社会都有十分重要的意义。著名的美国教育家约翰·杜威（John Dewey）也说过："最好的、最明智的家长希望自己的孩子所得到的东西，必定是社会希望所有儿童都具有的东西。"家庭教育是个别化的教育，针对孩子个别的关注、指导和教育必须由家长来完成，学校无法替代。同样家庭教育也是终身性、示范性的教育。德国著名教育家福禄贝尔说过："国家的命运与其说是掌握在当权者的手中，倒不如说是掌握在母亲手中。"这句话高度概括了家长在教育子女中所起的关键作用。主动性和教导者有很大的关系，父母越主动，孩子就越主动，父母对子女的影响非常大。有一个对1600多位不同领域的优秀人士的调查发现，孩子从父母那里学来的主动性占69%，其中母亲的又占85%。

2. 家长要加强学习，树立正确的育人观

从社会结构而言，家庭作为社会的最基本单元，营造良好的家风、弘扬家庭美德是构建和谐社会最为重要的基础，更是社会文明程度的重要标志。家庭是人生的第一所学校，家长是孩子的第一任老师，既要给孩子讲好"人生第一课"，帮助扣好人生第一粒扣子，又要尊重学校教育安排，支持教育创造发挥，配合学校搞好孩子的教育，同时还要注重家庭文化、家教、家风，给孩子以示范引导。家庭在人的教育培养中的重要作用要求家长要主动学习掌握科学的家庭教育理念、知识和方法，树立正确的育人观、成才观，自觉承担起在家庭教育中的主体责任。家庭在大学生人才培养中仍然具有重要的作用和地位。可以说，大学生人才培养的前期基础是在家庭教育中奠定的。家长要认识到社会能力对孩子一生发展的重要性，要有注重培养和提升孩子社会能力的意识；家长要注重从小到大，分阶段关注和培养、提升孩子的社会能力；家长要鼓励和督促孩子有意识地锻炼和提升自身的社会能力；家长要给孩子锻炼和提升社会能力提供机会和机遇；家长要给孩子锻炼和提升社会能力提供条件和必要的物质保障。

(五)大学生要增强提升自身社会能力主观能动性

1. 认识自我教育在人才成长中的重要作用

苏霍姆林斯基说:"一个人的天才、才能和禀赋的展现主要靠教育,特别是靠自我教育。在适当的条件下,在恰当的教育下,任何人都会显露自己独特的天赋和才能。"他也反复强调,"自我教育是学校教育中极重要的一个因素"。网络境域下高校大学生社会能力提升,需要大学生积极树立和践行社会能力提升的自我意识和举动。大学生要不断加强思想认识,要充分认识到集体和校园集体活动对个人发展和能力素质提升特别是社会能力提升、增强自身社会适应性的重要性;在集体和校园集体活动中大学生要不断加强个人道德品质和思想修养,不断提升个人的道德能力;通过积极参与和组织开展校园集体活动,在活动中不断增强自身的集体意识、集体观念、责任担当意识和组织能力、领导能力。同时,大学生还要积极学习、吸收培养和提升社会能力的科学思想和成果,为自身所用。

2. 积极主动参加各类能力提升实践活动

高校大学生首先要加强自身的网络媒介素养,形成网络理性人格。大学生要合理使用网络,理性上网,不沉迷网络。面对密集、复杂、良莠不齐的网络信息,要有科学批判思考和正确选择驾驭的能力,要积极学习、吸收和借鉴对促使自身全面发展和有利于提升自身社会能力的网络知识和信息,合理利用,科学吸收,不断提高自身社会认知。要积极主动参与高校大学生社会能力提升实践活动。"纸上得来终觉浅,绝知此事要躬行",古人语:"从书本上得到的知识终归是浅显的,最终要想认识事物或事理的本质,还必须自己亲身的实践。"高校大学生在大学阶段要锻炼和提升能力素质特别是社会能力素质,需要大学生以积极主动的意识和状态,参与专业实践、实训活动和校园第二课堂活动;大学生要充分利用课余时间,参与社会实践活动,通过在参与各项实践活动中,认识集体,了解社会,增强社会适应性,同时加强人际交往,丰富自己的社会关系;大学生应重点通过积极参与思想教育、文体艺术、学术科技、社会实践、技能培养、创新创业等方面的实践活动,努力达到在具体实践活动中模拟、锻炼和提升自身社会能力的目的和效果。

第九节 本章小结

本章主要是"新时代高校大学生社会能力提升研究实践"课题的研究实践

部分。这一部分共包括"研究方法""调查研究开展""研究假设""中外高校大学生社会能力提升实践比较""高校校园集体活动特征及组织原则""高校大学生社会能力提升制度建设""高校大学生社会能力提升考核评价机制构建""高校大学生社会能力提升条件保障与合力举措"等8个方面的研究内容。

在第一节"研究方法"部分，因开展课题研究的需要，本研究采用了文献研究法、问卷调查法、访谈法、观察法、案例分析法、跨学科研究法等6种研究方法，对每一种研究方法对课题研究具体开展的支持应用分别进行了解析阐释。

在第二节"调查研究开展"部分，从调查问卷设计、研究对象选取、调查访谈开展、样本基本信息、调查结果分析、影响原因分析等6个方面详细阐述了课题调查研究开展的具体过程。通过调查结果分析发现我国高校大学生集体意识、集体观念淡漠；大学生自我封闭、缺乏积极进取精神；高校校园集体活动组织数量和质量下滑、效果不好；大学生能力素质特别是社会能力薄弱、有待提升等4个方面的现状和问题。课题研究综合分析调查结果，找到了目前造成我国高校大学生集体意识淡漠、社会能力薄弱欠缺的这一现状和问题的主要原因是大学生自身的思想意识不到位和个人主观努力不够，更加深层次地分析原因，应该说网络媒介是"罪魁祸首"。具体体现在：我国高校大学生普遍不能做到合理、科学、正确使用网络、电脑和手机，大学生普遍喜欢将自己"网"在所谓的个人世界中，"自由"发展，脱离社会、脱离集体，这一现状应引起国家、社会和高校的极力关注。

在第三节"研究假设"部分，研究从国家因素、社会因素、高校因素、家庭因素和个人因素等5个方面提出影响高校大学生社会能力提升影响因素假设，并进行了研究假设验证，得出国家、社会、高校、家庭和个人等5个方面的因素均对高校大学生社会能力提升造成一定的影响。

在第四节"中外高校大学生社会能力提升实践比较"部分，从外国高校大学生社会能力提升实践、中国高校大学生社会能力提升实践、中外高校大学生社会能力提升比较启示等3个方面着重介绍了中外高校大学生社会能力提升好的做法、值得学习借鉴的地方及对中国高校大学生社会能力提升工作的启示。此部分重点介绍了美国、英国、法国、俄罗斯、德国、日本等在全世界具有一定代表性国家的高校大学生能力培养情况。在中国高校大学生社会能力提升实践中，课题研究重点选取了在我国高校本科人才培养方面和学科建设方面等具有代表性的北京大学、西北工业大学、兰州大学等 38 所高校为课题研究典型案例对象，总结和梳理了这 38 所高校近年来在本科人才培养、大学生能力素质提升方面的改革行动和创新举措。并从强调主动学习、强调主动实践、全面实施学分制、加强师资队伍建设、强调多学科交叉、加强与业界和社会的联系、加强国际合作与交流等 7 个方面提出了国外高校大学生社会能力提升的做法对我国高校的启示。

在第五节"高校校园集体活动特征及组织原则"部分，从校园集体活动特征、组织原则、校园集体活动类型及组织模式、活动设计与组织实施等 4 个方面进行了论述。研究提出了高校校园集体活动具有实践性、主动性、整合性、开放性等 4 个方面的特征。研究提出了高校校园集体活动组织应坚持的 4 个原则，即赢得支持原则、富于创新原则、宣传先行原则、精品精制原则。

在第六节"高校大学生社会能力提升制度建设"部分，重点研究大学生素质拓展积分制度实施机制、大学生素质拓展积分制度实施成效两个方面，介绍了课题研究者所在的渭南师范学院教育科学学院从 2011 年在全院大学生中实施"大学生素质拓展积分制度"的基本情况。经过多年的研究与探索实践，课题研究者认为"大学生素质拓展积分制度"是高校做好大学生社会能力提升工作的有效制度建设，此制度的实施能很好地鼓励和激励高校大学生积极参与和组织校园集体活动。在"大学生素质拓展积分制度实施机制"部分，重点从实施内容、实施目的、积分要求、考评等级、组织机构与工作职责、考评指标与积分标准、实施细则与具体要求等方面介绍了大学生素质拓展积分制度实施要求、过程环节和运行机制等。在"大学生素质拓展积分制度实施成效"部分，研究从思想教育活动引路导航、文化艺术活动高雅新颖、科技创新活动注重质量、社会实践活动深入基层、学生社团活动多彩丰富、技能培训活动面广多样等 6 个方面做了大学生素质拓展积分制度实施成效总结概括，以期达到课题研究交流学习、借鉴推广目的。

在第七节"高校大学生社会能力提升考核评价机制构建"部分，研究从考核评价基本原则、考核评价机制内容构成、建立针对师生的奖励机制等 3 个方面进行了重点阐述。研究提出了科学性原则、自我考评原则、过程性考评原则、以定性为主的考评原则、坚持具体分析的考评原则等高校大学生社会能力提升考核评价应坚持的基本原则。研究提出了学生体验性评价、教师指导性评价、学校综合性评价等高校大学生社会能力提升考核评价机制内容构成。

并从建立针对学生、针对教师、针对学生工作部门的奖励机制等3个方面提出了高校在大学生社会能力提升工作考核评价中应建立针对高校师生的奖励机制。

在第八节"高校大学生社会能力提升条件保障与合力举措"部分，研究从高校大学生社会能力提升应具有的基本条件保障和"五位一体"协同育人两部分做了重点阐述。在"应具有的基本条件保障"部分，从加强高校思政育人工作顶层设计、加强高校校园文化建设质量提升、加强新时代高校班级建设与管理、加强高校大学生党员教育与培养、加强高校大学生假日活动引导组织、加强高校校园网络集体活动组织开展、加强高校校园集体活动组织人力保障等7个方面提出了高校大学生社会能力提升工作及组织和开展好校园集体活动的基本条件保障。研究者认为，加强高校思政育人工作顶层设计是组织和开展校园集体活动的指导思想和根本遵循；加强高校校园文化建设质量提升是组织和开展校园集体活动的有效保障和有力举措；加强新时代高校班级建设与管理是组织和开展校园集体活动的基础条件和有力抓手；加强高校大学生党员教育与培养是组织和开展校园集体活动的一支重要力量和骨干力量；加强高校大学生假日活动引导组织从时间上和空间上是组织和开展校园集体活动的有益补充和有效利用；加强高校校园网络集体活动组织开展应是目前网络境域下高校组织和开展校园集体活动的重心和着力点；加强高校校园集体活动组织人力保障是高校组织和开展好校园集体活动的基本条件和有力保障。在"'五位一体'协同育人"部分，针对课题研究提出的高校大学生社会能力提升需要国家、社会、高校、家庭、个人等5个方面的合力同行，研究从国家应把高等教育放在优先发展的重要地位、社会选拔和任用人才应做到坚持能力本位论、高校应坚持以"以学生为中心"的教育理念、家庭应发挥培养学生社会能力的基础性作用、大学生要增强提升自身社会能力主观能动性等5个方面提出了高校大学生社会能力提升"五位一体"协同育人机制。并具体提出了国家、社会、高校、家庭、个人等各自做好高校大学生社会能力提升工作的具体行动举措。例如，国家要把高等教育放在优先发展的重要地位，则应从培养高层次人才是高等教育活动的核心、积极应对网络化社会高校人才培养工作方面着手；社会选拔和任用人才要做到坚持"能力本位"论，则应从发挥社会大环境教育培养人的作用、创造发展人的能力的宽松社会环境方面着手；高校要坚持以"以学生为中心"的教育理念，则应从构建学生能力提升实践实训课程体系、不断增强高校校园集体活动质量效果方面着手;家庭要发挥培养学生社会能力的基础性作用,则应从发挥家庭教育个别化、示范性教育作用,家长要加强学习,树立正确的育人观方面着手;大学生要增强提升自身社会能力主观能动性,则应从认识自我教育在人才成长中的重要作用、积极主动参加各类能力提升实践活动方面着手。

第四章 研究结论与展望

本章主要对"新时代高校大学生社会能力提升研究实践"课题所做的主要研究和得出的主要研究结论进行总结,阐明本课题研究对于我国高等教育领域特别是高校人才培养质量和大学生能力素质提升所产生的影响和推动作用,明确本课题研究的局限性并为进一步做好"新时代高校大学生社会能力提升研究实践"课题未来研究指明方向。

第一节 研究主要结论

"新时代高校大学生社会能力提升研究实践"课题研究结合我国高校大学生中存在的集体观念和集体意识薄弱、社会能力欠缺的实际现状与主要问题,经过研究分析,提出了"在校园集体活动中增强高校大学生集体观念意识和提升社会能力"的研究思路。课题研究以此研究目标为切入点,通过本课题研究的开展实践对我国高校大学生社会能力提升工作从制度确立、考核评价、条件保障、举措实施等方面有新的推动和突破,并形成了具有一定推广价值和借鉴意义的研究实践成果。

一、发挥了校园文化在人才培养中的作用

课题研究中实施"大学生素质拓展积分制度",充分发挥了校园文化活动在高校人才培养中的作用。研究提出网络境域下高校应不断丰富、创新校园文化活动的内容和形式,不断提高校园文化活动的质量和品位,特别是要不断创新方式方法,重点组织和开展好校园网络集体活动。课题研究探索实践和积极解决了当前我国高校在人才培养方面存在的两个突出问题之一:没有充分发挥校园文化育人功能的问题。"新时代高校大学生社会能力提升研究实践"课题研究的开展,从观念、制度、条件、举措等方面增强了高校发挥校园文化育人功能工作的主动性和实效性,从学校层面努力为高校人才培养营造了良好的文化环境和氛围,为高校大学生社会能力提升创造了更多的机遇和实践平台。

二、形成了"三位一体"第二课堂活动体制

课题研究提出的"在校园集体活动中增强高校大学生集体观念意识和提升社会能力"的研究思路的实践落实，最根本的实践落实举措就是要组织开展第二课堂活动，充分发挥第二课堂活动在高校人才培养中与第一课堂活动优势互补的功能和作用。高校组织开展第二课堂活动，学生工作部门是主要的宏观指导者，如学工部、团委、学生会、学生社团联合会等，各二级学院团学组织、班委会（团支部）和学生社团等是直接实施者。课题研究中针对当前我国高校班级功能作用不断弱化的现状，还着重对加强新时代高校班级建设做了相关研究，倡导积极发挥高校班级在人才培养和大学生能力素质特别是社会能力提升中的基础作用。学生社团是学生自己的组织，它能把有共同兴趣爱好的学生积极团结在一起。高校第二课堂活动的组织和开展，形成了学校—二级学院—学生"三位一体"的第二课堂活动体制。研究证明，只有这三者相互支持、相互配合，才能很好地实施和落实高校大学生社会能力提升工作。

三、体现了校园集体活动中培养学生理念

课题研究充分证明，在高校大学生社会能力提升工作实践中，组织开展内容丰富、形式多样的校园集体活动，给学生搭建了接受思想教育、锻炼能力和提高素质能力特别是社会能力的平台，不仅增强了高校大学生的集体观念和意识，丰富了大学生的课余文化生活，更重要的是可以引导高校大学生将理论知识与实践相结合，为高校大学生拓展知识、展示才华、提升社会能力提供了实践和锻炼的机会，发挥了校园集体活动教育人、培养人、发展人的积极作用。课题研究开展的"中外高校大学生社会能力提升实践比较"研究，通过对国内外知名和重点高校在人才培养和学生能力素质提升方面好的理念、做法、制度和有效举措的对比分析，对丰富、开阔和启发我国高校人才培养思路特别是课题研究提出的"在校园集体活动中培养学生的理念"起到了积极的学习借鉴和促进推动作用。

四、构建了校园集体活动组织的有效模式

课题研究提出的"在校园集体活动中增强高校大学生集体观念意识和提升社会能力"的研究思路，关键是要求高校组织和开展好校园集体活动。网络境域下高校如何组织和开展好校园集体活动是本课题研究要解决的关键问题。"新

时代高校大学生社会能力提升研究实践"课题研究中,提出了高校校园集体活动的组织原则、活动类型及组织模式、活动设计与组织实施等要求和做法,特别是在课题研究实践中通过实施"大学生素质拓展积分制度",实践探索的高校校园集体活动"全员参与、积分考评、证书认证"的工作思路、方法和模式,在实践运作中取得了良好成效,使高校校园集体活动组织与大学生社会能力提升工作做到了有计划、有目标、有管理、有控制、有考核、有评价、有记录、有认证,指导思想明确,措施切实可行,在具体实践中得到了师生的认可和良好的评价。

五、品牌建设、项目运作增强了活动质量

高校校园集体活动品牌化建设、项目化运作,促使了高校校园文化活动全员参与、互动交流和质量提高。"新时代高校大学生社会能力提升研究实践"课题研究中,提出了高校校园集体活动的"精品精制"原则,并积极做到思想性与艺术性相结合、传统性与时代性相结合、特长性与群众性相结合、娱乐性与学术性相结合。例如,研究者所在的渭南师范学院已将校园文化艺术节、大学生科技节等校园文化活动作为一个品牌予以策划、精心包装、全力打造,并在活动的组织开展中加强与社会、企业和新媒体的广泛联系与合作。校园集体活动品牌化建设,每次每个品牌化活动均开展系列活动10余项,满足了不同学生的需求和爱好,几乎每个学生都能选择参与一项或多项活动,充分体现了"全面实施、全员参与"的活动思想。活动项目化运作,增强了学生参与校园集体活动的主体意识、主动性,也增强了学生的团队意识、合作能力和创新能力。

六、大学生社会能力得到明显增强和提升

课题研究指出"在校园集体活动中增强高校大学生集体观念意识和提升社会能力",这一研究思路的实践落实,加强基本条件保障是关键。课题研究从加强思政育人工作顶层设计、校园文化建设质量提升、高校班级建设与管理、学生党员教育与培养、学生假日活动引导组织、校园网络集体活动组织开展、活动组织人力保障等方面积极探索实践高校大学生社会能力提升工作的实现保障和促进推动条件机制。研究实践表明,高校大学生社会能力提升工作应具有的基本条件的保障到位,使高校大学生社会能力得到了明显增强和提升。这一点,从课题研究者所在学院的学生在参与各级、各类校园文化活动特别是集

体和团体性质的校园文化活动评比、竞赛中所取得的优异成绩中可以体现出来。对比以往，学院学生在参加各级别的创新创业、科技竞赛、文化艺术、社会实践等活动中获奖的质量和人数明显呈现出逐步增长趋势。特别是毕业生在工作岗位上所表现出的较强的社会能力，更是得到了用人单位的认可和赞扬。

七、学生参与校园集体活动积极性明显提高

课题研究提出的"在校园集体活动中增强高校大学生集体观念意识和提升社会能力"的研究思路，要求高校组织和开展好校园集体活动是其中关键的一步，而研究实践表明，调动高校大学生参与校园集体活动的积极性、主动性更是其中关键的另一步。高校如何调动大学生参与校园集体活动的积极性、主动性？课题研究提出对高校大学生社会能力提升进行科学的考核评价，是调动大学生参与校园集体活动积极性和主动性的关键。课题研究从科学性、自我考评、过程性考评、以定性为主的考评、坚持具体分析的考评方面提出了高校大学生社会能力提升考核评价应坚持的原则，并从学生体验性评价、教师指导性评价、学校综合性评价方面明确了考核评价机制内容构成，特别是课题研究提出了建立针对高校大学生参与校园集体活动的奖励机制。这些机制和举措的实施，极大地促进了高校大学生参与校园集体活动的积极性、主动性，同时也很好地保证了高校校园集体活动的组织质量和数量。也同步实践了课题研究提出的"在校园集体活动中提升大学生社会能力"的研究思路和目标。这一点，从课题研究者所在学院实施的"大学生素质拓展积分制度"中也可以充分体现出来，目前在课题研究者所在学院学生中形成了"人人积极申请活动项目、人人积极累积素质拓展积分"的良好局面。

八、发挥了教师对校园集体活动的指导作用

高校校园集体活动能否充分发挥实践育人功能，活动的质量和效果如何，指导教师的作用十分重要。在组织开展高校校园集体活动中，只有积极发挥指导教师的科学指导和引领作用，才能不断提高校园集体活动的质量和效果，并促使校园集体活动有效、深入和持续开展下去。同时，高校大学生参与有科学指导的校园集体活动，社会能力才会得到有效提升。"新时代高校大学生社会能力提升研究实践"课题研究结合高校教师指导校园集体活动和参与大学生社会能力提升工作的工作量和成果得不到科学合理认可，进而影响指导教师积极

性的问题现状，提出了加强高校校园集体活动组织人力保障和建立针对高校教师参与校园集体活动的奖励机制。例如，把高校教师参加和指导校园集体活动与大学生社会能力提升工作计入工作量，并设立优秀指导教师奖，与教师晋升、评优和评职称等挂钩，这一举措充分调动了指导教师的指导积极性，也充分保证了高校校园集体活动的质量和水平。

第二节 研究局限性

"新时代高校大学生社会能力提升研究实践"课题研究，虽然经过多年的研究和实践，取得了一定的研究成果和工作成效。但也存在以下问题需要进一步加强改进和深入研究：一是为进一步提高工作效率，校园集体活动项目的申报和审核需进行网络申报和审核，并需专人负责此项工作，需从人力和物力方面给予支持和投入保障。二是实施校园集体活动项目管理，对指导教师的激励机制和对指导任务完成情况的科学评价还需进一步加强和规范。三是校园集体活动的内容和形式应进一步丰富，应不断提高活动质量，不断扩大活动的学生参与面。四是组织开展校园集体活动的重心应进一步下移，应积极鼓励班委会（团支部）、学生社团、学生个人积极自主申报校园集体活动项目，不断扩大校园集体活动项目的内容和范围。五是应进一步加大校园集体活动校内外实践基础建设，进一步做好校园集体活动组织开展的条件保障。

第三节 未来研究方向

"新时代高校大学生社会能力提升研究实践"课题研究就是要以高校大学生全面发展为导向，积极主动适应经济社会的发展和高校人才培养模式的改革，在高校人才培养中尊重学生的主体地位，调动和发挥学生的主观能动性，在参与实践活动中拓展学生视野，提升学生整体素质和综合能力，为高校大学生的成长成才提供广阔平台。

一、进一步加强工作创新

坚持"以学生为中心"教育理念的核心是人，它强调"将人置于组织中最重要资源的地位，成为组织的核心资源和竞争力源泉"。高校大学生社会能力提升工作要求"以学生为中心"，始终把学生放在教育的核心位置，从学生的需要出发，一切为了学生，并以此为最高追求，做好顶层设计，不断推进人才培养模式的创新。这既是开展高校大学生社会能力提升工作的前提和基础,也是促使高校大学生社会能力提升工作取得实效的关键。

二、推进活动基地化建设

高校校园集体活动的组织和开展,需要积极整合优化教育教学资源,推动跨行业、跨学校、跨院系、跨层次的资源共享。需要进一步积极探索基地化建设模式,高校要充分利用校内外教育管理特色基地、产学研合作平台、教育教学基地、实习实训基地、社会实践基地等平台,依托现有基地的地域优势、行业优势、学科优势,充分发挥产学研结合、校企合作、校地合作等合作模式在高校大学生社会能力提升工作中的作用,突出活动基地建设在人才培养中的重要作用,不断拓展活动新基地,开拓活动新领域。

三、打造活动精品化模式

在校园集体活动的组织和开展中,高校必须树立品牌意识,实施品牌化战略。打造品牌、打造特色,树立精品意识,做优做强校园集体活动,积极在活动的品牌化、精品化建设中实施强校战略和人才培养战略。精心培育活动品牌,选择主题明确、特色鲜明、立意深远的校园集体活动,打造一批有特色、有内涵、有较大社会影响力的精品校园集体活动。加强品牌活动的创建与管理,不断完善校园集体活动项目化管理的运行机制,统筹协调,分工合作,形成工作合力,不断促进高校校园集体活动科学化、规范化、制度化建设,不断提高高校大学生社会能力提升工作的成效。

四、推动活动新媒体融合

高校大学生社会能力提升工作要创新形式,拓展载体,必须借助新媒体手段。高校要积极完善校园新媒体建设,要根据新形势重点开展好校园网络集体活动,这一点需要推动跨学校、跨学院、跨社会、跨业界的新媒体联合。充分利用新媒体传播快速和无地域限制的特征,积极开展高校校园集体活动跨区域、跨界线、跨行业的新媒体联合,合力打造具有特色的高校校园集体活动项目。这一做法既能体现学校特色,又能实现学校与社会、业界间的优势互补,最大限度地发挥新媒体在高校大学生社会能力提升工作中的作用。

附　录

附录一：高校大学生社会能力提升模型构建

高校大学生社会能力提升的理论模型表现为一系列相互关联的单元：

①概念内涵单元——综合了国内外学者的相关研究，进一步明晰了社会能力的概念和内涵。

②理论方法单元——说明了研究所执行的相关理论和研究过程所采用的研究方法。

③内容结构单元——进一步明晰了社会能力的本质结构、内涵及具体结构分析，明确了大学生应具有的社会能力及其发展特点。

④目标任务单元——明确了在校园集体活动中提升大学生社会能力的研究目标和具体研究任务。

⑤技术路线单元——主要从中外高校大学生社会能力提升比较启示，高校校园集体活动的特征、组织原则、组织模式与活动设计，高校大学生社会能力提升制度建设、考核评价机制构建等方面提出了提升高校大学生社会能力的技术路线。

⑥结果控制单元——提出了实施高校大学生社会能力提升工作的条件保障、高校大学生社会能力提升的具体实施举措，形成国家、社会、高校、家庭、个人"五位一体"的高校大学生社会能力提升协同育人机制。高校作为大学生社会能力提升的主体责任，应积极构建学生能力提升实践实训课程和加强校园集体活动组织的质量和数量。研究达到了在高校大学生社会能力提升中发挥多方合力、校园文化、第二课堂、校园集体活动、指导教师、大学生个人作用的研究目的。

高校大学生社会能力提升模型简介

培养提升过程与多方行动合力举措	1. 概念内涵单元	理论支撑人员制度机制条件保障
	概念：社会能力指个人在社会中为适应社会发展、生活、生存所必需的一些能力和技能的统称	
	内涵：社会能力是个体有效且恰当应对各类社会情境，并实现自身良好发展的能力，是一个人在社会中生存、工作、学习等一切活动所必须具备的最基本、最基础的能力	
	2. 理论方法单元	
	研究理论：人的全面发展理论、实践育人理论、协同育人理论	
	研究方法：文献研究法、问卷调查法、访谈法、观察法、案例分析法、跨学科研究法	
	3. 内容结构单元	
	社会能力本质：人际交往和互动能力、确定和实现目标能力、适应和融入社会能力	
	社会能力结构（心理学层面分析）：因素分析说、维度理论、内隐研究理论、操作性研究理论	
	社会能力的具体结构分析： （1）社会适应与目标实现能力　　（2）自我认知与自我评价能力 （3）认知他人与认知社会能力　　（4）和人相处与建立关系能力 （5）参与活动与影响他人能力　　（6）社会情感发展与调控能力 （7）终身学习与自我发展能力　　（8）问题解决与创新实践能力 （9）心理健康与心理调控能力	
	大学生应具有的社会能力： （1）道德能力　　　　　　　　（2）宏思维能力 （3）组织能力　　　　　　　　（4）学习能力 （5）合作能力　　　　　　　　（6）适应能力 （7）创新能力　　　　　　　　（8）领导能力	
	大学生社会能力发展特点：融合性、辅助性、不可或缺性、广泛性、稳定性、发展性、实践性	

续表

培养提升过程与多方行动合力举措	4.目标任务单元	理论支撑人员制度机制条件保障
	目标：在校园集体活动中提升大学生社会能力	
	任务： （1）解决高校大学生组织和参与校园集体活动的积极性问题 （2）解决高校教师指导校园集体活动的积极性问题 （3）解决师生参与校园集体活动的科学评价问题 （4）建立校园集体活动中大学生社会能力提升有效制度和机制 （5）形成大学生社会能力提升国家、社会、高校、家庭、个人行动合力	
	5.技术路线单元	
	中外高校大学生社会能力提升比较启示： （1）强调主动学习　　　　　　（2）强调主动实践 （3）全面实施学分制　　　　　（4）加强师资队伍建设 （5）强调多学科交叉　　　　　（6）加强与业界和社会联系 （7）加强国际合作与交流	
	高校校园集体活动特征、组织原则： 活动特征：实践性、主动性、整合性、开放性 组织原则：赢得支持、富于创新、宣传先行、精品精制等原则	
	"大学生素质拓展积分制度"实施机制：实施内容、实施目的、积分要求、考评等级、组织机构与工作职责、考评指标与积分标准、实施细则与具体要求	
	高校大学生社会能力提升考核评价机制构建： 基本原则： （1）科学性原则　　　　　　　（2）自我考评原则 （3）过程性考评原则　　　　　（4）以定性为主的考评原则 （5）坚持具体分析的考评原则 考核评价机制内容构成：学生体验性评价、教师指导性评价、学校综合性评价 奖励激励机制建立：建立针对学生、教师、学生工作部门的奖励机制	

续表

培养提升过程与多方行动合力举措	6. 结果控制单元					理论支撑人员制度机制条件保障
	高校大学生社会能力提升工作条件保障： （1）加强高校思政育人工作顶层设计 （2）加强高校校园文化建设质量提升 （3）加强新时代高校班级建设与管理 （4）加强高校大学生党员教育与培养 （5）加强高校大学生假日活动引导组织 （6）加强高校校园网络集体活动组织开展 （7）加强高校校园集体活动组织人力保障					
	形成国家、社会、高校、家庭、个人"五位一体"的大学生社会能力提升协同育人机制					
	（1）国家重视：把高等教育放在优先发展地位	（2）社会支持：选拔任用人才坚持能力本位论	（3）高校培养：坚持"以学生为中心"培养理念	（4）家庭保障：发挥大学生社会能力培养基础性作用	（5）个人努力：提升自身社会能力主观能动性	
	高校主体责任：构建学生能力提升实践实训课程、加强校园集体活动组织的质量和数量					
	研究主要结论： （1）发挥了校园文化在人才培养中的作用 （2）形成了"三位一体"第二课堂活动体制 （3）体现了校园集体活动中培养学生理念 （4）构建了校园集体活动组织的有效模式 （5）品牌建设、项目运作增强了活动质量 （6）大学生社会能力得到明显增强和提升 （7）学生参与校园集体活动积极性明显提高 （8）发挥了教师对校园集体活动的指导作用					
	研究结果：提升高校大学生社会能力					

附录二：校园集体活动中大学生社会能力提升调查问卷（在校生问卷）

本调查中的校园集体活动是指以我国高校群团组织、班集体、学生社团等为单位或以这些组织中的团体、个人为单位，组织开展的集体、团体成员或个人参与的以思想教育、志愿服务、文体艺术、科技创新、社会实践、技能培养、就业创业等为主要内容的校园第二课堂活动。网络境域下，关于校园集体活动的界定，不仅包括校园现场集体活动，也包括校园网络集体活动。为了进一步了解我国高校校园集体活动的开展以及大学生社会能力提升的实际情况，更好地发挥高校校园集体活动对促进大学生社会能力提升的积极作用，特开展此项调查活动。调查只用于指导和改进工作以及作研究之用，别无他意，对于问卷中所调查的问题，希望你能客观、如实地作答。

本问卷针对全日制在校大学生作调查，问答选项原则上以单项选择为主，多项选择要求最多选择三项，请将你的选择答案填写在题后的括号里。

十分感谢你的支持和配合！

1. 你的性别：（ ）

   A. 男　　　　　　B. 女

2. 你的政治面貌：（ ）

   A. 中共党员　　B. 共青团员　　C. 群众　　　　D. 其他

3. 你的职务：（ ）

   A. 学生会干部　　B. 班团干部　　C. 普通学生

4. 你所就读的学校：（ ）

   A. 985、211 院校　　　　　　B. "双一流"院校

   C. 普通本科院校　　　　　　D. 高等职业院校

5. 你所就读年级：（ ）

   A. 一年级　　　　B. 二年级　　　C. 三年级

   D. 四年级　　　　E. 五年级

6. 你的专业所属学科：（ ）

   A. 文史哲　　　　B. 理工农医　　C. 艺体

   D. 经管　　　　　E. 其他

7. 你们学校经常组织校园集体活动吗？（ ）

   A. 经常组织　　　B. 偶尔组织　　C. 不组织

8. 你所在学院（系部）经常组织校园集体活动吗？（   ）

A. 经常组织　　　B. 偶尔组织　　　C. 不组织

9. 你所在班级经常组织校园集体活动吗？（   ）

A. 经常组织　　　B. 偶尔组织　　　C. 不组织

10. 你们学校的学生社团经常组织校园集体活动吗？（   ）

A. 经常组织　　　B. 偶尔组织　　　C. 不组织

11. 你认为学校、学院（系部）、班级、学生社团应该多组织校园集体活动吗？（   ）

A. 应该，并且应定期组织　　　　B. 偶尔组织就行

C. 无所谓

12. 你们学校的校园集体活动组织主体是谁？（   ）

A. 学校团委、学生会　　　　B. 学生工作部

C. 学院（系部）　　　　　　D. 班级

E. 学生社团　　　　　　　　F. 其他部门

13. 你们学校的校园集体活动内容丰富吗？（   ）

A. 很丰富，活动内容结合学生实际

B. 一般，仅限于按照有关要求开展

C. 内容单一，无新意

14. 你们学校的校园集体活动形式多样吗？（   ）

A. 形式多样，学生喜爱　　　　B. 一般

C. 形式单调，不新颖

15. 你们学校的校园集体活动类型主要是哪一类？（   ）

A. 思想教育类　　B. 志愿服务类　　C. 文体艺术类　　D. 社会实践类

E. 科技创新类　　F. 技能培养类　　G. 就业创业类　　H. 其他类

16. 你们学校的校园集体活动能满足学生的需求吗？（   ）

A. 能　　　　　B. 有时能　　　　C. 不能

17. 你们学校的校园集体活动创新性高吗？（   ）

A. 很高　　　　B. 一般　　　　　C. 无创新性

18. 你们学校的校园集体活动能突显学生的个性吗？（   ）

A. 能　　　　　B. 有时能　　　　C. 不能

19. 你们学校的校园集体活动能锻炼和提升学生的能力素质吗？（　　）

A. 能　　　　　　B. 有时能　　　　　C. 不能

20. 你认为校园集体活动由谁组织比较好？（　　）

A. 专业教师　　　　B. 辅导员或班主任

C. 学生干部　　　　D. 社团负责人

E. 学生个人　　　　F. 其他人

21. 你们学校的教师亲自参加或组织、指导校园集体活动吗？（　　）

A. 是的，经常亲自参加和组织、指导

B. 有时参加和组织、指导

C. 从来没有

22. 你希望学校教师亲自参加或组织、指导校园集体活动吗？（　　）

A. 希望　　　　　　B. 无所谓　　　　　C. 不希望

23. 你们学校学生参加校园集体活动的积极性如何？（　　）

A. 很高　　　　　　B. 一般　　　　　　C. 很差

24. 你认为你身边的同学参加校园集体活动的主要目的是什么？（　　）

A. 发展兴趣爱好　　　　　　B. 锻炼能力素质

C. 积累素质拓展积分　　　　D. 迫于要求

E. 其他

25. 你所在班级的同学能齐心协力参加校园集体活动吗？（　　）

A. 能　　　　　　B. 有时能　　　　　C. 不能

26. 你们学校的学生社团校园集体活动参与程度如何？（　　）

A. 全都积极踊跃参加　　　　B. 大部分社团积极参加

C. 少部分社团积极参加

27. 如果学生参与校园集体活动的积极性不高，你认为造成这一结果的主要原因是什么？（　　）（最多选三项）

A. 学生集体意识和集体观念淡漠

B. 受网络影响，以自我为中心，一人一网一天下

C. 活动不能引起学生的兴趣，不能满足学生的需求

D. 活动形式化、没有创新性

E. 活动不能很好地表现学生个性

F. 活动不能很好地锻炼和提升学生的能力素质

G. 活动时间太长

H. 活动宣传不到位,学生不清楚

I. 学生不想让集体活动把自己要求和束缚住

J. 学生缺乏自信,不愿意表现自己

K. 学生缺乏实践能力和人际交往能力

L. 其他原因

28. 你认为你们学校校园集体活动的质量和效果如何?( )

A. 很好　　　　　B. 一般　　　　　C. 很差

29. 如果你们学校的校园集体活动质量和效果不好,你认为造成这一结果的最主要的人为因素是什么?( )

　　A. 学校没有积极组织　　　　　B. 学院(系部)没有积极响应

　　C. 班级、学生社团没有积极参与　　D. 学生个人参与活动积极性不高

　　E. 缺乏专业教师指导　　　　　F. 其他因素

30. 如果你们学校的校园集体活动质量和效果不好,你认为造成这一结果的最主要的物质因素是什么?( )

　　A. 活动经费没有保障到位

　　B. 活动场地、设施设备等没有保障到位

　　C. 缺乏有效的活动激励机制

　　D. 缺乏科学的活动评价机制

　　E. 其他因素

31. 你认为提高高校校园集体活动质量和效果谁的作用最大?( )

　　A. 学校　　　B. 学院(系部)　　C. 班级　　　　D. 学生社团

　　E. 学生个人　　F. 指导教师　　　G. 其他

32. 你认为高校应采取什么措施,调动学生参与校园集体活动的积极性?( )
(最多选三项)

　　A. 加强思想教育,让学生认识到参与校园集体活动的重要性

　　B. 加大活动宣传力度,让学生充分了解活动主题和意义

　　C. 增强活动内容的丰富性和创新性

　　D. 活动组织以发展学生兴趣爱好为主

　　E. 发挥网络优势,积极开展网络集体竞赛活动

　　F. 加大在校园集体活动中培养和增强学生能力素质的力度

G. 对校园集体活动实行学分制和奖惩激励机制

H. 学校提供校园集体活动必备的条件

I. 学校应对学生和教师参与校园集体活动给予科学的评价

J. 以班级或团队的方式组织开展校园集体活动

K. 结合学生实际，组织开展校园集体活动

L. 其他

33. 你喜欢参加校园集体活动吗？（　　）
    A. 喜欢　　　　B. 有时喜欢　　C. 不喜欢

34. 你喜欢组织校园集体活动吗？（　　）
    A. 喜欢　　　　B. 有时喜欢　　C. 不喜欢

35. 你个人经常参加校园集体活动吗？（　　）
    A. 是的，经常参加　　　　　B. 偶尔参加
    C. 从来不参加

36. 你个人经常组织校园集体活动吗？（　　）
    A. 是的，经常组织　　　　　B. 偶尔组织
    C. 从来不组织

37. 如果让你组织一个校园集体活动，你认为你能组织好吗？（　　）
    A. 能组织好　　B. 没有底气　　C. 不想组织

38. 你是否愿意主动参与到校园集体活动的策划组织中去？（　　）
    A. 愿意　　　　B. 有时愿意　　C. 不愿意

39. 当有校园集体活动需要你去组织，你会怎么做？（　　）
    A. 制订计划，按步骤进行　　B. 根据情况组织
    C. 遇到阻力，放弃

40. 你代表你们班级、学院（系部）和学校参加过校园集体活动吗？（　　）
    A. 经常参加　　B. 偶尔参加　　C. 从来没有

41. 你最喜欢参加什么类型的校园集体活动？（　　）
    A. 思想教育类　B. 志愿服务类　C. 文体艺术类
    D. 社会实践类　E. 科技创新类　F. 技能培养类
    G. 就业创业类　H. 其他类

42. 你入校至今，参加校园集体活动的次数如何？（　　）
    A. 非常多　　　B. 很少　　　　C. 没有

43. 你平均多长时间参加一次校园集体活动？（ ）

A. 三天　　　　　B. 一周　　　　　C. 两周　　　　　D. 一个月

E. 三个月　　　　F. 半年　　　　　G. 从不参加

44. 你认为一项校园集体活动应该持续多长时间比较合适？（ ）

A. 两小时　　　　B. 四小时　　　　C. 半天　　　　　D. 一天

E. 三天　　　　　F. 一星期　　　　G. 半个月　　　　H. 一个月以上

45. 你认为组织和参与校园集体活动作用和价值大不？（ ）

A. 大　　　　　　B. 一般　　　　　C. 不大

46. 你认为你组织和参与校园集体活动最大的收获是什么？（ ）

A. 开阔视野，增长见识　　　　B. 锻炼能力和提升素质

C. 增强集体意识和集体观念　　D. 加强人际交往

E. 其他收获　　　　　　　　　F. 无收获

47. 你认为组织开展校园集体活动最大的作用和意义体现在哪一方面？（ ）

A. 增强学生集体意识和集体凝聚力　　B. 丰富学生课余文化生活

C. 加强学生之间的交流与合作　　　　D. 提升学生能力和素质

E. 其他作用和意义　　　　　　　　　F. 无作用和意义

48. 你在课余时间主要做些什么？（ ）（最多选三项）

A. 读书、学习　　　　　　　　B. 考证、考研

C. 发展兴趣爱好　　　　　　　D. 参与第二课堂活动

E. 运动健身　　　　　　　　　F. 社会实践

G. 打工做兼职　　　　　　　　H. 创业

I. 娱乐、游玩、休息　　　　　J. 玩手机、刷微博、微信

K. 上网打游戏　　　　　　　　L. 追剧、看小说

M. 聚会、和同学逛街、购物　　N. 交友、谈恋爱

O. 其他

49. 你身边的同学在课余时间主要做些什么？（ ）（最多选三项）

A. 读书、学习　　　　　　　　B. 考证、考研

C. 发展兴趣爱好　　　　　　　D. 参与第二课堂活动

E. 运动健身　　　　　　　　　F. 社会实践

G. 打工做兼职　　　　　　　　H. 创业

I. 娱乐、游玩、休息　　　　　J. 玩手机、刷微博、微信

K. 上网、打游戏　　　　　　　　L. 追剧、看小说

M. 聚会、和同学逛街、购物　　　N. 交友、谈恋爱

O. 其他

50. 你认为现在的大学生喜欢干什么？（　　）（最多选三项）

A. 读书、学习　　　　　　　　　B. 考证、考研

C. 社会实践　　　　　　　　　　D. 运动、探险

E. 做志愿者　　　　　　　　　　F. 兼职

G. 做"酷"的、具有挑战性的事情　H. 做对就业有帮助的事情

I. 创业　　　　　　　　　　　　J. 娱乐、游玩

K. 上网　　　　　　　　　　　　L. 打游戏

M. 网购　　　　　　　　　　　　N. 其他

51. 在当前网络境域下你喜欢玩手机、上网吗？（　　）

A. 特别喜欢，已经离不开手机和网络

B. 喜欢，但能控制自己　　　　　C. 不喜欢

52. 你用手机上网主要干什么？（　　）（最多选三项）

A. 网络学习　　B. 查阅资料　　C. 关注新闻　　D. 看书

E. 聊天　　　　F. 看视频　　　G. 打游戏　　　H. 刷朋友圈

I. 淘宝　　　　J. 做兼职　　　K. 娱乐　　　　L. 听音乐

M. 其他

53. 你上网浏览最多的网站是什么？（　　）

A. 学习网站　　B. 新闻网站　　C. 娱乐网站

D. 购物网站　　E. 游戏网站　　F. 其他网站

54. 你平均每天上网的时间是多少？（　　）

A. 小于 1 小时　　　　　　　　　B. 2～5 个小时

C. 6～9 个小时　　　　　　　　　D. 10 个小时以上

55. 你认为上网、玩手机对自己最大的影响是什么？（　　）

A. 可以借助网络学习、获取知识　B. 参与网络活动、提升能力素质

C. 网络交友、增强人际关系　　　D. 娱乐、放松心情

E. 无聊、打发时间　　　　　　　F. 沉迷网络

G. 将自己封闭在个人空间　　　　H. 不能正常面对现实　　I. 其他

56. 你觉得现在大学生的集体意识和集体观念怎么样?（　　）

A. 很强　　　　　B. 一般　　　　　C. 很差

57. 目前,大学生集体意识和集体观念淡漠的主要原因是什么?（　　）

A. 国家和高校对大学生集体意识和观念教育没有足够重视

B. 学生学习任务重,无暇顾及集体事务

C. 学生没有认识到集体对个人发展的重要性

D. 学生以"自我"为中心,心中无集体

E. 学生喜欢沉迷于个人的网络空间

F. 其他

58. 你觉得集体意识和集体观念淡漠对自己最大的影响是什么?（　　）

A. 使自己脱离集体、感觉孤独　　　B. 处事没有大局意识

C. 思想、观念狭隘　　　　　　　　D. 自私、凡事只考虑自己的利益

E. 人际关系不和谐　　　　　　　　F. 没有影响

59. 你认为作为高校该怎样培养和增强大学生的集体意识和集体观念?（　　）（最多选三项）

A. 加强思想教育,培养学生的主人翁责任感

B. 组织各种校园集体活动,在活动中培养和增强

C. 用校园文化氛围的感染力,增强学生的集体观念

D. 多组织以班集体为单位的活动,增强集体凝聚力

E. 多开展团体之间的竞赛活动,增强学生的集体荣誉感

F. 让学生亲身投入到集体活动的组织中,体验集体活动组织中的交流与合作

G. 其他

60. 增强集体意识和集体观念,你觉得个人应该怎么去做?（　　）（最多选三项）

A. 加强个人道德品质,增强个人基本道德修养

B. 加强思想认识,充分认识集体对个人发展的重要性

C. 积极参与和组织校园集体活动,在活动中增强集体意识和观念

D. 加强人际交往,丰富自己的社会关系

E. 参与社会实践,认识集体、了解集体

F. 不沉迷网络,不封闭自我

G. 其他

61. 高校通过组织和开展校园集体活动增强大学生的集体意识和集体观念，你认可这个观点不？（   ）

　　A. 认可　　　　B. 基本认可　　　　C. 不认可

62. 你平时关注"社会能力"这个词不？（   ）

　　A. 关注，比较了解　　　　B. 没多关注，了解比较少

　　C. 没有关注

63. 你认为社会能力最应该包括哪些能力？（   ）（最多选三项）

　　A. 道德能力　　B. 宏思维能力　　C. 组织能力　　D. 学习能力
　　E. 思辨能力　　F. 沟通能力　　　G. 合作能力　　H. 适应能力
　　I. 创新能力　　J. 领导能力　　　K. 自律能力　　L. 生存能力
　　M. 发展能力　　N. 其他能力

64. 你个人最希望锻炼和提升自己哪些方面的社会能力？（   ）（最多选三项）

　　A. 道德能力　　B. 宏思维能力　　C. 组织能力　　D. 学习能力
　　E. 思辨能力　　F. 沟通能力　　　G. 合作能力　　H. 适应能力
　　I. 创新能力　　J. 领导能力　　　K. 自律能力　　L. 生存能力
　　M. 发展能力　　N. 其他能力

65. 你认为现阶段大学生最缺乏哪些方面的社会能力？（   ）（最多选三项）

　　A. 道德能力　　B. 宏思维能力　　C. 组织能力　　D. 学习能力
　　E. 思辨能力　　F. 沟通能力　　　G. 合作能力　　H. 适应能力
　　I. 创新能力　　J. 领导能力　　　K. 自律能力　　L. 生存能力
　　M. 发展能力　　N. 其他能力

66. 你认为社会能力对自己一生的发展重要不？（   ）

　　A. 重要　　　　B. 一般　　　　C. 不重要

67. 你清楚社会能力不足会导致什么样的结果吗？（   ）

　　A. 清楚，非常在意　　　　B. 清楚，但不在意

　　C. 不清楚

68. 你认为你的社会能力怎么样？（   ）

　　A. 强　　　　B. 一般　　　　C. 比较差

69. 你认为你身边的同学的社会能力怎么样？（   ）

　　A. 强　　　　B. 一般　　　　C. 比较差

70. 你平时注重锻炼和提升自己的社会能力吗？（   ）

    A. 注重   B. 一般   C. 不注重

71. 你身边的同学平时注重锻炼和提升自己的社会能力吗？（   ）

    A. 注重   B. 一般   C. 不注重

72. 你通过什么途径锻炼和提升自己的社会能力？（   ）（最多选三项）

    A. 参与相关技能课程培训学习   B. 阅读相关书籍

    C. 参与校园文化活动   D. 参与社会实践活动

    E. 参与学生社团活动   F. 参与素质拓展活动

    G. 向身边的老师和同学学习   H. 通过打工、做兼职

    I. 其他

73. 你身边的同学通过什么途径锻炼和提升自己的社会能力？（   ）（最多选三项）

    A. 参与相关技能课程培训学习   B. 阅读相关书籍

    C. 参与校园文化活动   D. 参与社会实践活动

    E. 参与学生社团活动   F. 参与素质拓展活动

    G. 向身边的老师和同学学习   H. 通过打工、做兼职

    I. 其他

74. 你认为一个人社会能力的培养和提升最主要的影响因素是什么？（   ）

    A. 国家的重视   B. 社会的支持

    C. 高校的培养   D. 家庭的保障

    E. 个人的努力   F. 其他

75. 你认为目前阻碍大学生社会能力提升的主要原因是什么？（   ）

    A. 国家没有高度重视   B. 社会没有很好支持

    C. 高校没有积极培养   D. 家庭没有有力保障

    E. 个人没有主动努力   F. 其他

76. 你认为国家注重培养和提升大学生的社会能力吗？（   ）

    A. 注重   B. 一般   C. 不注重

77. 你认为国家应该通过什么途径提升大学生的社会能力？（   ）（最多选三项）

    A. 从理念层面，重视大学生的社会能力培养和提升

    B. 从制度层面，出台相关的大学生社会能力考核标准和评价机制

C. 从经费层面，给教育投入和提供充足的经费

D. 从保障层面，建立大学生能力培训和实践基地

E. 其他

78. 你认为社会注重培养和提升大学生的社会能力吗？（　　）

　　A. 注重　　　　　B. 一般　　　　　C. 不注重

79. 你认为社会应该通过什么途径提升大学生的社会能力？（　　）（最多选三项）

A. 社会应营造重视人才、重视能力的良好氛围

B. 选拔和任用人才，坚持科学公平和能者至上的标准

C. 给大学生锻炼和提升社会能力提供机会和机遇

D. 给大学生锻炼和提升社会能力提供条件保障

E. 其他

80. 你认为高校注重培养和提升大学生的社会能力吗？（　　）

　　A. 注重　　　　　B. 一般　　　　　C. 不注重

81. 你认为高校应该通过什么途径提升大学生的社会能力？（　　）（最多选三项）

A. 高校应坚持以"学生为中心"的教育理念，把培养和提升大学生的社会能力放在办学重要的位置

B. 在教学课程设置中，多开设有利于培养和提升大学生社会能力的课程

C. 加强教学实践环节，提供和增加大学生实习、实训和与社会接触的时间和机会

D. 积极利用寒暑假和学生课余时间，开展大学生社会实践活动

E. 积极为大学生锻炼和提升社会能力提供和创建平台

F. 丰富校园文化活动，坚持在校园集体活动中提升大学生社会能力

G. 其他

82. 你认为家庭注重培养和提升大学生的社会能力吗？（　　）

　　A. 注重　　　　　B. 一般　　　　　C. 不注重

83. 你认为家庭应该通过什么途径提升大学生的社会能力？（　　）（最多选三项）

A. 家长要认识到社会能力对孩子一生发展的重要性，要有注重培养和提升孩子社会能力的意识

B. 家长要注重从小到大分阶段关注和培养、提升孩子的社会能力

C. 家长要鼓励和督促孩子有意识地锻炼和提升自身的社会能力

D. 家长要给孩子锻炼和提升社会能力提供机会和机遇

E. 家长要给孩子锻炼和提升社会能力提供条件和经费保障

F. 其他

84. 你认为大学生个人注重培养和提升自身的社会能力吗？（　　）

  A. 注重　　　　B. 一般　　　　C. 不注重

85. 你认为大学生个人应该通过什么途径提升自身的社会能力？（　　）（最多选三项）

  A. 大学生要有注重培养和提升自身社会能力的意识，要增强积极性和主动性

  B. 大学生应多学习有关社会能力提升的知识和理论，博学多才

  C. 大学生应积极参与社会能力锻炼和提升的相关课程、技能培训和拓展训练

  D. 大学生应充分利用课余时间，参与社会实践活动，了解和适应社会，锻炼和提升个人社会能力

  E. 大学生应积极参与校园集体活动，要有意识地在集体活动中锻炼和提升个人社会能力

  F. 大学生要积极吸收培养和提升社会能力的科学思想和成果，为自身所用

  G. 其他

86. 高校通过组织和开展校园集体活动提升大学生的社会能力，你认可这个观点不？（　　）

  A. 认可　　　　B. 基本认可　　　　C. 不认可

87. 你觉得校园集体活动与大学生社会能力提升相关性高不？（　　）

  A. 相关性高　　　　B. 一般　　　　C. 不相关

88. 你认为校园集体活动对提升大学生社会能力作用大不？（　　）

  A. 作用大　　　　B. 一般　　　　C. 没什么作用

89. 你认为高校在校园集体活动中能够提升大学生社会能力的主要原因是什么？（　　）（最多选三项）

  A. 高校校园集体活动承载着提升学生品质能力的价值功能

  B. 校园集体活动是大学生锻炼和实践社会能力的有效载体

C. 社会是最大的集体,而高校校园中的集体活动则可视为社会大集体的浓缩

D. 每一项校园集体活动的组织和开展,则可视为一个社会小环境的运作和体现

E. 大学阶段是大学生即将跨入社会,社会能力的实习、演习和模拟实践的重要阶段

F. 大学生在参与每一次的校园集体活动中,可以积极模拟、锻炼和提升社会能力

G. 其他

90. 对如何在校园集体活动中提升大学生社会能力,请提出你宝贵的意见和建议。

附录三：校园集体活动中大学生社会能力提升调查问卷（毕业生问卷）

本调查中的校园集体活动是指我国高校群团组织、班集体、学生社团等为单位或以这些组织中的团体、个人为单位，组织开展的集体、团体成员或个人参与的以思想教育、志愿服务、文体艺术、科技创新、社会实践、技能培养、就业创业等为主要内容的校园第二课堂活动。网络境域下，关于校园集体活动的界定，不仅包括校园现场集体活动，也包括校园网络集体活动。为了从高校毕业生中进一步了解我国高校校园集体活动的开展以及大学生社会能力提升的实际情况，更好地发挥高校校园集体活动对促进大学生社会能力提升的积极作用，特开展此项调查活动。调查只用于指导和改进工作以及作研究之用，别无他意，对于问卷中所调查的问题，希望你能客观、如实地作答。

本问卷针对高校毕业生作调查，问答选项原则上以单项选择为主，多项选择要求最多选择三项，请将答案填写在题后的括号里。

十分感谢你的支持和配合！

1. 你的性别：（   ）
   A. 男   B. 女
2. 你的政治面貌：（   ）
   A. 中共党员   B. 共青团员   C. 群众   D. 其他
3. 你已毕业：（   ）
   A. 1～3 年   B. 4～6 年   C. 7～9 年 D. 10 年以上
4. 你曾在大学的职务：（   ）
   A. 学生会干部 B. 班团干部   C. 普通学生
5. 你曾所就读的学校：（   ）
   A. 985、211 院校   B. "双一流"院校
   C. 普通本科院校   D. 高等职业院校
6. 你现在的学历：（   ）
   A. 博士研究生 B. 硕士研究生 C. 本科生   D. 专科生
7. 你曾就读的专业所属学科：（   ）
   A. 文史哲   B. 理工农医   C. 艺体
   D. 经管   E. 其他

8. 你曾就读的学校经常组织校园集体活动吗？（   ）

A. 经常组织　　　B. 偶尔组织　　　C. 不组织

9. 你曾所在的二级学院（系部）经常组织校园集体活动吗？（   ）

A. 经常组织　　　B. 偶尔组织　　　C. 不组织

10. 你曾所在的班级经常组织校园集体活动吗？（   ）

A. 经常组织　　　B. 偶尔组织　　　C. 不组织

11. 你曾就读的学校的学生社团经常组织校园集体活动吗？（   ）

A. 经常组织　　　B. 偶尔组织　　　C. 不组织

12. 你认为高校、二级学院（系部）、班级、学生社团应该多组织校园集体活动吗？（   ）

A. 应该，并且应定期组织　　　B. 偶尔组织就行

C. 无所谓

13. 你曾就读的学校的校园集体活动组织主体是谁？（   ）

A. 学校团委、学生会　　　　　B. 学生工作部

C. 学院（系部）　　　　　　　D. 班级

E. 学生社团　　　　　　　　　F. 其他部门

14. 你曾就读的学校的校园集体活动内容丰富吗？（   ）

A. 很丰富，活动内容结合学生实际

B. 一般，仅限于按照有关要求开展

C. 内容单一，无新意

15. 你曾就读的学校的校园集体活动形式多样吗？（   ）

A. 形式多样，学生喜爱　　　B. 一般

C. 形式单调，不新颖

16. 你曾就读的学校的校园集体活动类型主要是哪一类？（   ）

A. 思想教育类　B. 志愿服务类　C. 文体艺术类　D. 社会实践类

E. 科技创新类　F. 技能培养类　G. 就业创业类　H. 其他类

17. 你曾就读的学校的校园集体活动能满足学生的需求吗？（   ）

A. 能　　　　　B. 有时能　　　C. 不能

18. 你曾就读的学校的校园集体活动创新性高吗？（   ）

A. 很高　　　　B. 一般　　　　C. 无创新性

19. 你曾就读的学校的校园集体活动能突显学生的个性吗？（   ）

  A. 能   B. 有时能   C. 不能

20. 你曾就读的学校的校园集体活动能锻炼和提升学生的能力素质吗？（   ）

  A. 能   B. 有时能   C. 不能

21. 你认为高校校园集体活动由谁组织比较好？（   ）

  A. 专业教师   B. 辅导员或班主任

  C. 学生干部   D. 社团负责人

  E. 学生个人   F. 其他人

22. 你曾就读的学校的教师亲自参加或组织、指导校园集体活动吗？（   ）

  A. 是的，经常亲自参加和组织、指导

  B. 有时参加和组织、指导   C. 从来没有

23. 你曾经希望学校教师亲自参加或组织、指导校园集体活动吗？（   ）

  A. 希望   B. 无所谓   C. 不希望

24. 你曾就读的学校学生参加校园集体活动的积极性如何？（   ）

  A. 很高   B. 一般   C. 很差

25. 你认为上大学时，身边的同学参加校园集体活动的主要目的是什么？（   ）

  A. 发展兴趣爱好   B. 锻炼能力素质

  C. 积累素质拓展积分   D. 迫于要求

  E. 其他

26. 你曾所在班级的同学能齐心协力参加校园集体活动吗？（   ）

  A. 能   B. 有时能   C. 不能

27. 你曾就读的学校的学生社团校园集体活动参与程度如何？（   ）

  A. 全都积极踊跃参加   B. 大部分社团积极参加

  C. 少部分社团积极参加

28. 你上大学时，大学生参与校园集体活动的积极性不高，你认为造成这一结果的主要原因是什么？（   ）（最多选三项）

  A. 学生集体意识和集体观念淡漠

  B. 受网络影响，以自我为中心，一人一网一天下

  C. 活动不能引起学生的兴趣，不能满足学生的需求

  D. 活动形式化、没有创新性

E. 活动不能很好地表现学生个性

F. 活动不能很好地锻炼和提升学生的能力素质

G. 活动时间太长

H. 活动宣传不到位，学生不清楚

I. 学生不想让集体活动把自己要求和束缚住

J. 学生缺乏自信，不愿意表现自己

K. 学生缺乏实践能力和人际交往能力

L. 其他原因

29. 你认为你曾就读的学校的校园集体活动的质量和效果如何？（　　）

A. 很好　　　　B. 一般　　　　C. 很差

30. 你曾就读的学校的校园集体活动质量和效果不好，你认为造成这一结果的最主要的人为因素是什么？（　　）

A. 学校没有积极组织　　　　　B. 学院（系部）没有积极响应

C. 班级、学生社团没有积极参与　　D. 学生个人参与活动积极性不高

E. 缺乏专业教师指导　　　　　F. 其他因素

31. 你曾就读的学校的校园集体活动质量和效果不好，你认为造成这一结果的最主要的物质因素是什么？（　　）

A. 活动经费没有保障到位　　　B. 活动场地、设施设备等没有保障到位

C. 缺乏有效的活动激励机制　　D. 缺乏科学的活动评价机制

E. 其他因素

32. 你认为提高高校校园集体活动质量和效果谁的作用最大？（　　）

A. 学校　　　B. 学院（系部）　C. 班级　　　D. 学生社团

E. 学生个人　F. 指导教师　　　G. 其他

33. 你认为高校应采取什么措施，调动学生参与校园集体活动的积极性？（　　）（最多选三项）

A. 加强思想教育，让学生认识到参与校园集体活动的重要性

B. 加大活动宣传力度，让学生充分了解活动主题和意义

C. 增强活动内容的丰富性和创新性

D. 活动组织以发展学生兴趣爱好为主

E. 发挥网络优势，积极开展网络集体竞赛活动

F. 加大在校园集体活动中培养和增强学生能力素质的力度

G. 对校园集体活动实行学分制和奖惩激励机制

H. 学校提供校园集体活动必备的条件

I. 学校应对学生和教师参与校园集体活动给予科学的评价

J. 以班级或团队的方式组织开展校园集体活动

K. 结合学生实际,组织开展校园集体活动

L. 其他

34. 你曾喜欢参加校园集体活动吗?( )
 A. 喜欢 　　　　B. 有时喜欢 　　C. 不喜欢

35. 你曾喜欢组织校园集体活动吗?( )
 A. 喜欢 　　　　B. 有时喜欢 　　C. 不喜欢

36. 你曾个人经常参加校园集体活动吗?( )
 A. 是的,经常参加 　　　　B. 偶尔参加
 C. 从来不参加

37. 你曾个人经常组织校园集体活动吗?( )
 A. 是的,经常组织 　　　　B. 偶尔组织
 C. 从来不组织

38. 你曾是否愿意主动参与到校园集体活动的策划组织中去?( )
 A. 愿意 　　　　B. 有时愿意 　　C. 不愿意

39. 你曾经是怎么组织校园集体活动的?( )
 A. 制订计划,按步骤进行 　　　　B. 根据情况组织
 C. 遇到阻力,放弃

40. 你曾代表你们班级、二级学院(系部)和学校参加过校园集体活动吗?( )
 A. 经常参加 　　B. 偶尔参加 　　C. 从来没有

41. 你曾最喜欢参加什么类型的校园集体活动?( )
 A. 思想教育类 　B. 志愿服务类 　C. 文体艺术类 　D. 社会实践类
 E. 科技创新类 　F. 技能培养类 　G. 就业创业类 　H. 其他类

42. 你从入校到毕业,参加校园集体活动的次数如何?( )
 A. 非常多 　　　B. 很少 　　　　C. 没有

43. 你曾平均多长时间参加一次校园集体活动?( )
 A. 三天 　　　　B. 一周 　　　　C. 两周 　　　　D. 一个月
 E. 三个月 　　　F. 半年 　　　　G. 从不参加

44. 你认为一项校园集体活动应该持续多长时间比较合适？（　　）

A. 两小时　　　　B. 四小时　　　　C. 半天　　　　D. 一天

E. 三天　　　　　F. 一星期　　　　G. 半个月　　　H. 一个月以上

45. 你认为组织和参与校园集体活动作用和价值大不？（　　）

A. 大　　　　　　B. 一般　　　　　C. 不大

46. 你认为你曾组织和参与校园集体活动最大的收获是什么？（　　）

A. 开阔视野，增长见识　　　　　　B. 锻炼能力和提升素质

C. 增强集体意识和集体观念　　　　D. 加强人际交往

E. 其他收获　　　　　　　　　　　F. 无收获

47. 你认为组织开展校园集体活动最大的作用和意义体现在哪一方面？（　　）

A. 增强学生集体意识和集体凝聚力　B. 丰富学生课余文化生活

C. 加强学生之间的交流与合作　　　D. 提升学生能力和素质

E. 其他作用和意义　　　　　　　　F. 无作用和意义

48. 你曾在课余时间主要做些什么？（　　）（最多选三项）

A. 读书、学习　　　　　　　　　　B. 考证、考研

C. 发展兴趣爱好　　　　　　　　　D. 参与第二课堂活动

E. 运动健身　　　　　　　　　　　F. 社会实践

G. 打工做兼职　　　　　　　　　　H. 创业

I. 娱乐、游玩、休息　　　　　　　J. 玩手机、刷微博、微信

K. 上网打游戏　　　　　　　　　　L. 追剧、看小说

M. 聚会、和同学逛街、购物　　　　N. 交友、谈恋爱

O. 其他

49. 你身边的同学曾在课余时间主要做些什么？（　　）（最多选三项）

A. 读书、学习　　　　　　　　　　B. 考证、考研

C. 发展兴趣爱好　　　　　　　　　D. 参与第二课堂活动

E. 运动健身　　　　　　　　　　　F. 社会实践

G. 打工做兼职　　　　　　　　　　H. 创业

I. 娱乐、游玩、休息　　　　　　　J. 玩手机、刷微博、微信

K. 上网、打游戏　　　　　　　　　L. 追剧、看小说

M. 聚会、和同学逛街、购物　　　　N. 交友、谈恋爱

O. 其他

50. 你上大学时，当时的大学生喜欢干什么？（　　）（最多选三项）

A. 读书、学习 B. 考证、考研
C. 社会实践 D. 运动、探险
E. 做志愿者 F. 兼职
G. 做"酷"的、具有挑战性的事情 H. 做对就业有帮助的事情
I. 创业 J. 娱乐、游玩
K. 上网 L. 打游戏
M. 网购 N. 其他

51. 你上大学时喜欢玩手机、上网吗？（　　）

A. 特别喜欢，离不开手机和网络 B. 喜欢，但能控制自己
C. 不喜欢

52. 你上大学时用手机上网主要干什么？（　　）（最多选三项）

A. 网络学习 B. 查阅资料 C. 关注新闻 D. 看书
E. 聊天 F. 看视频 G. 打游戏 H. 刷朋友圈
I. 淘宝 J. 做兼职 K. 娱乐 L. 听音乐
M. 其他

53. 你上大学时上网浏览最多的网站是什么？（　　）

A. 学习网站 B. 新闻网站 C. 娱乐网站
D. 购物网站 E. 游戏网站 F. 其他网站

54. 你上大学时平均每天上网的时间是多少？（　　）

A. 小于 1 小时 B. 2～5 个小时
C. 6～9 个小时 D. 10 个小时以上

55. 你认为上大学时，上网、玩手机对自己最大的影响是什么？（　　）

A. 可以借助网络学习、获取知识 B. 参与网络活动、提升能力素质
C. 网络交友、增强人际关系 D. 娱乐、放松心情
E. 无聊、打发时间 F. 沉迷网络
G. 将自己封闭在个人空间 H. 不能正常面对现实
I. 其他

56. 你上大学时，当时的大学生的集体意识和集体观念怎么样？（　　）

A. 很强 B. 一般 C. 很差

57. 你认为当时大学生集体意识和集体观念淡漠的主要原因是什么？（   ）

A. 国家和高校对大学生集体意识和观念教育没有足够重视

B. 学生学习任务重，无暇顾及集体事务

C. 学生没有认识到集体对个人发展的重要性

D. 学生以"自我"为中心，心中无集体

E. 学生喜欢沉迷于个人的网络空间

F. 其他

58. 你觉得集体意识和集体观念淡漠对自己最大的影响是什么？（   ）

A. 使自己脱离集体、感觉孤独　　　B. 处事没有大局意识

C. 思想、观念狭隘　　　　　　　　D. 自私、凡事只考虑自己的利益

E. 人际关系不和谐　　　　　　　　F. 没有影响

59. 你认为高校该怎样培养和增强大学生的集体意识和集体观念？（   ）（最多选三项）

A. 加强思想教育，培养学生的主人翁责任感

B. 组织各种校园集体活动，在活动中培养和增强

C. 用校园文化氛围的感染力，增强学生的集体观念

D. 多组织以班集体为单位的活动，增强集体凝聚力

E. 多开展团体之间的竞赛活动，增强学生的集体荣誉感

F. 让学生亲身投入到集体活动的组织中，体验集体活动组织中的交流与合作

G. 其他

60. 增强集体意识和集体观念，你觉得大学生应该怎么去做？（   ）（最多选三项）

A. 加强个人道德品质，增强个人基本道德修养

B. 加强思想认识，充分认识集体对个人发展的重要性

C. 积极参与和组织校园集体活动，在活动中增强集体意识和观念

D. 加强人际交往，丰富自己的社会关系

E. 参与社会实践，认识集体、了解集体

F. 不沉迷网络，不封闭自我

G. 其他

61. 高校通过组织和开展校园集体活动增强大学生的集体意识和集体观念，你认可这个观点不？（　　）

  A. 认可   B. 基本认可   C. 不认可

62. 你上大学时曾关注"社会能力"这个词不？（　　）

  A. 关注，比较了解   B. 没多关注，了解比较少

  C. 没有关注

63. 你认为社会能力最应该包括哪些能力？（　　）（最多选三项）

  A. 道德能力   B. 宏思维能力   C. 组织能力   D. 学习能力

  E. 思辨能力   F. 沟通能力   G. 合作能力   H. 适应能力

  I. 创新能力   J. 领导能力   K. 自律能力   L. 生存能力

  M. 发展能力   N. 其他能力

64. 你上大学时，最希望锻炼和提升自己哪些方面的社会能力？（　　）（最多选三项）

  A. 道德能力   B. 宏思维能力   C. 组织能力   D. 学习能力

  E. 思辨能力   F. 沟通能力   G. 合作能力   H. 适应能力

  I. 创新能力   J. 领导能力   K. 自律能力   L. 生存能力

  M. 发展能力   N. 其他能力

65. 你上大学时，当时的大学生最缺乏哪些方面的社会能力？（　　）（最多选三项）

  A. 道德能力   B. 宏思维能力   C. 组织能力   D. 学习能力

  E. 思辨能力   F. 沟通能力   G. 合作能力   H. 适应能力

  I. 创新能力   J. 领导能力   K. 自律能力   L. 生存能力

  M. 发展能力   N. 其他能力

66. 你认为社会能力对自己一生的发展重要不？（　　）

  A. 重要   B. 一般   C. 不重要

67. 你上大学时，清楚社会能力不足会导致什么样的结果吗？（　　）

  A. 清楚，非常在意   B. 清楚，但不在意

  C. 不清楚

68. 上大学时，你认为你的社会能力怎么样？（　　）

  A. 强   B. 一般   C. 比较差

69. 上大学时，你认为你身边的同学的社会能力怎么样？（ ）

A. 强　　　　　　B. 一般　　　　　C. 比较差

70. 上大学时，你平时注重锻炼和提升自己的社会能力吗？（ ）

A. 注重　　　　　B. 一般　　　　　C. 不注重

71. 上大学时，你身边的同学平时注重锻炼和提升自己的社会能力吗？（ ）

A. 注重　　　　　B. 一般　　　　　C. 不注重

72. 上大学时，你通过什么途径锻炼和提升自己的社会能力？（ ）（最多选三项）

A. 参与相关技能课程培训学习　　B. 阅读相关书籍

C. 参与校园文化活动　　　　　　D. 参与社会实践活动

E. 参与学生社团活动　　　　　　F. 参与素质拓展活动

G. 向身边的老师和同学学习　　　H. 通过打工、做兼职

I. 其他

73. 上大学时，你身边的同学通过什么途径锻炼和提升自己的社会能力？（ ）（最多选三项）

A. 参与相关技能课程培训学习　　B. 阅读相关书籍

C. 参与校园文化活动　　　　　　D. 参与社会实践活动

E. 参与学生社团活动　　　　　　F. 参与素质拓展活动

G. 向身边的老师和同学学习　　　H. 通过打工、做兼职

I. 其他

74. 你认为一个人社会能力的培养和提升最主要的影响因素是什么？（ ）

A. 国家的重视　　B. 社会的支持　　C. 高校的培养

D. 家庭的保障　　E. 个人的努力　　F. 其他

75. 上大学时，你认为当时阻碍大学生社会能力提升的主要原因是什么？（ ）

A. 国家没有高度重视　　　　　　B. 社会没有很好支持

C. 高校没有积极培养　　　　　　D. 家庭没有有力保障

E. 个人没有主动努力　　　　　　F. 其他

76. 上大学时，你认为国家注重培养和提升大学生的社会能力吗？（ ）

A. 注重　　　　　B. 一般　　　　　C. 不注重

77. 你认为国家应该通过什么途径提升大学生的社会能力?(　　)(最多选三项)

　　A. 从理念层面,重视大学生的社会能力培养和提升

　　B. 从制度层面,出台相关的大学生社会能力考核标准和评价机制

　　C. 从经费层面,给教育投入和提供充足的经费

　　D. 从保障层面,建立大学生能力培训和实践基地

　　E. 其他

78. 上大学时,你认为社会注重培养和提升大学生的社会能力吗?(　　)

　　A. 注重　　　　B. 一般　　　　C. 不注重

79. 你认为社会应该通过什么途径提升大学生的社会能力?(　　)(最多选三项)

　　A. 社会应营造重视人才、重视能力的良好氛围

　　B. 选拔和任用人才,坚持科学公平和能者至上的标准

　　C. 给大学生锻炼和提升社会能力提供机会和机遇

　　D. 给大学生锻炼和提升社会能力提供条件保障

　　E. 其他

80. 上大学时,你认为高校注重培养和提升大学生的社会能力吗?(　　)

　　A. 注重　　　　B. 一般　　　　C. 不注重

81. 你认为高校应该通过什么途径提升大学生的社会能力?(　　)(最多选三项)

　　A. 高校应坚持以"学生为中心"的教育理念,把培养和提升大学生的社会能力放在办学重要的位置

　　B. 在教学课程设置中,多开设有利于培养和提升大学生社会能力的课程

　　C. 加强教学实践环节,提供和增加大学生实习、实训和与社会接触的时间和机会

　　D. 积极利用寒暑假和学生课余时间,开展大学生社会实践活动

　　E. 积极为大学生锻炼和提升社会能力提供和创建平台

　　F. 丰富校园文化活动,坚持在校园集体活动中提升大学生社会能力

　　G. 其他

82. 上大学时,你认为家庭注重培养和提升大学生的社会能力吗?(　　)

　　A. 注重　　　　B. 一般　　　　C. 不注重

83.你认为家庭应该通过什么途径提升大学生的社会能力?(　　)(最多选三项)

A.家长要认识到社会能力对孩子一生发展的重要性,要有注重培养和提升孩子社会能力的意识

B.家长要注重从小到大分阶段关注和培养、提升孩子的社会能力

C.家长要鼓励和督促孩子有意识地锻炼和提升自身的社会能力

D.家长要给孩子锻炼和提升社会能力提供机会和机遇

E.家长要给孩子锻炼和提升社会能力提供条件和经费保障

F.其他

84.上大学时,你认为大学生个人注重培养和提升自身的社会能力吗?(　　)

A.注重　　　　　B.一般　　　　　C.不注重

85.你认为大学生个人应该通过什么途径提升自身的社会能力?(　　)(最多选三项)

A.大学生要有注重培养和提升自身社会能力的意识,要增强积极性和主动性

B.大学生应多学习有关社会能力提升的知识和理论,博学多才

C.大学生应积极参与社会能力锻炼和提升的相关课程、技能培训和拓展训练

D.大学生应充分利用课余时间,参与社会实践活动,了解和适应社会,锻炼和提升个人社会能力

E.大学生应积极参与校园集体活动,要有意识地在集体活动中锻炼和提升个人社会能力

F.大学生要积极吸收培养和提升社会能力的科学思想和成果,为自身所用

G.其他

86.高校通过组织和开展校园集体活动提升大学生的社会能力,你认可这个观点不?(　　)

A.认可　　　　　B.基本认可　　　　　C.不认可

87.你觉得校园集体活动与大学生社会能力提升相关性高不?(　　)

A.相关性高　　　　　B.一般　　　　　C.不相关

88.你认为校园集体活动对提升大学生社会能力作用大不?(　　)

A.作用大　　　　　B.一般　　　　　C.没什么作用

89. 你认为高校在校园集体活动中能够提升大学生社会能力的主要原因是什么？（　　）（最多选三项）

A. 高校校园集体活动承载着提升学生品质能力的价值功能

B. 校园集体活动是大学生锻炼和实践社会能力的有效载体

C. 社会是最大的集体，而高校校园中的集体活动则可视为社会大集体的浓缩

D. 每一项校园集体活动的组织和开展，则可视为一个社会小环境的运作和体现

E. 大学阶段是大学生即将跨入社会，社会能力的实习、演习和模拟实践的重要阶段

F. 大学生在参与每一次的校园集体活动中，可以积极模拟、锻炼和提升社会能力

G. 其他

90. 结合你的大学经历，对高校如何在校园集体活动中提升大学生社会能力，请提出你宝贵的意见和建议。

附录四：渭南师范学院教育科学学院大学生素质拓展积分制度相关表格

渭南师范学院教育科学学院
大学生素质拓展积分制度学生档案资料

编号：_____

学号		姓名		性别		民族			
出生年月		政治面貌				贴照片处			
职务		系、班							
思想政治与道德修养	第一学期	分	第二学期	分	第三学期	分	第四学期	分
	第五学期	分	第六学期	分	第七学期	分	第八学期	分
社会实践与志愿服务	第一学期	分	第二学期	分	第三学期	分	第四学期	分
	第五学期	分	第六学期	分	第七学期	分	第八学期	分
学术科技与创新创业	第一学期	分	第二学期	分	第三学期	分	第四学期	分
	第五学期	分	第六学期	分	第七学期	分	第八学期	分
文化艺术与身心发展	第一学期	分	第二学期	分	第三学期	分	第四学期	分
	第五学期	分	第六学期	分	第七学期	分	第八学期	分
社团活动与社会工作	第一学期	分	第二学期	分	第三学期	分	第四学期	分
	第五学期	分	第六学期	分	第七学期	分	第八学期	分

续表

职业资格与技能培训	第一学期	分	第二学期	分	第三学期	分	第四学期	分
	第五学期	分	第六学期	分	第七学期	分	第八学期	分
合计	分							
考评等级	（　）优秀　（　）优良　（　）合格　（　）不合格 学院大学生素质拓展认证中心（盖章）							

注："编号"以班级为单位，均从"001"起编。

教育科学学院大学生素质拓展中心　制

年　月　日

渭南师范学院 教育科学学院大学生素质拓展 积 分 卡 学院大学生素质拓展中心　制 　　　年　　月	教育科学学院大学生素质拓展 认证中心认证 经核实，我院＿＿＿＿系＿＿＿班＿＿＿＿学生的素质拓展内容客观真实，共计积分＿＿＿＿分，综合考评认证为＿＿＿＿＿。特予证实。 　　　学院大学生素质拓展认证中心 　　　　　　（盖章有效） 　　　　　年　月　日

教育科学学院大学生素质拓展积分卡			素质拓展收获：	
编号		姓名		
性别	籍贯			
政治面貌	职务			
系、班			（此卡以上栏目内容由学生本人填写）	
素质拓展事项			积分	分
时间	地点			
素质拓展类别				
素质拓展概况：			素质拓展单位或证明人签章	班级素质拓展认证小组认证（负责人签字） / 学院素质拓展认证中心认证（盖章）

附 录

教育科学学院大学生素质拓展学生积分情况登记表

_____学年

学号		姓名		性别		政治面貌	
职务		系、班					
思想政治与道德修养							
社会实践与志愿服务							
学术科技与创新创业							
文化艺术与身心发展							
社团活动与社会工作							
职业资格与技能培训							
合计						分	

注：此表由班级大学生素质拓展小组负责填写，每学年填写一张；内容填写做到随时登记随时填写，填写内容及积分情况要与《积分卡》相符；记录模式如：××××年××月，参加志愿服务活动，记××分；××××年××月，参加××比赛获××等奖，记××分；担任学院学生分会主席，记××分。此表内容应定期向全班学生公开和公布，以便学生查询和监督。于学年学期末将纸质材料上交学院大学生素质拓展中心，电子版在学生毕业时上交学院大学生素质拓展中心。

教育科学学院大学生素质拓展积分班级统计表

班级：_____　　　　　　　　　　　　　　　　　　　_____学年_____学期

学号	姓名	思想政治与道德修养	社会实践与志愿服务	学术科技与创新创业	文化艺术与身心发展	社团活动与社会工作	职业资格与技能培训	合计

注：此表由班级大学生素质拓展小组负责填写，每学期末将此表的纸质材料和电子版交学院大学生素质拓展中心。

教育科学学院大学生素质拓展积分考核等级登记表

班级：_____

学号	姓名	积分分数	考核等级	备注

注：此表由学院大学生素质拓展中心负责填写。

附录五：渭南师范学院教育科学学院辅导员工作管理规定

第一章 总 则

第一条 为认真贯彻执行党的教育方针、政策，提高育人质量，做好学生的思想政治教育和管理工作，按照《中共中央 国务院关于进一步加强和改进大学生思想政治教育的意见》和《教育部关于加强高等学校辅导员班主任队伍建设的意见》等有关规定，结合学院实际，特制定本规定。

第二条 辅导员是学校教师和管理干部队伍的重要组成部分，是思想政治教育及管理工作的组织者和实施者，是大学生健康成长的指导者和引路人，是保证学校全面贯彻党的教育方针，培养新时代中国特色社会主义事业的合格建设者和可靠接班人的一支不可缺少的重要力量。

第三条 辅导员是思想政治教育的实践者，必须立场坚定，旗帜鲜明，与党中央保持高度一致，坚决维护党和国家的利益及学校的稳定。其主要任务是：以马列主义、毛泽东思想、邓小平理论和"三个代表"重要思想为指导，积极贯彻落实科学发展观、习近平新时代中国特色社会主义思想，旗帜鲜明地对学生进行坚持四项基本原则，坚持改革开放总方针的教育；进行马克思主义立场、观点和方法的教育；进行形势政策、爱国主义和革命传统教育，教育和引导学生树立坚定的理想信念和正确的世界观、人生观、价值观；进行社会主义民主、法制与诚信教育，引导学生遵纪守法；组织学生进行社会实践和公益服务，引导学生全面完成学习任务，提高个人综合素质。

第二章 任职条件

第四条 辅导员必须具备以下条件：

1．具有较高的马克思主义理论素养和政策水平，思想政治素质好、觉悟高，增强"四个意识"、坚定"四个自信"、做到"两个维护"。

2．忠诚党和人民的教育事业，热爱学生工作，具有良好的职业道德，勤勉敬业，情操高尚，具有强烈的责任心和使命感，讲求团结，顾全大局。

3．具有一定的组织管理、调查研究和解决实际问题的能力。

4．必须具有本科以上学历或中级以上专业技术职务。

第五条 专职辅导员原则上应是中共党员。

第三章 工作职责

第六条 辅导员的工作职责包括：

1．根据学院思想政治教育计划，拟定当年度所负责班级学生的具体教育方案和落实措施。

2. 做好学期的学生思想小结、操行评定工作,新生的军训、专业教育、纪律教育和毕业生的鉴定、就业服务和文明离校教育等工作。

3. 关心学生健康成长,及时帮助或寻求专业人员解决学生学习、生活、心理等方面的困难和障碍。

4. 教育学生树立正确的学习目的,端正学习态度,掌握科学的学习方法,养成良好的学习风气。积极抓好学风建设,随时检查学生上课情况,经常与任课教师取得联系,协调师生关系,维护学院正常的教育教学秩序。

5. 协助党团组织抓好学生党团思想建设和组织建设,积极慎重地做好积极分子的推荐、培养和考察工作,做好学生预备党员的教育、考察工作。

6. 深入学生的实际,保持与学生经常性地接触与思想交流,关心学生、尊重学生、理解学生,及时反映学生在学习和生活上的意见和要求,教育督促学生严格执行学校的各项规章制度,抓典型,树正气,反对不良行为;加强思想教育的预见性、针对性,及时发现问题,及时报告和解决问题;及时报告和应对、处理学生中的突发事件。

7. 指导和组织学生开展有益于身心健康的学术、科技、艺术、文体等活动,组织学生积极参加社会实践及公益服务活动,培养学生的综合素质和实践能力。

8. 根据学校学生奖惩办法,对学生的奖励和处分提出意见,按审批程序上报。

9. 认真执行学生宿舍管理办法,帮助学生建立清洁卫生制度和安全保卫制度,切实抓好寝室作息制度和宿舍公约的贯彻落实。

10. 教育、引导学生有效、合法、科学地使用计算机网络,严禁学生在网络上散布非法言论。

11. 做好班集体的建设和学生干部的培养工作,指导班级开展各项集体活动,努力培养一支品学兼优、工作认真负责的学生骨干队伍。

12. 做好经济特困学生的了解摸底工作,完成学生奖、贷、勤、补的发放、办理及管理工作。

13. 加强同学生家长的联系与沟通,使学校、家庭和社会的教育有效紧密结合。

14. 担负一定数量的学生思想政治理论课的教学任务。

15. 积极参加学校和学院组织召开的学生工作安排会、经验交流会、学习报告会、工作研讨会等,并如期完成组织交给的各项工作任务。

第四章　聘任和管理

第七条　专职辅导员由学校人事部门选派，二级学院负责管理。

第八条　兼职辅导员由个人提出申请，二级学院选拔、聘任，报学校学生工作部门备案。

第九条　兼职辅导员任期一般不少于一年。

第十条　辅导员的配制按下列原则确定：

1．专职辅导员的配置，一般按师生比1∶200配备。

2．辅导员编制要结合实际工作需要和学院的党政人员编制统筹考虑。

第十一条　辅导员应坚持以下工作制度，即落实"十个一"工程：

1．每月召开一次全体同学参加的班会，开展政治理论学习和形势政策教育，总结和安排班级工作。

2．每周找一定学生谈话，及时了解和掌握学生的思想动态，解决学生的思想问题，并做好谈话记录。

3．每周记一篇工作笔记，认真记录和总结一周内学生班级的各方面的情况。

4．每周对所带班级学生上课情况进行随堂听课检查一次，听取任课教师的意见，配合任课教师共同做好学生的教育和培养工作。

5．每月与学生（特殊情况学生）家长联系一次，通报学生情况，听取家长意见，取得家长支持，发挥家长对学生教育的积极作用。

6．每周到所带班级学生宿舍走访两次（男、女宿舍各一次），检查学生宿舍的纪律安全，了解学生的学习、生活等情况。

7．每两周召开一次学生干部会议研究和部署班级工作。

8．每学期发表一篇有关学生工作的论文。

9．每学期至少阅读一本有关学生工作的书籍。

10．每月向主管学生工作领导汇报一次所带班级学生的教育管理情况及承担的其他学生工作情况。

第五章　考评与奖惩

第十二条　辅导员工作考评以本规定的任职条件、工作职责和工作制度为主要内容，从德、能、勤、绩四个方面进行定性和定量综合考评。考评实行百分制。

（一）德（20分）

1．正确领会、贯彻和执行党的路线、方针和政策，具有坚定的政治立场和较高的政策水平。

2. 具有良好的道德品德和工作作风。

3. 为人正直，秉公办事。

4. 顾全大局，服从组织分配，有奉献精神。

（二）勤（20分）

1. 认真履行岗位职责，责任心强，能经常深入学生中去，关心、爱护学生，有敬业精神。

2. 准时参加有关的学习和会议，定期在辅导员工作会议上汇报工作，重大问题及时上报学院领导和有关部门。

3. 积极研究、探索新时代大学生思想政治教育管理工作。

（三）能（20分）

1. 具有一定的组织管理能力，能顺利组织学生开展各种思想政治教育活动。

2. 熟悉学生心理，能及时了解学生思想动态。

3. 具备学生工作相关的理论基础，能积累和总结一定的工作经验。

（四）绩（40分）

1. 完成岗位目标、任务情况。

2. 负责班级党、团组织的发展情况。

3. 组织的各类学生教育、培养及管理活动等。

4. 班级学生专业学习成绩优良率、四六级英语等级通过率、考研录取率、就业率、受到各类表彰奖励人次等相关指标业绩等。

5. 班级学生的补考率、违纪作弊及安全事故等情况。

6. 发表的学生思想政治工作论文及工作创新情况。

第十三条 学院学生工作办公室每月对辅导员工作进行一次检查，并将工作情况如实记载，作为考核依据；每学年对辅导员工作进行一次考评。

第十四条 辅导员考评工作坚持工作能力与工作态度相结合、工作过程与工作业绩相结合、工作环节到位与工作创新相结合的原则，按照个人自评、学生评议和组织考评相结合的方式进行。辅导员的基本素质和工作实绩是主要依据，个人自评述职是基础，学生民主评议是重要参考。

1. 个人自评：辅导员对本人一学年的工作做出全面的总结，对照考评内容和评分标准进行个人自评，并向学院学生工作办公室提交写实性的述职报告，在学院组织的述职报告会上进行述职。

2. 学生评议：学院学生工作办公室负责在辅导员所带班级学生中进行调查，

并收集参加辅导员述职报告会的学生代表的反馈意见,掌握学生对辅导员的评价。

3. 组织考评:学院学生工作办公室根据辅导员的实际表现和工作效果,结合辅导员个人自评和学生评议情况对照考评内容及评分标准进行考评。辅导员的考评分为优秀(90~100分)、优良(80~89分)、合格(60~79分)、不合格(60分以下)四个等级。

第十五条 学院每年召开一次辅导员工作总结会,总结工作,交流经验,评选推荐优秀辅导员和学生工作优秀论文。

第十六条 对考评不合格的辅导员,学院将上报学校人事部门要求即时解聘;对于玩忽职守、严重失职、造成不良后果的辅导员,建议给予党纪或政纪处分。

第六章 附 则

第十七条 本规定由渭南师范学院教育科学学院学生工作办公室负责解释。

第十八条 本规定自公布之日起实施。

附录六：渭南师范学院教育科学学院中国梦理论大学生学习研究会章程

总　则

教育科学学院中国梦理论大学生学习研究会（以下简称"中国梦理论学习会"）的性质是：在教育科学学院党总支领导和学生党支部指导下成立并发展的一个重点对党的十八大以来习近平总书记关于"中国梦"的系列讲话，习近平新时代中国特色社会主义思想等相关理论的学习、宣传、研究和实践的学生组织。中国梦理论学习会是学院开展大学生思想政治教育和青年思想引领工作的重要组织。中国梦理论学习会会员为学院的学生党员、入党积极分子、学生骨干分子等。加入中国梦理论学习会是会员自觉自愿的政治选择。

第一条　宗旨、目标和任务：

1.组织会员认真学习党的十八大以来习近平总书记关于"中国梦"的系列讲话、习近平新时代中国特色社会主义思想等相关理论，并积极开展相应的专题研究和主题实践活动，帮助会员树立正确的世界观、人生观和价值观，使会员成为理想信念坚定、有历史责任感和担当精神的新时代中国特色社会主义事业建设者和可靠接班人。

2.通过中国梦理论学习会的示范活动，引领全院大学生将"中国梦"与自己的成才梦紧密结合起来，借以激发、提振其学习马克思主义、践行社会主义核心价值观和为中华民族伟大复兴而勤奋学习的自觉性和热情，支持他们追梦，帮助他们圆梦，营造积极向上、锐于进取、快乐奋斗的良好氛围。

第一章　会　员

第二条　入会条件及办法：

凡是在教育科学学院学习、注册的学生党员、入党积极分子、学生骨干分子，有志于学习、宣传、研究和实践党的十八大以来习近平总书记关于"中国梦"的系列讲话、习近平新时代中国特色社会主义思想等相关理论，愿意加入本会并承认本会章程者，经个人申请、团支部推荐、党支部审核合格后，均有资格成为中国梦理论学习会会员。

第三条　会员的义务：

1.积极认真学习基本政治理论知识，不断提高思想政治素质和理论水平。

2.学习态度端正，作风严谨，自觉维护本会的利益与形象。

3.积极按时参加本会组织、开展的学习、实践活动，努力完成各项活动任务。

4. 严格遵守本会章程的各项要求。

第四条 会员的权利：

1. 参加本会的理论学习研究，发表自己的见解、意见。

2. 参加本会组织的各项活动，享受本会提供的各项服务。

3. 享有符合条件的选举权和被选举权及对本会工作的监督权。

4. 参加本会内部的各项评优活动。

第五条 会员有退会的自由：

会员退会由个人提出申请，党支部审核后报学院党总支予以公布。凡退会者，一年内不得重新入会。

第二章　组织机构

第六条 中国梦理论学习会受学院党总支领导，由相关学科老师作指导教师。

第七条 中国梦理论学习会设会长一名，具体负责理论学习会的工作。下设秘书组、宣传组、学习组、实践组等四个工作组，各组设组长一名，具体负责各组内工作事宜。

第八条 各组的职责：

1. 秘书组负责理论学习会工作计划的拟定和监督执行、工作考评、资料收集与保管等工作。

2. 宣传组负责理论学习会宣传资料的制作、活动会场的布置、新闻宣传报道和编印理论学习会简报等工作。

3. 学习组负责组织开展理论学习活动，指导、监督和考核会员的理论学习情况及会员的思想政治素质和理论水平等工作。

4. 实践组负责组织开展理论学习实践活动，指导、监督和考核会员参与实践活动的情况以及做好对内、对外的联络等工作。

第三章　活动开展

第九条 以理论学习、讲座、参观、研讨、社会实践、志愿服务、课题研究等形式开展理论学习与实践活动。

第十条 在理论学习、实践过程中，要求会员积极撰写学习心得体会、调研报告和专题论文等，会员应按照要求及时上交有关学习资料。

第十一条 中国梦理论学习会每个月应向学院党总支汇报工作一次，听取党总支意见，研究部署下一步工作。

第十二条 利用校园网络、广播、报刊等媒体，积极做好宣传工作，以提高中国梦理论学习会的影响力。

第四章 奖惩制度

第十三条 每学年由中国梦理论学习会组织开展"优秀工作组""优秀会员"评选工作，评选结果报学院党总支审核，学院党总支对获奖者将予以表彰奖励。入党积极分子获得"优秀会员"称号，可优先推荐加入中国共产党。

第十四条 会员无正当理由一学期内两次（含两次）以上不参加理论学习会活动，或在一学期内请假三次（含三次）以上者，视为自动退出，由理论学习会宣布除名。凡被除名者两年内不得重新入会。

第五章 附　则

第十五条 本章程的解释权及修改权在中国梦理论学习会。

第十六条 本章程自公布之日起实行。

附录七：渭南师范学院教育科学学院学生党员目标管理制度实施意见

为了加强和改进大学生党建工作，提高大学生党员素质，教育、引导学生党员追求真理、追求理想、追求进步，努力造就政治坚定、作风优良、学习勤奋、肯于奉献的优秀学生党员队伍，教育科学学院党总支决定在学生党员中实施学生党员目标管理制度。具体要求如下：

一、实施对象

全体学生党员。

二、实施时间

从 2014 年 10 月起实施。

三、主要做法和要求

学生党员目标管理制度采用划分目标责任区、党员自查自管、支部指导检查、群众监督评议、总支考核评比的方法开展。

1. 目标责任区划分及内容要求

（1）学习责任区：①关心政治，关心国家大事，认真参加政治理论学习活动，每学期至少选读一本马列主义、毛泽东思想、邓小平理论著作等，撰写不少于 3000 字的学习心得体会；②专业课学习成绩要处于班级中上水平，综合积分名列班级前 10 名，考试无不及格现象；③积极参加大学生创新创业计划项目、第二课堂活动及各种学习竞赛活动。

（2）社会工作责任区：①积极主动参与党内各项活动，做好入党积极分子的联系人工作，每名党员每学年至少联系培养 3 名入党积极分子；②认真完成组织分配的辅导员助理工作任务，工作责任心强，善于思考，工作大胆、有创新；③主动承担社会工作，并对担任的院、系、班、组学生工作认真负责，吃苦耐劳，注重工作效果和质量，能发挥骨干作用；④带头参加义务献血、义务劳动、科技服务、青年志愿者活动等各类公益活动。

（3）遵纪守法责任区：①自觉遵守国家法律法规，遵守校纪校规，无违纪违法行为；②对学生中违纪事件或不良事态苗头，敢于管理，善于管理，能及时向组织反映学生思想动态，提出工作建议和意见；③不参与任何非法组织活动，不散布与党员身份不相符的言论，在大是大非面前立场坚定。

（4）校园文明责任区：①积极参加校园文化、体育活动；②加强个人自身修养，不做违犯道德规范的事情；带头搞好所在寝室的文明建设，团结寝室成员，促进寝室关系和睦友好;③在寝室不抽烟、不打牌、不玩游戏,不做违反寝室规定的事情;带头执行有关制度,督促宿舍成员做好寝室文化、安全、卫生工作。

2. 目标管理制度实施及考核要求

各学生党支部要按照学生党员目标管理制度的实施意见,采取有效措施抓落实。一方面通过抓教育促达标,即加强对学生党员的教育,提高思想认识,增强实现目标的责任感和自觉性;另一方面抓管理促达标,通过严格管理,加强对达标过程的指导、检查和监督,使制度积极实施,取得实效。具体要求如下:

(1) 每位学生党员与支部签订《学生党员目标管理责任书》。

(2) 每位学生党员每学期向党支部汇报工作一次,并填写《学生党员目标管理活动情况登记表》。

(3) 考核。考评采取自评与组织考评相结合的方法。每学年第二学期末,学生党员将自己一年的学习、工作、生活等情况向支部大会及考核小组成员汇报,考核小组成员由支部成员、班团干部、学生代表、宿舍成员等组成。学生党员填写《学生党员目标管理自评表》,考核小组成员填写《学生党员目标管理考核表》。

支部还可以根据实际需要不定期对学生党员目标责任执行情况进行检查。学年考核与不定期检查结果作为学生党员目标管理的主要依据。考核分优秀(90~100分)、良好(80~89分)、合格(70~79分)、基本合格(60~69分)、不合格(60分以下)五个等级。考核结果由学院党总支审核。

(4) 反馈考核意见。考核结束后,支部应及时向学生党员反馈考核情况,提出整改意见。考核成绩与学生党员民主评议、党员评优、德育成绩挂钩。正式党员经考核不合格者,除批评教育,帮助其改正外,还要根据其存在的问题的严重程度,给以相应的纪律处理;预备党员延长预备期,或取消其预备党员资格。

附录八：渭南师范学院教育科学学院学生党员目标管理责任书

为了加强学生党员的教育管理，提高学生党员素质，保证学生党员质量，充分发挥学生党员的作用，特签订目标管理责任书如下。

一、目标管理责任区及主要要求

1. 学习责任区：（1）关心政治，关心国家大事，认真参加政治理论学习活动，每学期至少选读一本马列主义、毛泽东思想、邓小平理论著作等，撰写不少于3000字的学习心得体会；（2）专业课学习成绩要处于班级中上水平，综合积分名列班级前10名，考试无不及格现象；（3）积极参加大学生创新创业计划项目、第二课堂活动及各种学习竞赛活动。

2. 社会工作责任区：（1）积极主动参与党内各项活动，做好入党积极分子的联系人工作，每名党员每学年至少联系培养3名入党积极分子；（2）认真完成组织分配的辅导员助理工作任务，工作责任心强，善于思考，工作大胆、有创新；（3）主动承担社会工作，并对担任的院、系、班、组学生工作认真负责，吃苦耐劳，注重工作效果和质量，能发挥骨干作用；（4）带头参加义务献血、义务劳动、科技服务、青年志愿者活动等各类公益活动。

3. 遵纪守法责任区：（1）自觉遵守国家法律法规，遵守校纪校规，无违纪违法行为；（2）对学生中违纪事件或不良事态苗头，敢于管理，善于管理，能及时向组织反映学生思想动态，提出工作建议和意见；（3）不参与任何非法组织活动，不散布与党员身份不相符的言论，在大是大非面前立场坚定。

4. 校园文明责任区：（1）积极参加校园文化、体育活动；（2）加强个人自身修养，不做违犯道德规范的事情；带头搞好所在寝室的文明建设，团结寝室成员，促进寝室关系和睦友好；（3）在寝室不抽烟、不打牌、不玩游戏，不做违反寝室规定的事情；带头执行有关制度，督促宿舍成员做好寝室文化、安全、卫生工作。

二、考核检查要求

1. 每学期向党支部汇报落实《责任书》情况一次，并填写《学生党员目标管理活动情况登记表》；每学年将自己的学习、工作、生活等情况向支部大会及考核小组汇报，并填写《学生党员目标管理自评表》。

2. 对于个人落实《责任书》中存在的不足和问题，要虚心接受党组织和老师同学的批评帮助，并以"有则改之，无则加勉"的态度，提出个人改进的具体措施和目标，接受纪律处理。

3. 落实《责任书》情况与学生党员民主评议、党员评优、德育成绩挂钩，作为学生党员毕业鉴定的内容之一。

4. 学生党员的考核等级参照考核小组的考核成绩。学生党员对党支部和考核小组提出的考核等级有不同意见，可以书面或口头向党支部、学院党总支反映。在组织最终意见出来之后，个人仍不同意者，可以继续保留个人意见或通过正常程序向上级党组织反映，但不能在行动上采取与组织对抗行为。

三、此责任书自支部批准接收为预备党员之日起至毕业离开学院（预备党员被取消预备资格）之日止。

（此责任书一式二份）

签名：

教育科学学院学生党支部
　　年　　月　　日

参考文献

[1] 俞敏洪，等.教育十讲［M］.北京：东方出版社，2017.
[2] 薇薇恩·斯图尔特.面向未来的世界级教育：国际一流教育体系的卓越创新范例［M］.张煜，李雨英，张浩然，译.杭州：浙江人民出版社，2017.
[3] 马克思恩格斯全集：第42卷［M］.北京：人民出版社，1979.
[4] 阎建平，王美兰.能力新论：简谈人的能力及其发展规律［J］.教育理论与实践，2006（4）：10-13.
[5] 孙显元.论人的素质和能力［J］.教育与现代化，1996（1）：25-32.
[6] Зимняя И А. Педагогическая психология[M]. Москва: Логос, 2001.
[7] Исаева Т Е. Классификация профессионально-личностных компетенций вузовского преподавателя[J]. Педагогика, 2006(9): 55.
[8] Хуторский А В. Дидактическая эвристика: Теория и технология креативного обучения[M]. Москва: Изд-во МГУ, 2003.
[9] ANTHONY D ONG. New methodological directions for the study of adolescent competence and adaptation［J］. Journal of adolescence, 2006（29）：851-856.
[10] Michael ERAUT. Developing professional knowledge and competence［M］. London: Routledge Falmer, 1994: 23.
[11] 刘艳，邹泓.社会能力研究的概述与展望［J］.教育研究与实验，2003（1）：47-50.
[12] 郭变红.大学生社会能力的培养途径研究［D］.太原：太原科技大学，2010.
[13] Власова Е И. Актуальные проблемы построения компетенции социальной одаренности[M]. К., 1998.
[14] Коблянская Е В. Психологические аспекты социальной

компетентности[M]. СПб. : СПбГУ, 1995.

[15] Басова В М. Теория и практика формирования социальной компетентности личности[M]. Кострома: КГУ им. Н.А. Некрасова, 2004.

[16] ZOU Yuan, WANG Yungui. On relation between capability and leadership of college students: based on "able person" hypothesis[J]. Cross-cultural communication, 2015, 11（1）.

[17] DURLAK, et al. Translation and adaptation of the social emotional competence development scale[J]. International journal of management & business studies, 2013, 6: 142-146.

[18] 程星.大学国际化的历程［M］.北京：商务印书馆，2014.

[19] 丁绍宏，王平.论集体主义教育的内涵[J].延边大学学报（社会科学版），2014（1）：129-134.

[20] 教育部课题组.深入学习习近平关于教育的重要论述［M］.北京：人民出版社，2019.

[21] 王娟.大学生创新素质培养：马克思人的全面发展理论实践的重要途径[J].内蒙古电大学刊，2018（1）：76-78.

[22] 库兹涅佐夫，马铁.人的潜在能力与"人类极限学"［J］.国际社会科学杂志（中文版），1984（2）：109-121.

[23] Ожегов С И."Словарь русского языка"[M]. Москва: Издательство "Советская энциклопедия", 1964.

[24] Ушаков Д И. Толковый словарь современного русского языка[M]. М., 2013.

[25] Огарев Е И. Компетентность образования: Социальный аспект[M]. Москва: РАО ИОВ, 1995.

[26] 李荣新.关于人的能力是主体能动性的探索[J].社会科学论坛，1995(2)：51-54.

[27] 郭志伟.人的能力建设问题研究［D］.长春：东北师范大学，2005.

[28] 杨荫环.漫谈日本对人的能力开发［J］.企业管理，1981（2）：41-42.

[29] 安鸿章.浅析人的知识、技能与能力的概念异同［J］.首都经济贸易大学学报，2003（6）：24-28.

[30] 潘尔春，吴军.人的能力的全面发展与社会主义市场经济［J］.四川师

范大学学报，1997（2）：26-30.

[31] Селевко Г. Компетентности и их классификация[J]. Народное образование, 2004 (4): 144.

[32] Ярыгин А Н, Ярыгин О Н. Дискретная математика как инструмент формирования интеллектуальной компетентности [M]. Москва: Изд-во МГУПП, 2011.

[33] 金匀．人的能力在一生中是如何发展变化的［J］．心理学动态，1985（3）：45-49.

[34] 于咏华．关于人的能力问题的思考［C］//中国人学学会编．人学与现代化：全国第二届人学研讨会论文集．南宁：广西人民出版社，1998.

[35] 张康之．论人的能力的社会图景［J］．江苏行政学院学报，2017（3）：58-66.

[36] 陈蕃．未来教育的重点在培养人的能力上［J］．继续医学教育，1997（3）：7-11.

[37] 王党非．传播知识与培养能力的统一：布鲁纳等人的一些教学论观点［J］．外国教育动态，1982（4）：51-56.

[38] 王忠武．实践活动的质量与人的能力的发展［J］．江西社会科学，1994（6）：11-13.

[39] 任平安．略论人的能力的形成和发展［J］．辽宁大学学报（哲学社会科学版），1978（6）：16-21.

[40] Маркова А К. Психология профессионализма [M]. Москва, 1996.

[41] Белицкая Г Э. Социальная компетентность личности. Субъект и социальная компетентность личности: сб.науч.тр. / Под ред. А.В. Брушлинского [M]. Москва: ИП РАН, 1995.

[42] Веселкова Н В, Прямикова Е В. Социальная компетентность взросления[M]. Екатеринбург: Изд-во Урал. ун-та, 2005.

[43] Куницына В Н, Казаринова Н В, Погольша В М. Межличностное общение[M]. СПб: Питер, 2003.

[44] Лукьянова М И. Психологические аспекты развития социальной компетентности школьников: монография[M]. Ульяновск: УИПК ПРО, 2003.

［45］Бахтеева С С. Формирование социальной компетентности в процессе обучения иностранному языку в ВУЗе экономического профиля [D]. Казань, 2001.

［46］Асмолов А Г. Социальная компетентность[M]. Москва, 2012.

［47］Жирова М В, Михно О С. Социальная компетентность личности[J]. Москва: Современные проблемы науки и образования, 2012 (1): 78 c.

［48］Почебут Д А. Компетенции в образовании: формирование и оценивание[M]. Москва: Издательство "Национальное образование", 2012.

［49］刘敏，周升铭，易磊.社区实践视阈下的大学生社会能力养成探究［J］.成人教育，2010（3）：68-69.

［50］秦淑平.大学生社会能力的提升与培养[J].湖北经济学院学报，2013(2)：134-135.

［51］Марсанов Г И, Рототаева Н А. Социальная компетентность: психологические условия развития в юношеском возрасте[M]. Москва: "Когито-Центр", 2003.

［52］Первутинский В Г. Развитие социальной компетентности студента в условиях профессиональной подготовки[D]. Москва, 2016.

［53］Калинина Н В. Психологическое сопровождение развития социальной компетентности школьников[D]. Самара, 2006.

［54］Лукьянов И И. Базовые потребности как основа развития социальной компетентности подростков[J]. Психологическая наука и образование, 2001 (4): 41-47.

［55］黄天元.美国社会能力培养研究与启示［J］.比较教育研究，2003（6）：59-64.

［56］高举学.培养大学生社会能力是就业能力的重要前提［J］.成功（教育），2010（6）：189-190.

［57］倪邦文.构建大学生社会能力培养体系［J］.教育与职业，2012（19）：8.

［58］刘晓萃.关于某市学生社会性发展评价指标体系的研究［C］//中国教育学会基础教育评价专业委员会 2012 年学术年会论文选集，2012.

［59］牛浩.社会能力培养与大学生职业发展［J］.商业文化（学术版），2010（12）：208.

［60］徐坤英.加强大学生社会能力培养［J］.人才开发，2010（3）：49-50.

[61] Масленникова В Ш. Личностная композиция социального отношения. Современные концепции воспитания[M]. Ярославль: ЯГПУ им. К. Д. Ушинского, 2000.

[62] 刘艳，邹泓. 大学生社会能力的类型特征［J］. 心理科学，2005（1）：107–110.

[63] 李培根. 认识大学［M］. 北京：商务印书馆，2015.

[64] AYMOLDANOVNA A A, ZHETPISBAEVA B A, KOZYBAEVNA K U, et al. Leadership development university students in the activities of student government［J］. Procedia - social and behavioral sciences, 2015, 197: 2131-2136.

[65] LI Zhiyu. Study on the cultivation of college students' science and technology innovative ability in electrotechnics teaching based on PBL mode［J］. IERI procedia, 2012, 2.

[66] ZHANG W. Evaluation Model analysis and application of students' learning ability based on fuzzy evaluation method and hierarchical theory［J］. Journal of Jishou University: Natural Science Edition, 2013: 155-159.

[67] PROM C J, SWAIN E D. From the college democrats to the falling Illini: identifying, appraising, and capturing student organization websites［J］. American archivist, 2007, 70(2): 344-363.

[68] 杨兴林. 人的全面发展视角下大学生创新意识与能力培养的核心路径［J］. 扬州大学学报（高教研究版），2013，17（1）：43–47.

[69] Кон И С. Психология ранней юности[M]. Москва: Просвещение, 1989.

[70] Парсонс Т. О структуре социального действия[M]. Москва: Академический проект, 2000.

[71] Дюркгейм Э. Социология: Ее предмет, метод, предназначение[M]. Москва: Канон, 1995.

[72] Кули Ч Х. Человеческая природа и социальный порядок[M]. Москва: Идея- Пресс, Дом интеллектуальной книги, 2000.

[73] 丁晖. 大学生社会适应能力培养研究［D］. 南京：南京工业大学，2012.

[74] 杨光平. 当代大学生社会适应能力的调查及培养研究［D］. 重庆：西南师范大学，2002.

［75］Мид Дж Г. Избранное: Сб. переводов / РАН. ИНИОН. Центр социал. научн.-информ. исследований. Отд. социологии и социал. психологии; Сост. и переводчик В. Г. Николаев[M]. Москва, 2009.

［76］笪学军.大学生社会适应能力研究［D］.南京：河海大学，2005.

［77］孙杰远.论学生社会性发展［J］.教育研究，2003（7）：67-71.

［78］葛操.公民社会能力素质研究［M］.郑州：郑州大学出版社，2005.

［79］韩庆祥.能力本位论与21世纪中国的发展［J］.北京大学学报（哲学社会科学版），1996（5）：12-22.

［80］余仰涛.论人的思想品德能力［J］.培训与研究（湖北教育学院学报），2000（6）：35-39.

［81］李培根.谈专业教育中的宏思维能力培养［J］.中国高等教育，2009（1）：16-17.

［82］杨国欣.大学生课外培养［M］.北京：中国社会科学出版社，2016.

［83］迈克尔·克尔伯格.超越竞争文化：在相互依存的时代从针锋相对到互利共赢［M］.成群，雷雨田，译.上海：上海社会科学院出版社，2015.

［84］查尔斯·维斯特.一流大学卓越校长：麻省理工学院与研究型大学的作用［M］.蓝劲松，译.北京：北京大学出版社，2008.

［85］叶阿次.领导力，每个人都需要的能力［J］.中外管理，2011（9）：76-77.

［86］郑尧丽.大学生开放式领导力开发机制研究［D］.杭州：浙江大学，2014.

［87］杜志敏.大学生社会能力训练［M］.北京：中国铁道出版社，2012.

［88］马克思.1844年经济学哲学手稿［M］.北京：人民出版社，2000.

［89］马克思恩格斯全集：第32卷［M］.北京：人民出版社，1979.

［90］纪成凤.论网络对人的全面发展的影响［D］.沈阳：辽宁大学，2011.

［91］马克思恩格斯全集：第三卷［M］.北京：人民出版社，1960.

［92］韩丽红.网络交往实践与人的全面发展之辩证审视［D］.福州：福建师范大学，2012.

［93］马克思恩格斯全集：第46卷［M］.北京：人民出版社，1979.

［94］吴春洲.学校教育思想与人的全面发展研究［D］.北京：北京邮电大学，2011.

[95] 杨贤金.高校实践育人的探索与创新[M].北京:中国书籍出版社,2015.

[96] 赵新峰.协同育人论[M].北京:人民出版社,2013.

[97] 虞丽娟.立体化素质教育论[M].北京:人民教育出版社,2002.

[98] 岳瑛.我国家校合作的现状及影响因素[J].天津市教科院学报,2002(3):49-51.

[99] 王宝祥,刘宏博.我国协同教育发展概况和促其健康发展的建议:关于协同教育的初步研究[J].教育科学研究,1999(6):82-88.

[100] 南国农.成功协同教育的四大支柱[J].开放教育研究,2006(5):9-10.

[101] 鲍里斯·塔尔塔科夫斯基.苏霍姆林斯基的一生[M].唐其慈,等译.北京:教育科学出版社,1986.

[102] 王天一.苏霍姆林斯基教育理论体系[M].北京:人民教育出版社,2003.

[103] 朱小蔓,李铁君.当代俄罗斯教育理论思潮[M].北京:教育科学出版社,2009.

[104] 韩建旭.论中国梦进程中人的全面发展[D].重庆:中共重庆市委党校,2016.

[105] 龙晓凡,孙文秋实.宅文化下大学生集体活动开展模式的思考[J].北京教育(德育),2015(2):46-48.

[106] 孙娟,林孝诚.集体功能与人才成长[J].人才研究,1987(8):19-21.

[107] 克鲁普斯卡娅.克鲁普斯卡娅教育书简[M].长沙:湖南教育出版社,1984.

[108] 韩延明.如何强化大学文化的育人功能[J].教育研究,2009(4):89-93.

[109] 孙晓明,李艳.论大学班级文化建设:功能、问题与行动[J].大学教育科学,2014(5):54-58.

[110] 连淑芳.思想道德修养[M].上海:上海大学出版社,2003.

[111] 王盛水.从美国高等教育的特点看创新型人才培养[J].高校教育管理,2012,6(2):65-71.

[112] 张嵘.牛津大学人才培养模式及其启示[J].大家,2011(17):38-

41.

[113] 姚聪莉, 任保平. 国外高校创新人才的培养及对中国的启示[J]. 中国大学教学, 2008 (9): 91-94.

[114] 胡国勇. 日本国立、公立大学社会服务的路径选择: 东京大学、首都大学东京为例[J]. 教育科学, 2013, 29 (3): 82-88.

[115] 梁素文. 中外高校创新型人才培养模式的比较研究[J]. 继续教育研究, 2015 (12): 123-125.

[116] Асп Э К. Введение в социологию [M]. СПб.: "Алетейя", 2000.

[117] Коротаева Е В. Обучающие технологии в познавательной деятельности школьников[J]. Москва, 2003(9): 176 c.

[118] Сорвачева Г В. Коллективная учебно-познавательная деятельность как средство формирования творческой индивидуальности старшеклассников [D]. Екатеринбург, 1993.

[119] 甘霖. 高校实践育人研究[M]. 北京: 人民出版社, 2015.

[120] 英格尔斯. 人的现代化[M]. 殷陆君, 译. 成都: 四川人民出版社, 1985.

[121] 时昱. "团体工作"介入高校班集体建设机制探索[J]. 思想理论教育, 2016 (11): 101-105.

[122] 曲慧敏, 王鸿祥. 立德树人视域下高校班集体建设探究[J]. 青岛科技大学学报 (社会科学版), 2016, 32 (2): 111-116.

[123] 宋晓东, 周建涛. 高校班集体对大学生学业成就影响的实证研究[J]. 黑龙江高教研究, 2014 (5): 61-63.

[124] 陶剑飞. 大类招生下的班级建设的思考[J]. 教育现代化, 2019, 6 (69): 79-80.

[125] 何进, 杨雄. 当前高校班集体建设的问题与对策[J]. 高校辅导员, 2014 (6): 51-53.

[126] 朱宏强. 改革开放以来高校班集体发展状况及特点研究[J]. 学校党建与思想教育, 2019 (5): 50-52.

[127] 何进, 董春阳. 高校班集体管理模式探索与研究[J]. 思想教育研究, 2014 (12): 92-95.

[128] 刘琦. "羊群效应"、"霍桑效应"与高校班集体建设[J]. 宿州教育

学院学报，2016，19（5）：64-65.

[129] 李炎清.基于项目管理的大学生活动管理研究[D].武汉：华中科技大学，2011.

[130] 盛佳伟.新形势下高校班集体建设的思考[J].思想理论教育导刊，2014（5）：139-141.

[131] 万美容.思想政治教育方法发展研究[M].北京：中国社会科学出版社，2007.

[132] 刘伦，王成平.保持高校学生党员先进性务必建立长效机制[J].学校党建与思想教育，2006（8）：15-17.

[133] 毕明福，李刚.大学生假日活动的调查与建议[J].高校辅导员学刊，2009（1）：34-36.

[134] 赵虹元.国外的闲暇教育研究及对我国教育的启示[J].教育评论，2004（4）：31-32.

[135] 邓三英.怀化学院学生闲暇生活现状的调查与分析[J].怀化学院学报，2010（3）：146-148.

[136] 彭先桃.大学生闲暇生活存在的问题及对策[J].教育探索，2008（9）：93-94.

[137] 汤舜.试论我国高校闲暇教育的开展[J].黑龙江高教研究，2008（7）：26-27.

[138] 卢浩宇.对大学生闲暇教育的思考[J].武汉职业技术学院学报，2010（2）：112-117.

[139] 杨直凡，胡树祥.网络思想政治教育方法的构建与创新[J].思想理论教育导刊，2007（7）：23-25.

[140] 黄明伟.大学生网络思想政治教育接受探究[J].学校党建与思想教育，2007（6）：31-34.

[141] 李小文，夏建国.应用型本科院校课程改革的若干思考[J].高等工程教育研究，2018（1）：107-110.

[142] 苏霍姆林斯基.少年的教育和自我教育[M].姜励群，等译.北京：北京出版社，1984.

[143] 苏霍姆林斯基.帕夫雷什中学[M].赵玮，等译.北京：教育科学出版社，1983.